인터-페이스와 다매체 미학

* 이 학술총서는 정부(교육과학기술부)의 재원으로 한국학술진흥재단의 인문한국지원사업 지원을 받아 발행되었음(KRF-2007-361-AL0015).

탈경계
인문학
학술총서 6

인터-페이스와 다매체 미학

| 이화인문과학원 편 |

이화여자대학교출판부

인터-페이스와 다매체 미학

펴낸날 1판 1쇄 2010년 6월 30일
엮은이 이화인문과학원
펴낸이 최민숙 | **펴낸곳** 이화여자대학교출판부
주소 서울특별시 서대문구 대현동 11-1(우 120-750)
등록 1954년 7월 6일 제9-61호
전화 02) 3277-2965, 362-2966(편집)
02) 3277-3164, 362-6076(영업)
팩스 02) 312-4312 | **전자우편** press@ewha.ac.kr
인터넷서점 www.ewhapress.com
디자인 정혜진
찍은곳 한영문화사

ISBN 978-89-7300-874-2 94600
ISBN 978-89-7300-834-6(세트)

값 16,000원

| 발간사 |

〈탈경계인문학 학술총서〉는 이화인문과학원이 수행하고 있는 한국학술진흥재단 인문한국(HK) 지원사업인 '탈경계인문학의 구축과 확산'을 위해 기획된 출판 사업이다. 이화인문과학원은 기존의 인문학이 오늘날의 사회문화적 변화를 해석하고 새로운 비전을 제시하는 데 한계가 있음을 비판적으로 성찰하면서, 새로운 인문학의 방향으로 '탈경계인문학'이라는 개념을 제안했고, 한국학술진흥재단 2007년 선정 인문한국연구소로서 '탈경계인문학'을 구축하고 확산시키는 프로젝트를 수행하고 있다.

오늘날 우리는 그 어느 때보다 문화적 경계들이 빠르게 해체되고 재편되는 변화의 시대를 살고 있다. 국가를 넘나드는 사람들의 언어와 문화 간에는 다양한 교차와 혼종이 이루어지고 있으며, 디지털 기술에 기반을 둔 매체의 발전은 시간과 공간의 제약을 뛰어넘어 새로운 언어와 상상력의 공유를 가능하게 하고 있다. 이런 변화의 주체 역시 '중심'에서 '주변'의 다중성으로 확대됨으로써, 이제 기존의 경계를 넘어서는 탈경계적 문화 변동은 우리 삶의 중요한 근간이 되었다.

탈경계인문학은 이러한 시대적 문화 변동 과정에서 탈경계 문화 현상 속의 인간과 인간의 관계를 탐구하는 학문으로서, 구체적으로는 세계, 인간, 언어의 측면에서 지구지역성glocality, 젠더gender, 다매체multimedia에 대한 연구를 촉진하며 소통 · 공존 · 융합을 추구하는 인문 지식을 생산하고 있다. 방법론적으로는 대립과 갈등을 야기하는 '경계짓기'를 반성적으로 성찰하고, 인문학과 타학문, 학문과 일상을 잇는 모델을 개발하는 것을 목표로 한다.

이를 위해 탈경계인문학은 인문학 내 여러 학문 분과들의 유기성을 강화할 뿐만 아니라 인접 학문들, 즉 사회과학 분야, 예술 분야, 나아가 자연과학 분야의 학문들과도 유기성을 강화해 나가고 있으며, 기존의 인문학 연구 대상을 확장시켜 문화 전반을 연구 대상으로 삼고, 주변자와 소수자의 다양한 시각을 확보하여 탈경계의 지점들을 연구하고 있다. 또한 빠르게 변화하는 매체 환경에 대응하고 인간과 기술의 조화로운 발전 방안을 모색하고 미래 인간학 모형을 개발하고 있으며, 나아가 인문 지식의 현실성과 실용성을 강화하고 대중화와 현장화를 추구함으로써 학문과 삶을 연결해 나가고자 한다.

이러한 목표를 가지고 진행되는 탈경계인문학 연구의 성과를 학술총서로 출간하되, 이 학술총서는 매년 세 권의 책을 10년 동안 출판할 계획이다. 해마다 출판되는 세 권의 책은 각각 탈경계인문학의 핵심 주제인 '지구지역성', '젠더', '다매체'를 주제로 다루며, 각 주제는 10년 동안 연구를 발전시켜 나가면서 10권의 책으로 완성될 것이다.

〈탈경계인문학 학술총서〉가 새로운 인문학의 방향을 제시할 뿐 아니라 창조적이며 미래 지향적인 인문학을 선도하고 학문적 완성도를 발전시켜 나갈 수 있기를 기대하며, 〈탈경계인문학 학술총서〉 출판에 참여해 주신 모든 연구자의 노고에 감사드린다.

2009년 7월

이화인문과학원장 오정화

| 차례 |

제2부 가상과 실재의 경계

제3부 매체 경계의 미학

| 서문 |

인터-페이스와 다매체 미학

'인터페이스'는 서로 맞닿아 있는 두 몸체, 공간, 면 사이의 공통적인 경계면을 의미한다. 화학 분야에서 계면界面으로 흔히 사용되는 이 용어는 오늘날 컴퓨터의 발전과 함께 '유저user와 시스템의 상호작용을 위한 장치'라는 의미로 더 널리 쓰인다. 흥미로운 것은 '인터페이스interface'의 어원인 'inter- + face'가 '사이'라는 의미와 '면' 혹은 '얼굴'이라는 의미를 포함하고 있다는 사실이다. 이 책의 문제 의식은 바로 그 사이 지점에서 출발한다. 즉 이 책은 '인터-페이스'라는 키워드를 중심으로 하여 경계면 또는 얼굴, 매체 또는 인간 사이의 다양한 의미와 미학적 문제들을 성찰하려는 목적으로 쓰여졌다. 기존의 기계/기술 중심적인 인터페이스 논의를 새로운 지평으로 확장해 인문학적 패러다임으로 인터페이스를 살펴보려 하는 것이다.

우리는 인터-페이스라는 일종의 '사이 텍스트'를 통해 인간의 얼굴을 새롭게 들여다보기도 하고, 다른 인간, 세계, 사물과 맺고 있는 관계를 재정립하기도 한다. 인터-페이스에 대한 사유는 테크놀로지를 둘러싼 일상을 인문학 논의에 적극적으로 포함시켜 매체를 도구나 객체가 아닌 상호작용의 주체로 생각해 보게 하고, 표면과 이면, 몸과 정신, 주체와 객체, 인간과 기계, 인간과 도구 등의 이분법적인 개념들이 해체되는 혼종의 영역과 양상을 주의 깊게 들여다보게 한다. 인터-페이스는 테크놀로지와 일상, 물질성과 비물질성, 사회적 주체와 대상 및 행위를 서로 이어 주며 사회문화 현상의 다양한 연결 지점으로 기능한다. 동일한 인터페이스가 사용자의 경험과 인지, 해석을 돕기도 하고 '필터'로 기능하면서 포함과 배제의 이데올로기를 작동시키기도 한다. 즉 인터페이스는 정보, 지식, 문화를 접하는 첫 관문으로 기능하며 다양한 용도와 가치를 담아내고 있다.

인터-페이스를 둘러싼 이러한 문제 의식에 따라 이 책의 제1부에서는 '경계면의 담론'이라는 주제로 경계면을 통해 만남의 주체들이 어떠한 방식으로 접속하고 있는지, 문화예술 현장에서 벌어지는 인터페이스적 실험을 통해 어떤 패러다임이나 새로운 미학이 생산될 수 있는지를 모색한다. 이러한 과정에서 현대 문화의 중심 키워드인 인터페이스 개념의 지형도가 그려질 수 있기를 기대한다.

조윤경의 "인터페이스의 담론과 문채"는 인간과 매체와 환경 사이에 다양한 방식으로 일어나는 면 대 면의 접속과 기호 및 문채의 문제, 새로운 인터페이스를 매개로 인간의 삶을 확장시키고자 하는 창조적 은유, 인간-기계 인터랙션이 가져온 직접적이고 다감각적인 커뮤니케이션의 방식에 대해 사유함으로써 우리 시대의 탈경계 문화 현상을 인문학적으로 읽어내고 그 의미를 밝히고자 한다. 가까이 존재하고 있지만 크게 인지되지 않았던 세상의 다양한 접속면들을 인문적 사유의 출발 지점으로 삼아 물리적 인터페이스의 변화가 내포하는 의미와 가능성은 무엇인지, 여기에 문화나 관습적인 의미가 숨어 있지는 않은지를 질문하고 있다. 프레임/필터이자 스크린/텍스트인 접속면으로서의 인터페이스가 갖고 있는 이데올로기적 함의, 인간 중심 인터페이스가 오히려 인간을 타자화하고, 직관적 인터페이스가 인간의 창조적인 잠재성을 왜곡하는 모순, 인터페이스가 '인-페이스'되어 대화가 아닌 데이터 전송으로 전락하는 소통의 방식에 대한 문제를 제기한다.

이수진의 "인터페이스와 은유의 상상력"은 컴퓨터 인터페이스 분야에서 중요하게 인식되고 있는 '메타포 설계'의 개념을 인문학 분야의 고전적인 수사법인 '은유'와 연계시켜 경계면의 담론을 이끌어 내고자 한다. 이 여정에서 그는 컴퓨터와 영화 기계의 유사성을 발견하고, '컴퓨터는 시네마토그래프다'라는 은유를 제시한다. 은유란 어떤 단어, 어떤 이미지, 어떤 기호가 온전하게 1차적으로 지시하는 대상을 넘어 의미의 미끄러짐을 통해 다른 대상을 환기하는 문채다. 이수진은 이러한 은유를 "유사성의 능동적인 원칙을 살리면서, 인간의 창조하는 상상력에 근거한다"고 보고 있다. 그의 글은 우리가 일상적으로 사용하는 컴퓨터 인터페이스의 은유적 차원과 영화의 은유적 차원을 비교 분석함으로써 이전 담론에서는 찾아볼 수 없는 새로운 인문학적 사유를 시도한다.

전혜숙의 "미술 속의 인터페이스: 르네상스 이후 미술에서 스크린과 프레임 개념"은 인터페이스와 다매체 미학의 긴밀한 관계를 미술사 속에서 이루어진 스크린(화면)과 프레임(틀)의 개념 변용 과정을 통해 살펴본다. 미술에서 스크린-인터페이스는 관람자를 위해 추상적인 것과 실체적인 것, 기계와 정신, 지각과 재현 등의 '중간in-between-ness'을 접속하고 교류하는 장소의 역할을 한다. 이 글은 르네상스 이후 원근법에 의한 '창문'으로서의 회화면과 고정된 프레임 및 시각의 우월성에 대한 논의, 현대 회화의 촉각적이고 물질성이 강조된 화면들, 화면과 프레임을 넘어선 회화들, 그리고 인간의 확장된 감각으로서의 인터페이스 역할을 하는 뉴미디어 스크린 미술 작품을 최근의 논의들과 함께 자세히 논하고 있다. 또한 컴퓨터 기반 스크린의 인터페이스가 가상 현실로 확장된 작품들을 소개함으로써, 가상 세계 속에서 보고 듣고 만질 수 있는 다른 시 · 공간 질서의 경험이 지닌 의의에 대한 논의로 나아간다.

인터-페이스 논의는 제2부에서 '가상과 실재의 경계'라는 문제로 확장된다. 여기에서 인터-페이스는 유 · 무형의 매체를 매개로 한 인간과 세계의 문제를 제기한다. 2부의 필자들은 몸과 기계, 현실과 가상, 인간과 환경의 접속면을 고찰함으로써 생명, 진정성, 인간다움, 소통이라는 전통적인 인문학적 문제들을 새롭게 조명한다.

김재영의 "몸과 기계의 경계: 사이버네틱스, 인공생명, 온생명"은 현대사회의 일상을 보여 주는 '사이버cyber'라는 말의 기원이 되는 사이버네틱스를 고찰함으로써, 생명이 비생명과 근본적으로 무엇이 다른지를 역사적 씨줄과 철학적 사유의 날줄로 파헤치고 있다. 이 글은 인간이 사용하는 도구로서의 기계가 인간의 몸과 어떤 관계에 있는지를 '프로스테시스(보철)의 문제'로 살핌으로써, 포스트휴먼 연구에서 나타나는 기술옹호론과 기술혐오론의 대립을 넘어서고 있다. 특히 온생명이라는 개념을 양자역학에 대한 대안적 해석과 연결시킴으로써 '프로스테시스의 문제'에 대한 답을 찾으려 한 것은 상당히 흥미로운 접근이라고 생각된다.

신상규는 "가상성에 관한 철학적 질문"에서 영화 〈매트릭스〉가 그리고 있는 가상 현실의 실제적 가능성을 진지하게 고려할 필요가 있다는 전제하에, 그러한 세계의 가상성이 제기하는 철학적 질문이 무엇인지를 면밀히 사유한다. 그에 의하면, 매트릭스의 가상 세계가 우리에게 위협적으로 다가오는 이유는 크게 두 가지다. 하나는 우리가 만일 매트릭스 속의 존재일 경우에 우리가 가지고 있는 믿음이나 지식의 대부분이 거짓일 것이라는 인식적 회의주의의 위협이며, 다른 하나는 우리의 존재 자체나 삶, 행위 등이 총체적 기만에 입각한 환상에 불과한 것으로 전락해 그 진정성이나 도덕적 가치가 훼손된다는 실존적 위협이다. 이 글은 우리가 설령 매트릭스 안에 살고 있다 하더라도 우리의 삶이나 행위 그리고 그것과 연관된 인격성이나 도덕성 등은 여전히 유효한 가치이며 매트릭스의 가상성이 그러한 가치를 훼손시키지 않음을 설득력 있게 보여 준다.

신상규가 가상 현실의 '진정성'을 철학적으로 규명하고 있다면, 정현규는 가상 현실에서의 '체화된 소통'을 은유라는 매체 미학적인 장치를 통해 살펴본다. 정현규는 "은유와 가상 현실"에서 구술 문화, 문자 문화, 전자 문화의 흐름에 따라 은유를 바라보는 시각이 판이하게 다름을 지적한다. 그에 따르면 문자 문화 시대의 은유가 인식 능력을 보완하는 저급한 수단으로까지 폄하되었다면, 전자 시대, 특히 디지털과 가상 현실의 시대에 은유는 문자 문화 이전의 은유를 수용하는 경향을 보인다. 그는 클로드 레비스트로스Claude Levi-Strauss의 은유 개념을 통해 지금까지 서구 인식론에 특징적이었던 '대상과의 거리두기'와 '이원론적 사고'가 해체될 수 있는 가능성에 주목한다. 그의 글은 '대상의 지시를 따르는 것', '온몸을 통해 대화하는 것' 등과 같은 키워드들이 이제까지 지배적이었던 지적 영역의 재편을 논할 수 있게 함을 보여 준다. 더불어 '온몸 몰입'과 '상호작용', '반응하는 아이콘'이라는 새로운 매체 시대의 경험으로까지 확장될 수 있는 관점을 제공한다.

한편 윤보석의 "인간과 환경의 경계"는 가상과 실재의 인터-페이스를 규명하는 데 구현 혹은 체화embodiment라는 개념의 중요성과 더불어 '인공지능'의 문제를 다룬다. 그는 인지 과정이 우리 몸 밖의 환경적 요소를 포함한다는 '확장된 마음'의 논제를 제시하면서, 몸과 마음을 분리하는 전통적인 입장에서 벗어나 마음을 세계와의 관계 속에서 이해하는 입장의 중요성을 강조한다. 그의 글은 이러한 시각을 견지한다면 흔히 상충된다고 여겨지는 두 입장인 구현주의와 계산주의가 오히려 보완적인 관계일 수 있다고 주장한다. 즉 구현주의에서 마음은 세계와 상호작용하는 몸과의 관계 속에서 이해되며, 계산주의에서도 몸이 인공지능의 중요한 요소로 이해되고 있음을 보여 준다.

제3부에서는 '매체 경계의 미학'이라는 주제로 매체들의 인터-페이스에서 벌어지는 미학적 · 이데올로기적 문제들을 고찰한다. 여기에서는 특히 디지털 매체가 지향해야 할 미학적 · 윤리적 목표가 사유되고, 예술과 현실의 차원에서 디지털 기술의 미학적 가능성과 극복해야 할 한계들이 성찰된다. 또한 영화라는 대중 매체의 인터-페이스에서 미학과 정치 이데올로기가 어떻게 표출되는지 연구되고 있다.

김은령은 "디지털 미학의 전복적 정치성 연구"에서 미학과 정치의 관계를 집중적으로 밝힌 자크 랑시에르Jacque Rancière의 이론을 분석하고 원용함으로써 디지털 미학 자체가 전복적 정치성을 담지하고 있다고 주장한다. 그는 랑시에르의 전략적 항목들을 디지털 미학에 대입하는 과정에서, 놀이와 노동이라는 경계 범주를 와해시키는 자유로운 놀이의 전략이 HCI를 구성하는 브라우징과 넷서핑의 요소와 다르지 않으며, 예술가를 수집가로 규정하는 목록의 전략이 디지털 인터페이스의 아카이브 혹은 아카이빙 전략과 다르지 않음을 보여 준다. 이를 통해 그는 디지털 인터페이스를 구성하는 전략이 평등과 민주주의라는 윤리적 전환의 요구와 맥을 함께해야 함을 주장한다. 김은령은 디지털 인터페이스 자체의 구성이 익명의 인간들에게 해방을 줄 수 있는 출구가 됨으로써 그 미래가 있다고 전망한다.

천현순의 "디지털 사진의 미학적 특성 연구"에서는 디지털 사진의 미학적인 특성을 독일의 현대 사진작가인 안드레아스 구르스키Andreas Gursky의 사진 작품을 중심으로 살펴본다. 구르스키의 디지털 사진의 특징은 실재를 근거로 한 허구의 세계를 보여 주고 있다는 점이다. 그의 사진 작품은 존재하는 사물을 근거로 하기 때문에 실재 세계를 보여 주는 듯하지만 사실은 실재와는 다른 가상 세계를 보여 주며, 이로써 실재와 허구의 경계가 무너진 탈경계적 현상을 보여 주고 있다. 천현순은 이를 통해 디지털 기술을 둘러싼 미학적 문제를 제기한다. 그에 의하면 디지털 기술은 구르스키의 사진처럼 예술 창작의 새로운 형식과 가능성을 만들어 내는 도구로 적극적으로 활용될 수 있다. 하지만 저널리즘 사진의 영역에서는 왜곡과 조작이라는 부정적인 혐의를 벗어나기 어렵다. 천현순은 디지털 기술을 이용해 어떻게 새로운 리얼리티의 어법을 창출할 것인가의 문제를 당면한 중요한 과제로 제시하고 있다.

이준서의 "영화 공간의 매체적 재구성: 나치 시대 극영화 장르에 대한 사례 분석을 중심으로"는 공간이 매체 구성에서 핵심적 위치를 차지함에도 불구하고 흔히 간과되거나 가치 중립적이라고 이해되는 점에 문제를 제기하면서 논의를 출발한다. 그는 나치 시대 대중 영화들을 예로 삼아, 영화 매체에서 공간이 재구성되는 과정에서 어떻게 이데올로기적 조작이 이루어지는가를 섬세한 공간 분석을 통해 살피고 있다. 그 과정에서 코미디와 멜로드라마가 나치 이데올로기와 어떠한 연관 관계를 맺고 있는가가 드러난다. 그는 영화 속에서 재구성되는 과정에서 읽혀지는 사적 공간과 공적 공간의 관계, 알레고리적 공간, 현실과 비현실의 공간 혼합의 의미를 밝히면서, 이것이 어떻게 미학적 저항이나 정치적 동조의 의미를 갖는지를 보여 준다.

이 책에서는 컴퓨터 공학, 예술, 일상을 아울러 다양한 분야에서 고유한 함의를 지니는 '접속면'으로서의 인터-페이스에 대한 미학적 · 윤리적 · 이데올로기적 분석을 제시했다. 문화 현장의 중요한 핵심 키워드로 '인터-페이스'를 제시함으로써, 기존의 기계/기술 중심적인 인터페이스 논의를 새로운 지평으로 확장하고자 했으며, 분과 학문의 경계뿐 아니라 학문과 일상의 경계를 넘어서서 논의를 전개한 점에서 의미를 갖는다. 이 책을 계기로 매체학이나 공학 위주로 진행됐던 인터페이스 문제를 새로운 시각에서 바라보고 많은 독자와 이에 관한 전반적인 문제 의식을 공유할 수 있기를 기대한다. 또한 이 책을 시발점으로 하여, 멀티미디어, 디지털, 인터페이스 등의 매체적 논의들이 경험, 욕망, 감성, 취향, 소유, 인간소외 등의 다양한 인문학적 문제들과 더 심화된 논의로 연결되어 사유되기를 기대한다.

2010년 5월
저자들을 대표하여
조윤경 씀

제1부

경계면의 담론

인터페이스의 담론과 문채*

조윤경

1. 인문학적 시각으로 본 인터페이스

컴퓨터를 켠 후 마우스와 키보드를 이용해서 글을 쓰고, 음악을 듣거나 영화를 보며, 인터넷을 통해 정보를 나누는 일은 우리 시대 일상화된 풍경이다. 그런데 컴퓨터를 사용하면서 모니터의 크기, 모양, 해상도, 아이콘의 형태 및 위치, 인터넷에 접속했을 때 창이 열리는 방식에 세세히 신경을 기울이는 사람은 컴퓨터 기술자나 특별히 이 분야를 연구하는 사람을 제외하고는 거의 없을 것이다. 또한 컴퓨터를 사용하면서 인간의 언어와 컴퓨터의 언어가 다르다는 사실을 의식하는 사람도, 또한 인간이 컴퓨터와 대화를 나누고 있다고 생각하는 사람도 많지 않으리라 생각된다. 즉 대부분의 사람은 인터페이스를 의식하지 않고 살아간다.

* 이 글은 『기호학연구』 제25집(2009년 6월)에 게재된 논문을 수정 · 보완한 것이다.

인터페이스는 분명히 눈앞에 존재하지만 드러나지 않는다. 인터페이스를 의식시키지 않는 것이 '인간을 생각하는' 인터페이스의 소임이기 때문이다. 눈에 편안하게 착용된 렌즈는 나의 눈의 일부가 되어 세상을 또렷이 보게 해 줌으로써 렌즈를 끼고 있다는 사실을 종종 망각하게 한다. 사람들이 인터페이스를 인식하는 순간은 먼지가 끼었을 때의 렌즈처럼 무엇인가 불편한 이물감을 느낄 때다. 하지만 우리가 인식하고 있지 않은 매 순간에도, 우리는 인터페이스를 통해 인간과 세계와 사물을 바라보고 있다. 인간은 컴퓨터가 매개된 지식을 생산 · 유통시키고 있으며, 컴퓨터가 매개된 환경 속에서 다른 사람들과 관계를 맺고 살아간다. 우리의 얼굴은 사람들의 얼굴과 마주 대하는 시간만큼, 혹은 그보다 더 많은 시간을 컴퓨터의 얼굴과 마주보고 있다. 즉 우리는 모니터라는 컴퓨터 인터페이스의 한 부분을 통해 세상을 볼 뿐만 아니라, 인터페이스 자체를 보고 있다. 그리고 그러한 인터페이스는 인간이 생각하는 것 이상의 힘을 갖고 인간에게 영향을 미친다.

현대 문화에서 인터페이스라고 하면 주로 컴퓨터와 관련된 용어를 떠올리게 된다. '사용자 중심 인터페이스', '인간 중심 인터페이스', '그래픽 유저 인터페이스' 등을 그 대표적인 예로 들 수 있다. 하지만 원래 인터페이스란 두 개의 다른 세계가 접하는 곳에서 발생하는 면面을 가리키는 화학 용어였다. 다른 두 개의 물질이 접하는 면이라는 의미에서 '계면界面'이라고도 번역하는데, 계면 화학, 계면 활성제, 계면 장력 등으로 사용되는 용어에서 파생되어 사람과 도구 및 기계와의 접점, 도구/기계와 대상과의 접점을 의미하는 것으로 널리 쓰이게 되었다(카이호 히로유키 외, 1998: 37). 인터페이스의 한 사전적인 정의(*The American Heritage Dictionary of the English Language*)를 보더라도, 인터페이스가 IT뿐 아니라 더 광의의 차원을 포괄하는 개념임을 알 수 있다:

- 인접한 지역, 몸, 물질 혹은 국면 간의 공통된 경계를 형성하는 표면
- 독립적인 체계나 다양한 그룹이 상호작용하는 지점
- 컴퓨터와 다른 실재물(프린터 혹은 인간 사용자 등) 사이의 상호작용이나 소통의 지점

이 글에서는 인터페이스가 원래 함의했던 광의의 개념과 현 지점에서 쓰이고 있는 다양한 의미에 주목하고자 한다. '사이inter'와 '접속면face'이라는 중요 개념을 품고 있는 인터페이스는 물리적인 경계면, 사회적 시스템들의 상호 교차점, IT와 인간의 대화 지점을 나타내고 있어서 세계, 인간, 매체 차원의 수많은 경계와 탈경계 현상을 연구하는 데 중요한 사유 지점을 제공해 주는 것 같다. 인터페이스는 서로 이질적인, 그러나 인접한 것들 사이에 있는 '경계면'이자 이들을 소통시키는 '다리'의 역할을 동시에 함으로써 차이와 잠재적 충돌의 지점도, 조화로운 소통과 새로운 창조의 지점도 될 수 있다.

인터페이스의 개념이 흥미로운 것은 이 개념이 서로 다른 생각과 시각을 갖고 있는 인간과 인간 사이의 소통이라는 문제뿐 아니라, 인간과 기계, 한 지역과 다른 지역, 인간과 세계, 현실과 가상이라는 '계系'와 '종種'과 '체體'를 넘어선 소통의 문제를 제기하기 때문이다. 또한 인터페이스는 우리가 편리하게 사용하는 각종 도구가 도구 이상의 의미를 지니고 있음을 보여 준다. 인간-기계 인터페이스를 생각해 보면 우리가 '인간 중심'으로 다분히 편의상 구분했던 '경계들'이 결코 절대적이지 않으며, 모호하기 그지없음을 알게 된다. 예를 들어 컬러 렌즈를 끼고, 부러진 뼈에 철심을 박고, 가슴에 실리콘을 주입하고, 치아 임플란트를 하고, 전신 성형을 하고, 보톡스를 맞고, 인공심장을 단 '나'의 몸에서 몸과 기계의 경계를 어떻게 그을 수 있을 것인가?

인문학은 당연한 것으로 받아들여져 왔던 것에 대해 문제를 제기하고, 그 속에 숨은 다의적 의미와 작동하는 이데올로기를 찾아내며, 그것이 우리에게 어떤 의미를 갖는지를 사유해 왔다. 우리가 당연한 것으로 간주하는 여러 인터페이스 또한 인문학이 관심을 기울여야 할 중요한 대상이자 출발점으로 자리한다. 운전은 핸들을 돌리는 각도로 자동차의 방향을 조종하고, 발을 밟는 힘의 정도로 속력을 조절하는 사람-자동차 인터페이스다. 책은 일반적으로 묶여진 종이 묶음을 우에서 좌로 넘기는 인터페이스다. 이것이 컴퓨터 화면으로 옮겨지면서 위에서 아래로 훑어 내려오는 구조로 바뀐다. 이렇게 물리적 인터페이스의 변화가 내포하는 의미와 가능성은 무엇일까? 여기에 문화나 관습적인 의미가 숨어 있지는 않을까? 이 글은 이러한 질문에 대한 해답을 모색하면서, 인간과 매체와 환경 사이에 다양한 방식으로 일어나는 면 대 면의 접속과 기호 및 문채의 문제, 새로운 인터페이스를 매개로 인간의 삶을 확장시키고자 하는 창조적 은유, 인간-기계 인터랙션interaction이 가져온 직접적이고 다감각적인 커뮤니케이션의 방식에 대해 사유함으로써 우리 시대의 탈경계 문화 현상을 인문학적으로 읽어 내고 그 의미를 밝혀보고자 한다.

2. 접속면, 기호, 문채

인간과 인간, 인간과 기계, 인간과 세계, 현실과 가상의 경계가 흐려지고 있는 탈경계 문화 현상을 분석할 때, 인터페이스 개념은 탈경계의 지점을 서로 다른 것을 가르는 '경계선'이 아니라 '접속면'으로 바라보게 한다. 선이 그것을 따라 흐르는 연쇄성 · 선조성을 갖고 있다면, 면은 동시성 · 공간성을 갖고 있다. 즉 인터페이스에 대한 연구는 무엇보다 물리적인 표면에 대한 연구, 뒤틀지어진 안과 밖의 공간에 대한 연구, 새롭게 덧씌워지는 패러다임에 대한 연구가 된다.

인터페이스는 서로 다른 대상이 만나는 '접속면'이자 '사이 영역'이며, 경계를 넘어 다른 세계로 들어갈 수 있게 하는 '관문'이다. 인터페이스는 도구나 수단이 아닌 그 자체가 하나의 매체이며, 가시적인 세계뿐 아니라 비가시적인 세계, 무의식적인 세계, 사이버스페이스와 같은 비물질적인 세계로 우리를 접속시키는 막이다. 그런데 이 관문은 중립적이지 않다. 객관적이고 중립적인 통역자나 번역자가 존재하지 않듯이, 인터페이스 또한 한 세계와 다른 세계가 소통할 때 그 넘나듦을 매개하는 과정에서 문화, 젠더, 지역 등을 둘러싼 여러 이데올로기를 개입시킨다.

'인터-페이스inter-face'라는 용어에는 '사이'라는 개념과 '얼굴/면'이라는 개념이 내재되어 있다. '사이'의 개념은 인터페이스가 담당하는 쌍방향적인 매개-매체의 역할을 보여 주며, '얼굴/면'의 개념은 그 개념 자체가 인간과 매체의 흥미로운 혼동을 유도하면서, 접촉 지역이자 경계 지역인 것의 안 혹은 뒤에 숨은 인간의 다양한 얼굴들의 (행간의) 의미에 대해 읽고 사유할 수 있도록 해 준다. 즉 인터페이스의 문제는 매체와 기호, 그리고 그 생산의 기술적 · 경제적 조건, 그리고 그것과 관련된 인간의 문제를 함께 제기한다.

얼굴은 의도적으로 짓는 표정(미소, 윙크 등)과 비의지적으로 드러나는 징후들(얼굴 붉힘 등)을 모두 보여 주는 일종의 스크린으로 기능하면서 다른 사람과의 소통을 가능케 하는 인간의 대표적인 인터페이스다. 마찬가지로 접속면으로서의 인터페이스는 우리 문화의 의미 있는 징후들을 읽어 낼 수 있게 하는 일종의 텍스트로 기능한다. 그 대표적인 인터페이스가 바로 화면 인터페이스다. 영화 스크린, 텔레비전 모니터, 컴퓨터 화면, 그림 액자, 휴대폰 화면 등 우리는 무수한 화면 인터페이스를 통해 현실과 가상, 일상과 예술의 경계를 넘나든다.

웹 페이지를 비롯해 화면 인터페이스의 공통된 특징인 직사각형 프레임은 일종의 화면 인터페이스의 문채로 기능한다. 미셸 포르셰Michel Porchet는 "원이 우주생성론의 문채이고 삼각형이 기술의 문채(측량사의 삼각 측량)라면, 직사각형은 웹의 문채다"라고 지적한다(Porchet, 2007: 206). 웹 '페이지'는 일반적으로 한눈에 파악될 수 없으며, 총체성 속에서 관찰하게 내버려두지 않을 뿐더러 화면의 작은 창을 통해서만 감지할 수 있기 때문에, 독서의 지표 또한 더 이상 책의 지표들과 같지 않다는 것이다. 일반적으로 프레임은 "물체의 테두리이고 촉각 가능한 물질적 경계"다(오몽, 2006: 193). 그것은 가시적인 경계에 의해 일상 세계와 분리된 예술 작품임을 지칭하고자 하는 물질적 대상이며, 상상의 세계로 열린 창과 같은 이미지의 경계로 기능하기도 한다. 영화의 프레임은 "스크린에 비춰지는 영화 이미지에 관객을 주목"시키고, "어떤 순간 관객의 시야에서 없어지거나 나타나게 하는 경계를 결정함으로써 개념화된다"(벅랜드, 2007: 66).

예로부터 사각형 안의 공간은 허구의 공간이었고(예술, 작품 속 공간, 사각형 책, 사각형 그림 액자), 사각형 밖의 공간은 현실의 공간이었다. 그런데 오늘날 사각형의 한 화면 속에 중첩 혹은 병치되어 등장하는 여러 사각의 프레임은 허구와 현실 공간의 구분을 무너뜨리고 있다. 또한 텍스트와 콘텍스트의 구분도 불분명하게 만들고 있다. 거리를 나가 보면 담벼락, 고층 건물의 파사드façade 도처에 광고 동영상이나 영화 광고가 영사되고 있어서, 우리는 딱딱한 표면이 흐물거려지면서 가상의 세계가 펼쳐지는 경험을 일상에서 하고 있다. 프레임은 "기호가 의미를 소유하고 있는 형식이 아니라, 의미를 파생하는 형식이라는 사실을 천명하는"(장문정, 2005: 369) '기호의 신체성'을 잘 드러내 보여 준다. 일반적으로 사각형의 프레임은 틀 안에 있는 것을 선별적으로 포함하고, 그 밖에 있는 것은 잘라 버림으로써 포함과 배제의 이데올로기를 작동시킨다. 서구에는 본디 움직이는 것은 원, 움직이지 않는 것은 사각형, 자연은 원, 질서는 사각형이라는 문화 이데올로기가 있었으며, 이때의 사각형은 "질서라기보다 배제의 논리"를 보여 준다(마쓰다 유키마사, 2008: 71). 사각형의 문채를 구사하는 대표적인 예술 영역인 사진은 '프레이밍framing', '크로핑cropping', '트리밍trimming' 등의 작업을 통해 공간을 잘라온다. 사각형의 틀로 잘라내고 포함한 부분들은 우리가 일상에서 느끼는 공간과 대상에 대한 지각을 변화시킨다. 사진의 문채적 상상력은 완결되었다고 생각되는 이미지 안에 기다리고 있는 또 다른 이미지를 찾아낸다.

이 시대의 여러 화면 인터페이스들의 경우 직사각형의 크기는 그 틀로 가두는 내부의 내용과 지각을 좌우한다. 휴대폰의 작은 스크린 속에서 보는 영화와 영화관의 대형 스크린으로 보는 영화, 컴퓨터 작업을 하면서 구석의 작은 화면으로 보는 영화가 전달해 주는 경험과 의미는 사뭇 다르다. HDTV가 내세우는 '마치 현장에 있는 것 같은' 선명한 사실감, 황금비율에 가깝다는 5 : 3.3의 가로 세로 비율 등 화면 인터페이스가 인간의 지각과 메시지의 내용에 미치는 영향은 점점 더 커지고 있다.

접속면으로서의 인터페이스-텍스트는 그 텍스트를 읽어 내는 방식에 영향을 미친다. 인터넷에서 읽고 보는 것을 가능하게 하는 인터페이스인 웹 브라우저web browser는 'browse'의 의미가 함의하는 것처럼, 소가 풀밭에서 여기저기 풀을 뜯어 먹듯 특별한 것을 집중해서 보기보다는 이러저러한 정보를 훑어보는 '구경하는' 독서 방식을 유도한다. 텍스트의 행간의 의미를 곱씹으며 깊이 있는 사유를 갖게 하는 것이 목적이 아니라, 하이퍼링크를 이용해 사용자로 하여금 많은 웹 페이지들이 제공하는 정보에 쉽고 빠르게 접근할 수 있게 하는 목적을 갖고 있기 때문이다. 즉 인

터페이스가 독자들의 독서 방식을 일정 정도 설정해 놓고 있는 셈이다.[1]

인터페이스를 문화 텍스트로 분석하려면 이를 기존의 텍스트 분석과 구별해 접근해야 한다. 가령 문체와 담론에 관한 분석은 유용한 한 방식이 될 수 있으리라 본다. 전통적인 텍스트에서의 문채는 은유, 환유 등의 비유법, 생략법, 대조법 등을 사용해 문자 그대로의 의미에서 형상화된 의미로의 전이를 만들어 내며 의미를 확장시킨다. 인터페이스의 문채는 틀짓고, 자르고 붙이고, 확대하고 축소하고, 분리하고 연결하고, 어둡게 하고 선명하게 하면서 일종의 새로운 텍스트와 콘텍스트를 만들어 내는 작업을 하고 있다. 하이퍼링크, 다양한 컴퓨터 오퍼레이션, 웹사이트들의 구조 분석, 포토샵photoshop 등의 다양한 조작 기능들을 '인터페이스의 문채'로 좀 더 면밀하게 분석하면서 그 속에 숨어 있는 세계관과 이데올로기를 살펴볼 필요성이 있다고 생각된다.

프레임/필터이자 스크린/텍스트로 동시에 기능하는 인터페이스는 인간의 행위에 영향을 미침과 동시에 인간의 문화 및 시 · 공간의 경험을 반영한다. 인터페이스는 인간과 매체라는 이질적인 두 영역을 매개하고 넘나들게 할 뿐 아니라 합일시키기도 하고, 마치 거울처럼 인간과 매체의 모습을 반영하기도 하며, 그 자체로 끊임없이 변형한다. 또한 새로운 인

1 웹을 서핑하는 사용자들은 인쇄물의 독자에 비해 진득하게 텍스트를 읽지 못하고 조급함을 느낀다. 그리고 스크린 텍스트가 종이 텍스트보다 읽기에 불편하다고 여긴다. 이에 대한 엘렌 럽튼Ellen Lupton의 분석에 의하면, 가독성 면에서는 스크린 텍스트와 종이 텍스트 간에 별 차이가 없으며, 사용자들이 지닌 조급함의 원인이 스크린 테크놀로지의 본질적 특성에서 오는 것이 아니라 인터랙션과 관련된 문화적 습성에 기인한다. 인터넷의 사용자는 집중하기보다는 산만함을 즐기며, 문제를 해결하기보다는 문제를 찾아 나선다. 스크린 앞의 주체는 '텍스트를 읽거나 이미지를 보는 독자'가 아니라 인터넷의 망망대해에서 클릭 장치를 조작해 정보를 소비하며 인과적 쾌락을 향유하는 사람들이라는 것이다(Ellen Lupton, *Thinking with Type: A Critical Guide for Designers*, New York, Princeton Architectural Press, 2007, pp.74–76; 박해천, 『인터페이스 연대기: 인간, 디자인, 테크놀로지』, 디자인플럭스, 2008, p.194에서 재인용). 럽튼은 이렇게 웹 독자들의 독서 방식이 매체 자체의 특성이 아닌 사용자의 취향과 인터랙션의 소통 방식에서 기인한다고 보고 있지만, 실상 이에 못지않게 영향력을 행사하는 웹 인터페이스의 힘을 간과해서는 안 될 것이다.

터페이스들은 인간을 보조(인터페이스의 도구성), 증강(인터페이스로 인한 인간과 기계의 합일, 증강 현실, 포스트휴먼, 기계의 감각화 등), 치료/개선/개조(상처 입은 청력, 시력, 움직임들의 치료, 성형 수술 및 유전자 변형 등 인간 종의 변화)하려고 함에 따라 인간의 얼굴(정체성)을 변화시킨다.

3. 인간 삶의 은유와 확장

미디어 이론에서는 흔히 테크놀로지와 인간을 매개하는 새로운 인터페이스가 인간 삶의 창조적 은유로 기능하면서 인간의 삶을 확장시킨다고 말한다. 과연 그러한가? 그리고 그러하다면 물리적 인터페이스의 변화를 통해 창조적 혁신을 가져올 수 있는 인터페이스만의 미학을 찾아낼 수 있을까? 그래픽 유저 인터페이스 개념을 발전시키는 데 기여한 앨런 케이 Alan Curtis Kay는 그렇다고 얘기한다. 그에 의하면 유저 인터페이스 디자인은 인류가 도구를 발명하던 순간부터 항시 있어 왔으며, 손도끼에 자루 부분을 씌웠던 무명의 디자이너는 단지 지렛대의 효과를 위해서가 아니라 주먹만이 아닌 팔을 연장하기 위한 차원에서 그렇게 했다는 것이다(케이, 2004 : 232).

한편 캐서린 헤일스Katherine Hayles는 인터페이스와 대표적인 문채 중 하나인 은유를 비교하면서, 인터페이스가 정보를 하나의 매체 혹은 체제로부터 다른 것으로 전이시킨다면, 은유는 하나의 단어에서 다른 단어로 의미를 전이시킨다고 분석한다(Hayles, 2002). 이 공통점으로부터 헤일스는 '물질적 은유'란 개념을 추출한다. 물질적 은유란 그 자체로 물질과 언어/기호를 접속시키는 은유다. 보통의 은유에서는 이름이나 묘사되는 용어가 그것과 다르지만 유사성이 있는 어떤 대상을 지칭하는 용어로 전이된다. 즉 은유가 언어의 차원에서 이뤄진다면, 물질적 은유는 물질과 언어/기호가 합일된 것 자체가 은유적 매체로 기능한다. 예를 들어 '예술가의 책'으로 분류되는 캐런 챈스Karen Chance의 '패럴랙스Parallax'는 아코디언 모양으로 접힌 책인데, 이러한 형식을 통해 한 이야기의 두 가지 면을 문자 그대로 보여 준다. 책의 각 면은 지하철에서 만난, 한 명은 이성애자이고 한 명은 게이인 두 사람이 남성 동성애에 대해 바라보는 서로 대립된 시각을 묘사하고 있는데, 두 이야기 모두 마지막은 이 두 사람이 서로 옆에 나란히 앉는 장면으로 똑같이 끝난다. 이질적인 두 사람의 서로 다른 시선이 아코디언 책의 서로 다른 면의 배치와 병렬적 구성이라는 '물질적 은유'로 나타나고 있는 것이다.

이질적인 두 세계가 만나는 '면'에서 나올 수 있는 창발성은 인체의 차원뿐 아니라 인간 삶 전반에서 강조된다. 컴퓨터 윈도는 과거로부터 수많은 문화적 함의를 담고 사용되어 온 일상의 창문을 은유로 삼아 고안되었지만, 우리는 언제부터인가 '윈도' 하면 실제 창문보다는 컴퓨터 윈도를 자연스럽게 떠올리게 되었다. 나아가 실제의 창문과 다르게 겹쳐지고 다층적으로 열리며 스크롤할 수 있는 이 새로운 창은 "화면상에 될 수 있는 한 많은 수의 정보를 띄워놓는 것이 창조성을 기르고 문제를 해결하며 생각의 정체를 막는 데 도움이 된다"(케이, 2004: 242)는 제롬 브루너Jerome S. Bruner의 다층적 정신성 모델에 근거해 고안된 것이었다. 즉 컴퓨터 인터페이스는 마치 사운드를 샘플링하는 디제이DJ처럼 기존의 은유들을 재맥락화하려고 시도한다. 문채로서의 은유가 서로 이질적인 것들을 유사성의 원칙에 의해 중첩시키면서 다의적 깊이로 향하고 있다면, 겹겹이 겹쳐지면서 끌어내리고 끌어올려지는 컴퓨터 윈도의 창문 은유는 다의적 의미로 향하는 것이 아니라, 동일한 규격의 여러 시니피앙signifiant을 겹치고 펼치면서 표면에 떠 있는 무수한 인터페이스의 겹들을 통해 다층적으로 열린다. 윈도의 지속적으로 열리는 창은 단 하나의 관점이 아니라 다양한 관점을 넘나들면서 서로 비교하고 시도하는, 끝없이 세계를 다르게 보기, 혹은 세계를 끝없이 재창조하기에 대한 은유로 작용한다.

다시 말해 인터페이스는 신체 혹은 일상 사물과의 은유 관계를 통해 인간의 삶을 분명 확장시키고 있다. 일상의 모든 벽이 언제든지 스크린-인터페이스로 전환될 수 있으며, 인터페이스의 아이콘들이 일상의 디자인으로 활용되어 사물화되고 있다. 지금 출판계의 화두는 어떻게 책을 읽는 것으로부터 해방시킬 것인가에 있다고 하는데, 과연 책의 첫 경험을 손에 든 책의 감촉에서부터 시작하게 하려는 듯, 종이의 재질을 다양화하는 햅틱 인터페이스가 강조된 책이 속속들이 출판되고 있다. 하지만 다른 한편으로 동일한 인터페이스가 인간 삶을 확장시키는 것이 아니라, 거꾸로 인간 혹은 신체를 테크놀로지의 확장으로 변모시키기도 한다. 멀티미디어 아티스트인 에두아르도 칵Eduardo Kac이 자신의 프로젝트에서 환기시키고 있는 것처럼, 현재의 모니터와 CPU로 구성된 박스 형태의 컴퓨터 장치를 강제적으로 따르도록 하는 인터페이스의 표준화는 손목압박관절 증후군, 요통 등 인간의 육체를 전반적으로 망가뜨려, 컴퓨터가 인간의 연장이 되는 것이 아니라 인간의 육체가 컴퓨터의 연장이 되는 전도를 가져온다(Kac). 또한 컴퓨터뿐 아니라, 휴대폰, 손목시계, 전화기 등 어떤 인터페이스라도 이를 꾸준히 사용하다 보면 사용자의 의지와 상관없이 특정한 습관이 형성됨으로써 몸에 각인된다.

인터페이스의 핵심은 '익숙함'이다. 사람들은 익숙한 인터페이스가 바뀌는 것에 대해 거부감과 불편함을 토로한다. 휴대폰의 익숙함은 손 안의 감촉과 위치에서 나온다. 익숙함은 길들여짐의 또 다른 말이다. 동일 인터페이스를 사용하면서 사람들의 취향은 맞춰지고 보편화된다. 여성의 체형이 44, 55, 66, 77 사이즈로 맞춰지듯이…… 따라서 인터페이스를 바꾸는 문제는 머리의 기억이 아니라 몸의 기억을 바꾸는 문제다. 일정 시간을 반복하다 보면 코드를 누르고 집으로 들어갈 때 코드 번호를 머리로 기억하는 게 아니라 손이 저절로 그 위치로 가게 된다. 그러니까 만일 인터페이스의 위치나 환경을 바꾼다면 몸의 체계가 무너지는 일이 된다.

기계는 계산된 것, 프로그램화된 것인 반면, 인간은 그렇지 않다. yes와 no로 구분될 수 없는 모호한 영역을 내포하기 때문이다. 우리는 얼마든지 말로는 '그렇다'고 하면서 속으로는 '아닌데'라고 할 수도 있고, '그럴 수도 있지'라는 모호한 말로 뭉뚱그릴 수도 있다. 이러한 인간의 복잡미묘함을 기계가 모두 이해하고 소통하기는 힘들다. 이러한 어려움의 간극을 줄이고자 인간 중심 인터페이스가 고안된다. "사용자를 필요 이상 기다리게 하지 않는 것, 사용자를 재촉하지 않는 것", 즉 사용자 자신이 상호작용의 속도를 조절할 수 있게 하는 것이 인간 중심 인터페이스의 핵심이다(래스킨, 2003: 10). 또한 '이성' 혹은 '계산'이 아닌 '직관'이 중요한 고려 사항으로 부각된다. 일반적으로 사용하기 쉽고 알기 쉬운 인터페이스를 직관적인 인터페이스라고 말한다. 이는 사용 방법을 학습하거나 기억하는 데 드는 부담이 거의 없거나 적기 때문에 학습 과정을 거치지 않아도 쉽게 알 수 있고 접근이 쉬우며, 사용 중 혼란이나 오류를 일으키지 않음을 의미한다. 여기서 사용된 직관의 개념은 매우 협소하며 왜곡되어 보인다. 인간의 근원적인 잠재성을 품고 있으며 창조적 발견에 이르게 하는 훨씬 풍요로운 함의를 갖고 있는 '직관'이라는 개념이 여기에서는 길게 생각하거나 고민할 필요 없음을 의미하고 있기 때문이다.

더불어 '인간 중심'이라는 것 또한 숙고를 필요로 한다. 어떻게 보면 인간 중심 인터페이스는 인간 이외의 모든 것을 타자화한다. 이는 궁극적으로 인간 자체도 타자화시키게 되는 결과를 낳는다. "자기 중심적이며 편협한 마음가짐으로는 타자들을 제대로 대면할 수 없다"(본지페, 2003:29)면, '인간 중심' 인터페이스의 인간 중심이라는 목표 또한 문제가 있는 것은 아닌지? 인간과 로봇이 공존하는 세계를 배경으로 하는 우라사와 나오키浦澤直樹의 만화 『플루토』에서 '완벽한' 인간처럼 보이는 사이보그 경찰인 게지히트는 자신과 인간의 차이점이 무엇인가라는 질문에 "인간에게는 쓸데없는 움직임이 많습니다"라고 대답한다. 앞에서 설명했듯이 인간 중심 인터페이스의 모토는 조그만 불편이라도 줄여 인간의 쓸데없는 움직임을 없애자는 것이다. 그런데 게지히트의 말처럼 '쓸데없이' 움직이는 것이 바로 인간이다. 그렇다면 인간 중심 인터페이스는 궁극적으로 인간다움을 거부한 인터페이스가 아닌가?

인간처럼 걸어가는 동작을 할 수 있는 로봇을 만들기 위해 애쓴 어느 일본 과학자는 번번이 실패를 거듭하다가 아기의 걸음걸이를 보고 깨닫는다. 아기는 걸을 때 아슬아슬하게 넘어지는 동작으로 한 발 한 발을 뗀다는 것이다. 로봇을 세우려고 노력했을 때에 실패를 거듭했던 그는 로봇을 넘어뜨리려 하는 순간 마침내 로봇을 걷게 하는 데 성공한다. 어떻게 보면 인간의 동작이나 인간의 영역에서는 '넘어짐'이라든가 '계산되지 않은 실수'가 의미 있는 움직임들을 만들어 가는 경우가 더 많다. 즉 인터페이스의 미학은 인간의 쓸데없는 동작이나 실수를 교정하는 데 있는 것이 아니라, 그것을 어떤 방식으로 반영할 것인가 하는 문제 의식을 담아낼 수 있는 데에서 나온다.

4. 텔레마틱 커뮤니케이션과 '인간-컴퓨터 인터랙션'

우리 시대에 인터페이스의 화두가 유용한 또 다른 이유는 전통적인 인터페이스들을 넘어서는 새로운 인터페이스들이 고안되면서 빠른 속도로 인간의 소통 방식을 바꿔놓기 때문이다. 새로운 인터페이스의 창조자들은 끊임없이 인간의 가장 자연스러운 상호 의사 소통 수단이 무엇일지를 생각하고 이를 참조한다. 스티브 잡스Steven P. Jobs가 아이폰에 주력하면서 손가락으로 조작하는 '햅틱 인터페이스'를 발전시키는 동안, 빌 게이츠Bill Gates는 테이블 위, 벽 등 집안 구석구석에 스크린 등의 인터페이스를 구비하는 '내추럴 인터페이스' 프로젝트를 진행시키면서, 그 일환으로 실제 음성을 통해 컴퓨터를 조작할 수 있는 새로운 청각 인터페이스를 개발하고 있다. 이러한 인터페이스들이 익숙한 것으로 자리하게 되면(햅틱 인터페이스의 경우가 이미 어느 정도 그러하듯이), 새로운 인터페이스는 언어와 문자, 시각적인 소통 방식을 넘어서서 '촉각', '청각', '전신 감각' 등의 새로운 소통을 가져오게 된다.

터치 스크린은 감각 경험의 새로운 물질성과 육체성을 인식하게 해 준다. 많은 비평가가 지적하듯이 영화에서는 이미 오래 전부터 햅틱 인터페이스가 시도되었다. 로라 막스Laura Marks는 "스크린으로서가 아니라, 기억의 물질적인 형태들과의 접촉을 관객에게 선사하는 세포막으로서 영화의 살갗"의 개념을 통해 시청각적 매체가 갖고 있는 '촉지적 시각성haptic visuality'에 대해 언급하고 있다(Marks, 2000: 243). 진중권은 에이젠슈테인Sergei M. Eizenshtein의 몽타주를 "시각적 관조의 대상이 아니라 촉각적 충격의 주체"로 제시한다. 그것은 충격을 관객의 '몸' 속에 새긴다는 것이다"(진중권, 2009: 125). 레프 마노비치Lev Manovich의 지적대로 이제 스크린은 "현실의 이미지를 디스플레이하는 수단으로서만이 아니라 현실에 영향을 끼치는 수단이 된 것"(마노비치, 2004: 153)이다. 터치 스크린은 시각 경험의 물질성과 육체성을 인식하게 해 준다. 제프리 쇼 Jeffrey Shaw 등의 예술가들의 설치 작품에서도 활발히 실험되고 있는 이

촉각 인터페이스는 사용자에게 작품의 장치 속에 육체적으로 참여하게 한다. 터치 스크린은 관객의 역할을 재규정하게 하고, 시간의 전통적인 개념을 변화시키고, 영화의 몽타주를 재규정한다. 이러한 작업은 모든 감각을 사용하게 하고, 사유가 열린 데이터베이스가 되는 경험을 하게 함으로써 관객을 사용자로 변화시킨다.

커뮤니케이션은 정보가 발신자에 의해 기호화되어 매체를 통해 수신자에게 전달되는 과정이다. 수신자는 메시지를 해독하고, 발신자에게 피드백을 주게 된다. 사실 커뮤니케이션의 종류는 매우 다양하다. 얼굴과 얼굴을 맞대고 말로 이뤄지는 소통도 있지만, 얼굴의 표정이나 눈빛, 옷차림 등 비언어적 커뮤니케이션도 이뤄지며, 기호, 타이포그래피, 그림, 그래픽 디자인 등 시각적 커뮤니케이션도 이뤄진다. 소통의 과정에서 발신자와 수신자는 서로 다른 지역적인 전통, 문화, 젠더의 차이에 따라 메시지의 의도적인 의미를 얼마든지 달리 해석할 수 있다. 해럴드 이니스 Harold A. Innis에 의하면, 사람들은 소통을 위해 서로 다른 종류의 매체들을 사용하며, 그들이 사용하고자 하는 것이 사회의 형태와 지속성에 서로 다른 가능성을 제공해 준다. 예컨대 고대 이집트는 파피루스라는 '공간 바인딩'을 사용함으로써 글로 쓰여진 명령들을 멀리 떨어진 공간으로 전달 가능하게 했다. 피라미드, 사원의 축조에 사용된 돌이라는 '시간 바인딩'은 그들의 권위를 세대와 세대를 이어 유지하게 해 줬다. 그들은 이러한 매체를 통해 사회 속의 소통 방식을 변화시키고 형성시킬 수 있었다는 것이다(이니스, 2008 참조).

실상 인터페이스는 상대(그것이 인간이든, 동물이든, 기계이든)와 대화를 가능하게 하는 매체다. 인터페이스는 서로 다른 코드를 맞춰서 소통시킨다. 인간은 대화를 나눌 때 언어뿐 아니라 표정, 몸짓 등 여러 가지 미세한 인터페이스들을 통해 그 대화의 의미와 뉘앙스를 파악하면서 소통한다. 문제는 인간과 기계가 소통할 때다. 인간과 기계의 탈경계를 시도하는 인간-기계 인터페이스의 핵심은 인공물을 인간의 신체와 연결하는 일이다. 그런데 인간만이 가지고 있는 삶과 존재와 세계의 모호한 영역을 과연 기계가 이해하고 대화에 포함시킬 수 있을까? 인간-컴퓨터 인터랙션은 인간과 컴퓨터의 상호작용을 상정한다. 이는 컴퓨터를 나의 창조적, 유희적, 업무적 일들을 처리하는 데 도움을 주는 유용한 보조 도구로만 생각하지 않는다는 것을 의미한다. 상호작용이라는 말은 대등한 두 주체를 상정하기 때문이다. 그런데 인간과 컴퓨터는 진정으로 상호작용하게 되었을까? 이들은 진정 대등한 두 주체로 소통하고 있는가?

문자 기반의 소통이 '지연된 시간'의 개념을 내재하고 있다면 오늘날의 텔레마틱 커뮤니케이션은 실시간으로 정보를 소통하게 해 준다. 그런데 이러한 실시간성은 탈인간화된 인터페이스적 소통의 양상을 보인다. 소통의 대상자들이 위치를 나타내는 숫자로 변하기 때문이다. 또한 우리를 보고 있는 것이 아니라 카메라를 보고 있는 혹은 프롬프터를 읽고 있는 뉴스의 진행자처럼, 우리와 컴퓨터는 면 대 면의 소통을 하고 있지 않다. 인터페이스가 된 스크린 뒤에는 화자의 얼굴이 부재한다. 이런 이유로 볼프강 에른스트Wolfgang Ernst는 인터페이스에 함의된 인간 중심주의적 담론에서 벗어나야 한다고 주장한다. 면 대 면의 인간적 소통은 점차 데이터를 저장한 매체라는 비非인간에 의해 대체되고 있는데도 여전히 '인터페이스inter-"face"'라는 개념에 의인법적인 수사가 강하게 들어 있다는 것이다. 그는 일련의 데이터를 마치 인간인 것처럼 대하는 것을 "인터페이스적 환상"이라고 말하고 있다(Ernst, 2002 참조). 비디오 캡쳐, 홍채 인식 등을 통한 인체의 데이터화는 인간이 '날 것 그대로의 상태'에 노출되었음을 의미한다. 여기에서 진정한 의미의 대화는 사라진다. 외부 세계와의 거리 조절 장치 역할을 하는 인터페이스가 사라졌기 때문이다. 이러한 날 것 그대로 혹은 직접성의 원리가 인간과 기계의 사이에서 도처에 작동할 기미를 보이고 있다.

영국 레딩대 사이버네틱스 학과의 케빈 워윅Kevin Warwick 교수는 1998년 자신의 몸에 칩을 이식해 스스로 최초의 사이보그가 되었다(www.kevinwarwick.com). 이러한 극단적인 인터페이스는 컴퓨터에서 인간의 감각/신경으로 감성적 데이터를 직접 송출한다. 데이터의 직접성에 대한 믿음은 인간의 존재를 부정한다. 여기에는 더 이상 시뮬레이션이 존재하지 않으며, 다만 두뇌의 자극만이 있을 뿐이다. 이렇게 인간-기계 인터랙션에서는 직접성의 담론이 지배한다. 두뇌-컴퓨터 인터페이스는 두뇌와 외부 기기 사이에 직접적인 커뮤니케이션 통로를 상정한다. 인공 기관은 신체와 분리해 존재하는 것이 아니라 몸 안에 직접 심어진다. 인간과 기계가 대등한 주체로 소통하는 게 아니라 아예 기계가 인간의 일부가 되고 '인터페이스'의 '인터'의 개념은 사라질 위험에 처한다.

임플란트의 시대 혹은 포스트휴먼 시대의 소통은 꽂고 빼는 USB 장치처럼 기술적 장치들을 몸에 직접적으로 연결한다는 생각으로 요약된다. 스텔락Stelarc(본명 Stelios Arcadiou)과 같은 예술가는 자신의 몸에 직접 기계 장치를 이식함으로써 인간의 한계를 넘어서려 한다. 사실 스텔락과 같은 극단적인 테크놀로지 맹신자가 아닌 다른 현대인들도 임플란트, 반영구적인 눈썹 문신, 나아가 부를 통한 신체 관리(피부 관리, 보톡스, 미용 성형, 근육, 키 크는 주사)를 하고 있으며, 이로 인해 인간의 종 자체가 변화하고 있다. 지금으로부터 12년 전에 나온 앤드루 니콜Andrew Niccol 감독의 영화 〈가타카Gattaca〉의 주인공 빈센트가 유전학적으로 우성인 제롬의 유전자를 돈을 주고 샀던 것처럼, 우리 시대의 빈부의 격차는 돈을 주고 사는 물질이 아니라 돈을 주고 '만드는 몸'으로 결정된다.

5. '인터'가 사라진 '인-페이스'의 시대

이 글은 가까이 존재하고 있지만 크게 인지되지 않았던 세상의 다양한 접속면들을 인문적 사유의 출발 지점으로 삼아보았다. 인터페이스에 대한 사유는 테크놀로지를 둘러싼 일상을 인문학 논의에 적극적으로 포함시켜 매체를 도구나 객체가 아닌 상호작용의 주체로 생각해 보게 했고, 표면과 이면, 몸과 정신, 주체와 객체, 인간과 기계, 인간과 도구 등의 이분법적인 개념들이 해체되는 혼종의 영역과 양상들을 주의 깊게 들여다보게 했다.

인터페이스는 접속면이자 사이 영역이며 서로 다른 세계로 향하는 관문으로 기능하면서 인간성, 물성이 자신의 보편적 성질을 벗어나는 지점에 주목하게 했다. 우리가 그것을 통해 바라보고 있는 인터페이스라는 일종의 '사이 텍스트'는 인간의 얼굴을 새롭게 들여다보게 하고, 인간이 다른 인간, 세계, 사물과 맺고 있는 관계를 재정립한다. 프레임/필터이자 스크린/텍스트인 인터페이스의 흥미로운 이중성은 인간의 삶을 매개하고 반영하는 과정에서 세상 만물의 얼굴들 간의 변화를 주도하고 인지시킨다. 우리 문화의 의미 있는 징후를 읽게 해 주는 접속면으로서의 인터페이스-텍스트는 텍스트의 생산과 텍스트의 경험 간의 관계를 재고再考하게 함으로써 전통적 의미의 문자 텍스트 이외의 텍스트들에 관한 문제를 생각하게 해 준다. 벽, 건물의 파사드, 컴퓨터 화면, 인간의 신체 이 모든 것을 인터페이스-텍스트로 바라본다면, 문자 텍스트를 다루는 방식과 다른 방식의 보고, 읽고, 쓰는 새로운 리터러시를 모색하게 된다.

한편 새로운 인터페이스가 과연 인간의 삶을 확장시키고 있는가를 질문한 결과, 우리는 삶을 은유로 하여 만들어진 인터페이스가 삶에 영향을 미치고, 오히려 삶이 인터페이스의 은유가 되고 있는 면을 발견할 수 있었다. 기존의 은유들을 재맥락화하는 인터페이스 은유는 이 시대 상상력의 패턴을 보여 준다. 나의 것도 없고 너의 것도 없지만, 기존의 것을 가져다 쓰고 섞었을 때 새로운 결과물을 보여 줘야 한다는 샘플링의 상상력이 표면에 떠서 겹쳐져 있으면서 반복, 비교, 모의 실험을 가능하게 하는 인터페이스의 은유에서 나오고 있다.

새로운 인터페이스는 인간의 삶을 확장시키고 있는 만큼이나 표준화된 인터페이스를 통해 인간을 테크놀로지의 확장으로 전도하는 현상을 가져오기도 한다. 현재 진행되는 인간 중심 인터페이스가 갖고 있는 한계는 '직관'의 개념을 기계적으로 이해하는 데에서 나온다. 직관의 개념은 지금처럼 사용하기 쉽고 학습하거나 생각할 필요가 없는 인터페이스를 만들어 내는 것에 활용될 것이 아니라, 더 풍요롭게 사유하기 위한 시작 지점으로서의 인터페이스를 만들기 위한 토대를 제공해야 할 것이다. 인터페이스의 미학은 완벽한 데이터나 센서를 통해 사용시 불편함을 모두 제거한 말끔함에서 나오는 것이 아니라, 데이터에서 비껴간 것, 계산되지 않은 실수, 인간이기에 할 수 있는 '쓸데없는' 동작들을 매개할 수 있을 때 생겨난다.

인간-컴퓨터 인터랙션은 인간과 컴퓨터가 과연 대등한 두 주체인가를 질문하게 했다. 컴퓨터를 포함한 인간-기계 인터페이스는 인간이 기계화되고 기계가 의인화되는 방식으로 소통이 이뤄지면서, 점점 두 영역을 매개하는 인터페이스가 사라지는 방향으로 나아가고 있다. 옷처럼 탈부착이 가능하거나 기계 부품처럼 교환 가능해지는 환유적인 몸, 데이터화되고 유전자 조작이 이뤄지는 수치화된 몸은 실시간으로 소통되면서 정확한 데이터로 분석 가능한 텍스트가 된다. 또한 기계는 인간에게 고유한 영역인 '직관'에 가까워지려 하면서 우리의 삶을 시각적인 소통 방식에서 촉각, 청각, 전신 감각적 소통 방식으로 전이시키고, 인간과 '체현된 인터랙션'을 시도하려 한다. 터치 스크린이라는 햅틱 인터페이스가 소통의 방식에 가져온 혁신적인 면은 스크린이 현실을 반영할 뿐 아니라, 인간이 스크린을 만짐에 따라 센서를 통해 안으로 영향력을 행사한다는 사실에 있다. 같은 일이 비트화된 인간의 삶에서도 벌어지고 있다. 데이터화되고 있는 우리의 몸과 우리의 삶은 외부에서 영향력을 행사할 수 있는 통제 가능한 것으로 변하고 있다. USB와 같은 도킹 시스템적 소통 방식은 '자극'과 '직접성'의 논리를 따라 움직이면서 필요할 때 꽂고 필요 없을 때 빼는 방식의 일방적인 소통을 가져올 수 있다. 인터페이스는 원래 접속막이자 다른 세계로 들어가는 표면이었는데, 언제부터인가 '인-페이스in-face'되어 몸 속에 칩이 이식되고, 지문이나 유전자 지도처럼 인간 내부의 데이터가 밖으로 유출될 위험에 처해 있다.

마노비치는 '망막과 스크린이 하나가 되는 세계'에 우리는 감옥을 우리 몸에 매달고 다니게 될 것이라고 경고한다(마노비치, 2004: 166). 이제 우리는 미래에 상용화될 인터페이스에 대해 새롭게 사유해야 할 것 같다. 인터페이스 접속의 방식이 외부에서 내부로 향하게 되고, 완전한 몰입을 통해 지금과 같은 인터페이스가 용해된 '인터페이스 없는 인터페이스'가 창조되고, 대화형 모델이 직접성의 접촉 모델로 대체될 시대를 우리는 또 어떻게 바라봐야 할 것인가?

참고 문헌

래스킨, 재프, 『인간 중심 인터페이스』, 이건표 옮김, 안그라픽스, 2003.

마노비치, 레프, 『뉴미디어의 언어』, 서정신 옮김, 생각의나무, 2004.

마쓰다 유키마사, 『눈의 황홀: 보이는 것의 매혹, 그 탄생과 변주』, 송태욱 옮김,

바다출판사, 2008.
박해천, 『인터페이스 연대기: 인간, 디자인, 테크놀로지』, 디자인플럭스, 2008.
벅랜드, 워런, 『영화인지기호학』, 조창연 옮김, 커뮤니케이션북스, 2007.
본지페, 기, 『인터페이스-디자인에 대한 새로운 접근』, 박해천 옮김, 시공사, 2003.
오몽, 자크, 『이마주: 영화 · 사진 · 회화』, 오정민 옮김, 동문선, 2006.
이니스, 해럴드, 『제국과 커뮤니케이션』, 김문정 옮김, 커뮤니케이션북스, 2008.
이지은, 『게슈탈트 원리의 적용을 통한 모바일 폰 사용자 인터페이스의 직관성 향상에 관한 연구: 시각적 차원을 중심으로』, 이화여자대학교 대학원 석사학위 논문, 2006.
장문정, 『메를로 뽕띠의 살의 기호학』, 한국학술정보, 2005.
진중권, 『진중권의 이매진: 영화와 테크놀로지에 대한 인문학적 상상』, 씨네21 북스, 2009.
챈들러, 대니얼, 『미디어 기호학』, 강인규 옮김, 소명, 2006.
카이호 히로유키 외, 『인터페이스란 무엇인가』, 박영목 · 이동연 옮김, 지호, 1998.
케이, 앨런, 「사용자 인터페이스에 관한 나의 견해」, 패커, 랜덜, 조던, 켄 엮음, 『멀티미디어: 바그너에서 가상 현실까지』, 아트센터 나비 학예연구실 옮김, Nabi Press, 2004.
크로엘, 하인츠, 『현대 커뮤니케이션 디자인: 그래픽, 기호학, 광고, 컴퓨터』, 최길렬 옮김, 국제, 1993.
Ernst, Wolfgang, "Unmasking Interfaces: Archeological Moments of Know-ledge," *Interfacing Knowledge: New Paradigms for Computing in the Humanities, Arts and Social Sciences*, March 8-10, 2002.
Hayles, Katherine, " Material Metaphors," *Interfacing Knowledge: New*

Paradigms for Computing in the Humanities, Arts and Social Sciences, March 8-10, 2002.

Johnson, Mark, *The Body in the Mind*, Chicago, University of Chicago Press, 1987.

Kac, Eduardo, "Time Capsule," http://ekac.org/timec.html

Lessard, Bruno, "interface, corporeité et intermédialité," *Parachute, contemporary art magazine*.

Lyotard, Jean-François, *Discours, figure*, Klincksieck, 1971.

Marks, Laura, *The skin of the film: Intercultural cinema, embodiment, and the senses*, Durham, Duke University Press, 2000.

Porchet, Michel, " Appareil et phénoménalité," Jean-Louis Déotte et al., *Appareil et intermédialité*, L'Harmattan, 2007.

http://news.cnet.com/Gates-still-finding-his-voice/2008-1014_3-6214263.html

www.kevinwarwick.com

인터페이스와 은유의 상상력*

이수진

1. 인간의 삶을 확장시킨 기계들

1895년 12월 28일, 프랑스 파리 중심가의 그랑카페 지하에서 공식적인 최초의 영화 대중 시사회가 열렸다. 이때 사용된 기계의 명칭은 '시네마토그래프cinématographe(kínēma움직임+graphein그리기)'였다. 뤼미에르 형제Auguste & Louis Lumière의 발명품이라 알려져 있는 이 장비는 필름의 움직임을 규칙적인 리듬으로 통제하는 자동 영사 장치를 촬영 장치에 접목시켜 고안한 영화 기기를 지칭하는 것이었다. 하지만, 주지하다시피, 시네마토그래프는 뤼미에르 형제가 단독적으로 어느 한 시점에 천재적인 영감을 얻어 창조한 기계가 아니다. 빛을 이용해 현실의 한 순간을 이미지로 고정시키는 카메라 옵스큐라, 헬리오그래피, 다게레오타이프 등이 이

* 이 글은 『기호학연구』 제25집(2009년 6월)에 게재된 논문을 수정 · 보완한 것이다.

미 발명되어 있었고, 움직임을 재현하는 장치인 타우마트로프, 주트로프, 프락시노스코프 등이 있었으며, 영화관에서처럼 대형 이미지를 영사하는 기술인 매직 랜턴, 광학 극장 등도 선행했다. 대략 300여 년간의 세월 동안 여러 발명품을 거치면서, 시네마토그래프란 기계의 필수 조건들이 점진적으로 충족되었던 것이다. 영화는 사실상 집단 지성의 축적된 결과물이었으며, 그 탄생에는 예술 매체로서 혹은 문화 형식으로서의 모색보다는 기계 발명의 역사가 더 뚜렷이 새겨져 있었다.

그러나 영화는 즉각적으로 그만의 고유 언어를 구축하거나 혹은 그만의 인터페이스를 형성하면서, 전통적인 공연 예술, 회화, 문학, 음악 심지어 사진과도 뚜렷이 구별되는 새로운 매체로 거듭난다. 특히 스크린이라는 인터페이스를 통해 인간과 만나고, 이전까지 담아낼 수 없었던 새로운 면면을 제시하면서 인간의 시지각을 점진적으로 변화시키기에 이른다. 고정 이미지들의 연쇄 사이에서 추출되는 운동감, 그 사실적인 움직임을 통해 창조해 내는 현실 효과, 환영, 그렇게 영화는 스크린 너머로 다른 세상을 구축하기 시작한 것이다.

> 정신과 감각을 총동원해 영화 스크린 위에 펼쳐진 것들을 응시하면서, 우리는 영화 속 세계로 들어간다. 이 세계에 초대받은 이상, 몇 시간 동안은 그 안에서 살게 될 것이다. 그리고 이후로도 계속 우리의 의지와 상관없이 경험했던 그 세상을 기억할 것이다. 바로 이 세상이 우리를 물들이고, 우리 내부로 스며든 것이다. …… 새로운 세상이 영화 속에 있고, 인간의 삶은 그렇게 4차원으로 확장된다. 직사각형 스크린이 바로 그 세계로 향하는 문이다(Souriau, 1953 : 31).

현대 테크놀로지에 기반을 둔 영화 탄생 이후 100년이 지난 오늘날, 영화는 텔레비전, 게임, 비디오, 애니메이션, 광고 등 다양한 동영상 문화의 모태가 되면서 우리 문화 저변에 매우 보편적인 표현 수단이자 동시에 예술 장르로, 나아가 인간의 사고를 변화시킨 매체로서 자리매김하고 있다.

이에 견줄 만한 기술, 영화만큼이나 강력하게 우리의 일상을 파고들어, 시지각과 사고의 패러다임을 변화시킨 혹은 확장시킨 기계는 '단연' 컴퓨터일 것이다. 사실 뤼미에르 형제가 시네마토그래프를 고안해 낸 당시, 영화는 예술이고자 하지 않았다. 그들 형제에게는 영화예술가cinéaste라는 호칭보다 발명가란 명칭이 더 어울릴 법하다. 사진의 모태가 된 헬리오그래피heliographie를 고안한 조지프 니에프스Joseph N. Niépce 역시 예술을 위한 도구를 만들기보다는 그저 특허권을 인정받아 부를 얻고자 한 욕심이 앞섰다. 사실 컴퓨터란 명칭은 계산 능력이 월등한 기계라는 뜻을 가지고 있고, 초기에는 계산을 매우 잘하는 인력을 부르는 이름이었다. 그렇게 인간의 정보 처리 능력을 향상시키기 위해 고안된 기계는 1960년대까지 무기 개발, 암호 해독 등 방공 체계 구축 수단으로 집중 발전되었고, 1970년대 중반 PC가 고안되고, 80년대를 거치면서 점진적으로 대중에게 보급되더니, 이제는 인터넷 네트워크와 함께 현대 사회의 필수품이 되어 버렸다. 영화의 성장 발자취처럼 컴퓨터 역시 그 성장 배경에는 최초의 기계 발명 목적과는 다른 세계의 확장이라는 면모가 발견되는 셈이다.

이제 컴퓨터는, 업무 처리를 위한 기능적인 과업, 여가나 취미를 위한 유희적인 과업, 사회적 · 문화적 · 예술적 경험을 위한 과업 등을 진행하는 과정에서, 사람이 필요로 하는 정보나 기능을 제공하는 프로그램 실행 보조원이라고 정의할 수 있다. 이러한 맥락에서 컴퓨터는 인간과의 접촉이 필수적인 기계이며, 그 접촉을 가능케 하는 인터페이스의 기능도 매우 중요한 기계라 하겠다. 만약 컴퓨터를 시네마토그래프만큼이나 획기적으로 인간의 삶을 변화시킨 기계라고 가정할 수 있다면, 이는 컴퓨터가 자동방적기, 증기기관차, 자동차 등의 기계와 달리, 인간과 기호를 주고받고 재현할 수 있는 기계이기 때문일 것이다. 다시 말해 컴퓨터는 입력된 데이터를 수리적으로 처리하지만, 결과물은 문장, 이미지 등의 인간이 사용하는 기표로 출력할 수 있다는 점 때문이다. 컴퓨터가 스스로를 나타내는 방법은 디지털 세상의 이진법 숫자가 아니라, 현실의 아날로그 세상에서 소통되는 기호와 닮은 무언가다. 즉 인간의 삶을 은유적으로 품으면서 그 사용자와 상호작용한다는 것이며, 그 중간 지점에 바로 우리가 '인터페이스'라고 부르는 것들이 존재하는 것이다.

그렇다면 과연 우리의 삶은 컴퓨터 인터페이스 너머로 4차원의 깊이를 얻었는가? 우리의 아날로그 세상은 변화되었고, 사고는 확장되었는가? 이 글은 바로 이 질문에 대한 답을 찾기 위한 모험이자 지난한 여정의 첫 걸음이다.

2. 인터페이스의 메타포 설계

잠시 (인문학 공부를 하는) 우리가 PC를 사용하는 과정을 상기해 보자. 컴퓨터의 전력 스위치를 켜고, (윈도즈Windows) 프로그램이 가동되기를 기다린다. 바탕 화면이 열리면 거기에 정렬되어 있는 아이콘들 중 하나를 마우스로 클릭하거나, 혹은 시작 프로그램에서 메뉴 한 가지를 선택해 원하는 프로그램을 작동시키고, 키보드로 문서 작업을 하거나, 마우스 휠을 움직여 인터넷 검색을 하거나, 메일을 쓰거나, 영화를 보거나, 음악을 듣는다. 우리가 컴퓨터를 이용하는 업무의 상당량은 사실 예전에 연필과 종이로 했던 작업, 전축, 카메라, 필름, 스크린, 다이얼 전화기 등 기존 도구나 기계들을 접했던 때와 별반 다르지 않으며, 그 사용에서도 (아날로

그 방식을 시행할 수 있다면 약간의 습득 과정을 통해) 큰 무리가 따르지 않는다. 컴퓨터 모니터 화면은 텔레비전 화면과 유사하고, 키보드는 타자기와 비슷하며, 마우스를 움직임에 따라 화면에서 같이 움직이는 포인터는 화살표 모양을 하고 있고 (혹은 손가락 모양), 작업 진행 중의 표시로 모래시계가 나타난다거나, 바탕 화면의 내 문서 폴더가 현실의 책상 서류함 모양과 비슷하다든지, 화면 구석에 있는 휴지통이 사무실 책상 밑에 밀쳐져 있는 휴지통을 연상시킨다든지, 어찌 보면 컴퓨터 디지털 세상에서 우리가 접하는 인터페이스, 하드웨어적이건 소프트웨어적이건, 대부분의 인터페이스들은 너무나 새로워서, 낯설어서, 어려워서 해독이 불가능한 것들이 아니다. 아니 오히려 그 반대로, 우리의 현실에서 대하는 것들을 닮아 있어 접근이 용이하다.

이 익숙함, 닮음이 바로, 인간-컴퓨터 상호작용을 목표로 하는 프로그램, 그 중에서도 특히 데스크톱 메타포, 그래픽 사용자 인터페이스, 마이크로소프트의 윈도즈 등 대중적으로 많이 보급된 소프트웨어의 핵심 개념이다.

그 명칭에서도 드러나듯, 데스크톱 메타포는 모니터 화면에서 가시화된 컴퓨터 정보 공간을 깊이가 있는 3차원 가상 환경으로 설정, 스크린을 하나의 책상으로 가정하고, 작업 중인 각 프로젝트들을 책상에 펼쳐놓은 종이들로 생각하는 것이다. 모니터에서 파일을 옮기는 것이 책상에서 물건을 이동하는 것과 다르지 않으며, 단지 책상 위의 물건을 손으로 잡아서 움직였던 실제 행동을, 컴퓨터상에서는 마우스를 이용해 드래그함으로써 움직이는 방법으로 변형시킨 것이다. 또한 우리가 서류철들을 여러 개 중첩해 책상 위에 쌓아올려 놓을 수 있듯이, 컴퓨터에서도 현재 진행 중인 작업이 일더미 제일 위에 놓이고, 그 뒤로 다른 업무가 중첩될 수 있는 구조를 상정한다.

그래픽 사용자 인터페이스에서 중요한 역할을 하는 아이콘은 어떤 대상이나 정보를 작은 이미지와 같은 시각 기호로 표현하는 것을 지칭하는데, 주지하다시피 아이콘은 기호학적 범주로는 기표와 지시 대상 간의 닮음과 유사성의 관계에 근거한 도상 기호의 전반을 아우른다.[1] 인터페이스에 관심을 보이고 있는 우리에게 흥미로운 점은, 이 아이콘, 특히 구상 이미지가 데스크톱 메타포 개념을 시각적으로 표현하는 문제의 해결책으로 도입되었다는 사실이다. 가령, 용도를 마친 프로그램, 없애고 싶은 사진, 미완성 문서 등 정보 공간에서 기능을 다해 필요 없어진 '데이터'들을 삭제하는 과정, 그리고 그 삭제된 데이터들을 영구히 없애 버리는 과정, 이 모든 프로세서를 아날로그 세상의 휴지통을 본떠 설계한 것이다. '이 항목을 휴지통에 버리시겠습니까?', '휴지통 비우기' 등 사실 우리가 컴퓨터에서 보는 휴지통 아이콘은 쓰레기를 담을 수 있는 구멍이 있는 이미지일 뿐이고, 그 속에 담긴 구겨진 종이 이미지는, 실제 종이나 사진이 아니다. 그것은 숫자로 조직된 데이터들일 뿐이다.

윈도즈는 기존의 문자를 기반으로 한 MS-DOS에 그래픽 사용자 인터페이스를 도입한 운영 체계를 말한다. (현재는 고유명사처럼 되어버린) 윈도는 사실 그 이름에서부터 아날로그 세상의 창문window을 은유하고 있다. 내가 속해 있는 공간에서 다른 공간으로 열려 있는 일정 부분, (사각형의) 틀로 규정지어 놓은 통로인 세상의 창문을 컴퓨터에 연결시켜, 다시 말해 윈도를 통해 정보 공간을 들여다볼 수 있는 개념이라 할 수 있다. 하지만 윈도즈 운영 체계가 오늘날 전 세계 PC의 85% 이상을 지배

1 미국의 기호학자 찰스 퍼스Charles S. Perce는 기표와 지시 대상 간의 관계에 근거해 도상, 지표, 상징 등 세 가지 유형의 기호 범주를 제안했는데, 도상은 기표가 표상하는 것과의 유사성을 근거로 하는 기호, 지표는 표상하는 것과의 물리적 인접성 혹은 인과성을 근거로 하는 기호, 상징은 임의적이고 관습적인 관계를 근거로 하는 기호를 일컫는다(퍼스, 2006: 162-180).

하면서 독점 체제를 구축하게 된 배경에는 창문과의 피상적 차원에서의 닮음 관계보다는 오히려 다중 작업과 같은 창조적 측면이 더 주효했다고 여겨진다. 윈도는 화면에서 독자적으로 조작될 수 있는 일정 부분의 시각적 디스플레이를 의미한다. 일반적으로 사각형 모양이며, 크기와 위치를 변경할 수 있고, 화면 전체를 차지하게 할 수도 있으며, 화면 하단에 내려 비활성화 상태로 대기시킬 수도 있다. 여러 윈도를 열어 화면에 중첩시킬 수도 있는가 하면, 아예 닫아버릴 수도 있다. 한 윈도에서 다른 윈도에 영향을 미치지 않기 때문에 각각을 독자적으로 조작할 수 있다. 바로 이 지점, 매우 유연한 방식으로 이 작업에서 다른 작업으로 움직일 수 있는 유동성, 각 윈도의 비활성 상태와 활성 상태가 단지 마우스 클릭 행위로 자유롭게 변화하는 편이성이 우리의 현실 생활에 대한 은유라 하겠다. 우리는 한 시점에서 동시에 TV를 보며, 밥을 먹고, 가족과 이야기를 하고, 혹은 책상에서 문서 작업을 하는 도중에 커피를 마시고, 음악을 듣는다. 특별한 노력 없이 여러 행위를 동시적으로 행하는 우리의 생활을 닮도록 그렇게 윈도즈 운영 체계가 작동한다고 하겠다.

이상에서 언급한 데스크톱 메타포, 그래픽 사용자 인터페이스, 윈도즈 등의 기본 개념을 컴퓨터 인터페이스 디자이너들은 '메타포 설계'라고 부른다. "컴퓨터를 사용할 때 메타포 설계는 개발 목표로 하고 있는 시스템을 한 번도 사용해 보지 않은 사용자들이 그 시스템을 쉽게 이해할 수 있도록 사용자들이 이미 익숙해져 있는 개념을 사용해, 그 둘 간의 연관 관계를 보여 주는 과정을 말한다. 여기에서 메타포는 추상적인 개념을 구체적이고 친근한 개념을 통해 이해할 수 있도록 도와 준다"(김진우, 2005 : 391). 다시 말해 우리가 마주하고 있는 컴퓨터라는 새로운 기계가, 이미 경험했던 무엇인가와 비슷하다고 느끼게 만들면서, 컴퓨터를 사용할 때 프로그램 운영과 시스템 이해 과정에 그 경험을 전이시켜 비교적 어렵지 않게 직관적으로 사용할 수 있는 그리하여 통제할 수 있다는 인상을 만드는 것이다.

그런데 '메타포 설계'라는 용어에서 사용하는 '메타포' 역시 결국은 컴퓨터 분야뿐만 아니라 다른 분야, 이를테면 고전 수사학이나 문학, 철학, 정신분석학, 영화기호학에서 언급하는 그 '은유'의 개념과 통하는 것이 아닐까? (성급히 답하자면) 그렇다.

3. 인문학에서의 은유

우리가 일반적으로 '은유'란 용어를 통해 생각하는 것은, 어떤 단어, 어떤 이미지, 어떤 기호가 온전하게 1차적으로 지시하는 대상만을 가리키는 것이 아니라, 의미의 미끄러짐을 통해 다른 대상을 환기하는 문채 전반이 관련된다.[2] 이때 한 대상은 실제적인 한 대상상적인 지평과의 관계를 통해 다른 대상을 정의하게 되는데, 이 두 대상이 서로 닮았다는 것이 은유 작용의 단초라 할 수 있다. 요컨대 은유에는 한 기표를 다른 기표로 대체하기, 닮음의 추론, 일련의 심리적 · 정신적 에너지의 이동이 작용한다.

앞서 컴퓨터 인터페이스의 은유는 새로운 개념을 익숙한 개념으로 대체하는 과정이라 했는데, 반면 인문학에서의 은유는 익숙한 개념을 낯선 개념으로 치환하는 과정에 더 가깝다. 은유는 이 치환을 직접적으로 설명할 수 있는 과정을 생략하고, 그 이유나 범위를 설명하지 않고, 중간 단계

2 이 글에서는 영화 기호학자 크리스티앙 메츠Christian Metz의 은유에 관한 이론, 즉 로만 야콥슨Roman O. Jakobson과 자크 라캉Jacques M. E. Lacan의 논의를 영화에 접목시킨 부분을 중점적으로 참조하기로 한다. 주지하다시피 야콥슨은 고전 수사학의 전통적 문채인 은유/환유 쌍을 언어학 분야에서 재해석했고, 라캉은 야콥슨의 개념을 정신분석학에 연결시켜 꿈 생산 과정의 '압축condensation'과 '전위déplacement'를 설명했다(Metz, 2000 : 177–371).

를 뛰어넘으면서, 비교되는 것 없이 비교하는 것만을 표현하면서, 즉 유사성의 능동적인 원칙을 살리면서, 인간의 창조하는 상상력에 근거한다. 가령 '내 불꽃이 너와 나의 밤을 태우리라'라는 다소 식상한 문구를 생각해 보자. 우리는 어렵지 않게 '내 불꽃'이, '활활 타는 내 마음'과 같은 표현에서처럼, 열정으로 휩싸인 감정을 대신한 것을 유추한다. 우리의 상상력으로 '불꽃'과 '마음' 두 대상 간의 거리를 메우고, 은유적 표현을 삶의 현실과 연결시키는 힘이 작용한 것이다. 이때 은유 여정, 즉 만드는 여정과 해석하는 여정에는 모두 기표 자체로만은 지시할 수 없는 새로운 현실을 연결시키는 힘이 개입할 수밖에 없다.

이 글을 시작하면서 인간의 삶을 확장시킨 기계들로 시네마토그래프와 컴퓨터를 예로 들었다. 새로운 매체 혹은 문화 형식으로서 탐구되었다기보다는 새로운 발명품으로서 기계의 역사가 새겨져 있다는 점에서, 집단 지성의 축적 결과물이란 점에서, 하지만 시간의 흐름과 함께 점진적으로 인간의 사고를 변화시키고 새로운 영역으로 발전되었다는 점에서, 이 두 기계가 서로 유사한 점을 공유한다는 생각에서였다. 이 추론에 근거해 이제 '컴퓨터는 시네마토그래프다'라는 은유를 사용할 수도 있을 듯하다. 물론 이 은유적 문채文彩가 현 시점에서는 지극히 사적인 것이고, 이 글을 위해 태어난 것이지만 말이다.

이상의 예들을 통해 본 은유는 한 번 다른 것을 거쳐 간접적으로 무엇을 겨냥하고 있는데, 이 과정에서 기표記標-기의記意의 관습적인 결합 관계가 아니라 그 순간 새로 만들어 내는 뜻을 발견할 수 있다. 다시 말해 그 안에, 직접 표현하지 않은 부분 혹은 못 다한 말, 전부 말할 수 없는 부분을 담고 있어 근본적으로 뜻이 넘친다는 것이다. 외부로 드러난 기표와 지시하고자 하는 대상 사이에는 일정 정도의 거리가 있거나 혹은 기표가 지시 대상에 이르기 위해 거쳐야 할 여러 여정이 있을 수 있다. 이를 모험할 수 있는 풍요로움, 이 "거리를 극복하는 힘이 바로 창조하는 상상력이 개입할 수 있는 여지이고, 원래 표현하고자 하는 바와 대체된 기표를 통해 표현된 것과의 사이를 메우는 힘이다"(양명수, 1999 : 30). 이러한 맥락에서 아마도 예술의 창조적인 번득임을 느낄 수 있는 시적인 은유를 문채의 최고라고 여기는 것이리라.

하지만 반드시 은유를 이해하기 위해 시적 표현만을 이야기할 필요는 없다. 기표와 기표 사이의 결합된 에너지, 이 결합 사이에서 발생하는 정신적 유동성이 있다면, 그 탄생 이후 여러 사람에게 통용되어 관습화되고, 나아가 진부하고 식상한 표현이 된 문채일지라도, 혹은 반대로 우연적이고 사적이며 개인 특유의 사용이라는 원칙하에 어떤 시점에서 막 태어난 문채, 따라서 상상력의 울림이 더 충만한 문채일지라도, 근본적으로는 두 은유 모두 유사한 정신 과정을 상정하며, 그리하여 결국 인간의 사고를 확장시키는 데 기여하는 능동적이고 적극적인 방법이라 할 수 있을 것이다.

1999년 발표되어 굉장한 반향을 일으켰던 영화 〈매트릭스Matrix〉의 도입부[3]는 인터페이스가 무엇인지를 은유적으로 아주 잘 시각화하고 있다. 영화가 시작되면 검은 화면 위로 해독 불가능한 초록색 문자들이 수직으로 하강한다. 그러다가 그 중 몇몇 글자들이 중앙에서 수평 일렬로 'MATRIX'라는 영어 단어를 형성하고, 각 알파벳으로 근접해 가는가 싶더니 금세 글자들은 각각 자리에서 사라져 버리고 검은 화면이 이어진다. 검은 화면 상단 위쪽에 초록색 커서가 깜박 깜박, 이어 전화벨 소리가 들리며, 'Call trans opt : received.'라는 문장이 왼쪽에서부터 오른쪽으로 기계음과 함께 하나씩 나타난다. 문장이 완성될 즈음, 'Yes'라는 사람 목소리가 들린다. 한 남자와 한 여자의 대화하는 목소리에 겹쳐, 화면에는

3 〈매트릭스〉, 앤디 워쇼스키, 래리 워쇼스키 감독, 미국, 1999, 0:00-01:10.

'Trace program : running'이라는 문구, 그리고 수직 일렬로 하강하는 숫자들의 이미지가 보인다. 점진적으로 숫자에 가까이 가는 시선 이동 뒤에, 상단에 있던 5 0 6 등의 숫자로 근접하고, 그 숫자를 이루고 있는 전기 회로와 같은 내면이 보인다. 회로 통로 속으로 이동하는 시선은 결국 우리를 검은 화면으로 이르게 하고, 잠시 후 화면 중앙에서 작은 흰 점이 점점 커지기 시작하더니 순식간에 우리 쪽으로 다가오면서, 결국은 강한 불빛으로 마감된다. 이어 이 불빛의 근원지인 손전등을 들고 있는 경관과 그의 동료들이 누군가를 쫓고 있는 실사 이미지를 본다.

여기에서 수직으로 하강하는 해독 불가능한 문자와 숫자들은 컴퓨터 시스템에서 사용되는 기호 즉 인간의 기호로는 해독 불가능한 그들의 기호를 의미하는 것이며, 나아가 전기 회로와 같은 이미지로 표현된 데이터들의 연쇄와 집적을 시각화한 것이다. 그리고 수리적으로 처리된 데이터가 인간의 세상과 연결되는 것은 우리가 쉽게 읽어 낼 수 있는 이미지를 통해서다. 도입부에서 컴퓨터 공간 속 0이라는 숫자가 손전등의 둥근 불빛으로 출력되면서 인간의 현실로 연결되는 것은, 바로 우리가 인터페이스라고 부르는 것들처럼, 컴퓨터의 언어를 이해하기 위해 우리가 사용하는 도구를 은유하는 셈이다. 단어를 사용한 은유적 문채로 이 도입부를 번역해 본다면 (디지털 공간의) '숫자 0은 손전등 불빛이다'라고 할 수 있을 듯하다.

이와 같은 은유적 문채[4]는 영화의 후반부에서도 다시 한 번 사용되는데,

4 일반적으로 은유 개념은 환유와 쌍을 이루어 고려되는데, 문채적 상황에서 두 대상이 인접성에 근거할 경우 환유라고 한다. 전통적으로 단어에 중점을 두고 있는 은유/환유 개념을 영화에 적용하는 과정에서, 시청각 요소와 그 연쇄들이 중심 랑가주langage라는 특성상, 고전적 의미의 은유/환유 개념은 다소 논란의 여지를 남기게 된다. 장 미트리Jean Mitry와 같은 학자는 "영화 은유라고 하는 것의 대다수가 실제적으로는 환유(*Esthétique et psychologie du cinéma*, Tome 2, Editions Universitaire, 1965, p. 447.)라는 주장을 펼쳤으며, 또한 은유/환유 쌍은 계열체/통합체 쌍과도 관

주인공 네오가 기계와 인간의 전쟁을 끝내고 인류를 구할 구원자로 거듭나는 장면이다.[5] 컴퓨터 프로그램의 요원들에 의해 사살된 후, (기적적으로) 부활한 네오를 향해 쉴 새 없는 공격이 이어진다. 하지만 이번에는 총알들이 네오의 제스처에 의해 공중에서 저지당하고, 결국 바닥으로 후드득 떨어진다. 약간 비스듬히 총을 겨눈 채 서 있는 검은색 양복, 검은색 선글라스의 세 명의 요원들 이미지는 곧 우리가 도입부에서 봤던 초록색 문자와 숫자들로 대체되고, 세 명의 요원이 있던 자리에는 데이터가 형성하고 있는 윤곽이 있을 뿐이다. 바로 이 이미지가 우리가 컴퓨터와 소통할 수 있다고 믿게 만드는 인터페이스에 관한 은유라 하겠다. 그뿐만 아니라 영화 전체 테마를 집약적이고 함축적으로 표현하는 가상 공간 매트릭스에 관한 은유이기도 하다(이 부분에 관해서는 다시 언급하기로 하자).

4. 인터페이스의 은유와 상상력

인문학에서의 은유가 닮음을 근거로 한 치환 작용이라고 할 수 있다면,

련되어 설명되는데, 가령 "영화 편집은 전형적인 환유적 접근 방식에서 발생한다. 몇몇 편집은, 편집되는 이미지 내용에 따라, 매우 환유적일 수 있는데 (가령 같은 풍경 혹은 같은 아파트를 여러 개의 부분적 이미지로 차례대로 연이어서 보여 주는 시퀀스) 이 경우 편집 원칙은, 환유적인 것이 아니라, 완전히 통합체적인 작용에 근거한다. 왜냐하면 편집 원칙이 담화 안에, 영화 연쇄 안에, 요소들을 모으고 결합하는 데 있기 때문이다. …… 영화적 연쇄는 (잠재적인 모든 환유에 앞서) 인접성이다. 이 연쇄는 사실 인접성의 긴 연속 외에는 그 어떤 것도 아니다. 이것이 바로 광의의 '편집 효과'인데, 이어붙이기, 카메라 움직임, 혹은 촬영된 대상의 변화를 통해 실행되거나, 동일 장면에 적용되는 모티브 간의 동시성 혹은 (쇼트와 쇼트 간의, 시퀀스와 시퀀스 간의) 인과관계를 통해 성립된다. 이러한 병치들의 총합(=위치적 인접성)이, 텍스트의 재료로 구현된, 내용을 포함한 영화를 만드는 것이다. 모든 영화(모든 담화)는 통합체적인 광대한 펼침이다"(Metz, 1977: 220). 요컨대 영화 텍스트 안에서 가장 일반적으로 찾아볼 수 있는 (위치적) 인접성, 즉 환유에 해당하는 편집이 모두 문채에 해당한다고 할 수는 없으며, 문채로서 작용하기 위해서는 그 지시 대상 간의 근접성이 작용해야만 한다는 것이다. 반면 은유는 그 지시 대상 간의 유사성이 강조되는 경우다.

5 〈매트릭스〉 125: 05–125: 37.

서로 연결된 두 기표가 정신적 경험에서 서로 연결된 생각이나 표상들에 대응하는 경우라 한다면, 텍스트의 모든 문채 작용은 창작자와 독자(혹은 관객, 사용자) 내면에서 스스로 개척해 나가는 정신적 여정에 상응한다. 닮음이란 사실 한 개인이 느껴지는 대로 느끼는 관계인데 반해, 현실적으로 실제처럼 느끼는, 인접성의 관계에 근거하는 환유는 외부에서 주어진 것이며, 따라서 앞에서 예를 들어 설명한 인터페이스의 휴지통 아이콘은 어쩌면 (인문학적 의미에서) 은유라기보다는 환유에 더 가깝다고 하겠다. 은유가 근거하는 닮음의 관계란 사물 안에 잠재된 것일 수 없으며, 어느 정도는 창조되는 관계, 더 영감을 받은 무언가를 제공하는, 상상력이 넘치는 문채다. 이러한 맥락에서 어쩌면 윈도즈 체계의 다중 작업 메타포가 현실의 다중 작업 과정을 은유적으로 설계한 것이라 할 수 있다.

(컴퓨터 공학자가 아닌) 일반인이 이해할 수 없는 지극히 기계적인 언어, 명령어, DOS 운영 체계, 이진법의 언어 등을 쉽게 이해할 수 있는 아이콘으로 대체하는 것, 즉 〈매트릭스〉에서 초록색 문자들과 숫자들로 은유된 부분을 우리에게 익숙한 실사 이미지로 대체하는 것, 이를 '메타포 설계'가 끌어들인 1차적 의미에서 '인터페이스의 은유'라고 하겠다. 더불어 여기에서 한 걸음 더 나아가, 아날로그 세상을 본떠 설계된 인터페이스들이 컴퓨터와 인간의 상호작용 도구로 사용되면서, 새로운 의미와 존재 방식을 획득할 때, 진정한 인터페이스의 은유, 즉 2차적 의미의 은유가 발현된다고 할 수 있다.

가령 바탕 화면에 떠 있는 아이콘이 클릭되는 순간을 생각해 보자. 이 순간 2차원 평면 위에 떠 있는 작은 시각 기호가, 스크린 공간을 이동이 가능한 깊이의 공간으로 탈바꿈시킨다. 평면 위에 다른 평면이 열리고, 그 내부의 아이콘을 클릭하면 또 다른 평면이 열린다. 이때 열린 평면이 만약 인터넷 망으로 연결된 사이트라면, 그 깊이는 더 무한대로 확장될 것이다. 한 사이트 페이지 속에 각기 다른 성질의 요소들, 그래픽, 동영상, 사운드 등이 문자 텍스트가 있는 직사각형 페이지 안에 공존하면서 전형적인 책과는 다른 질서를 획득하게 되는 것이다. 링크를 통해 다른 공간, 다른 문화, 다른 환경으로 이동할 수 있는 다양한 기표들이 공존하기 때문에, 다시 말해 한 페이지 안에 여러 개의 프레임이 배치될 수 있고, 그 프레임들을 통해 다른 세계로의 직접적 이동이 가능해지기 때문에, 이 지점에서 바로 세상을 향한 창이라는 window의 은유가 빛을 발하는 셈이다.

도상 기호 아이콘은 디지털 세상에서 우리를 정보 공간 어딘가로 안내하는 그리하여 대상들을 동원하고 조작하는 능력을 지닌 힘의 도구다. 사실 전통적으로 이미지는 지각과 재현의 도구로 인식되었다. 스크린 기반의 인터페이스는, 대표적으로 영화를 들 수 있을 텐데, 시청각적 몰입을 목표로 하는 경우가 지배적이어서, 대형 스크린 위의 이미지들이 관객을 그 너머로 안내하기 위한 기호로 작용한다. 그 너머는 영화 전개를 따라 구축된 허구 공간이며, 가상 세계로 초대하는 최면술의 공간이며, 투명하지만 매우 단단한 막으로 관객이 속한 현실 세계와 완전히 분리된 다른 세계다. 이러한 맥락에서 관객은 스크린 앞에서 신체 감각의 유기적 균형을 잃고 오로지 시지각만이 극도로 활성화되는, 반면 다른 신체 기관의 움직임은 지극히 제약되고 운동성은 최소화되는 상황 속에 놓인다. 이에 반해 컴퓨터 스크린의 이미지들은 기존 스크린의 이미지들과는 차별화되는 특성을 지닌다.

다시 말해 화면상의 핫스팟이라고 부르는 지점을 조작하면서 활성화되는 상호작용의 능동적 측면을 내포하고 있다는 것이다. 영화 스크린이 가상 공간으로 열린 창이라 한다면, 감상자가 직접 참여 행위를 할 수 없는 대신, 그 안을 응시하기만 하는 허구 공간이라 한다면, 컴퓨터 스크린은 화면 속 시각 요소들을 지각하고 손을 움직여 반응하는, 협응 행위를 유발하는, 즉 스크린 위에서 작업이 가능한 정보판이라 하겠다. "투명성과 불투명성, 환영적 공간으로서의 이미지와 행위의 도구로서 이미지가 투쟁을 벌이는 장"(마노비치, 1953: 31)인 것이다.

요컨대 대상과의 닮음을 전제로 해 만들어진, 즉 메타포 설계를 통해 탄생한 휴지통 아이콘, 1차적 의미의 은유는 그 상상력을 발현하기에는 너무 단순하고 피상적이라 하겠으나, 우리가 컴퓨터 화면에서 휴지통을 보며 현실의 휴지통을 생각하는 것이 아니라, 정보 공간에서 가능한 작업을 유추하게 만드는 과정, 그리하여 제어의 도구로서 휴지통 아이콘이 기능한다면 이때는 2차적 의미의 은유를 이야기할 수 있다는 것이다.

물론 휴지통 아이콘을 들어 설명한 은유 여정에서 상상력이 넘치는 창의적인 면모가 다소 부족한 것은 사실이다. 혹자가 지적한 것처럼 "아이콘들이 스크린의 표면을 점거한 이후, 그래픽 사용자 인터페이스의 핵심 문제로 대두된 사안은 조작의 용이성을 고려해 일련의 사용 원리를 최적화하는 것이며, 평가의 척도는 사용자가 사전에 설정한 목표를 얼마나 효과적으로 성취했는가 하는 수행성의 문제"(박해천, 2009: 117)가 되었다. 다시 말해 은유 여정이 가능하다고 할지라도, 대중적인 사무 도구로 편입하는 데 성공한 시점 이후에, 아이콘은 조작이 편리한 이미지, 조건 반사적이고 직관적인 프로세스로 정형화된 인터페이스, 그리하여 가장 최적화된 상태로만 에너지를 소비하려는 조건을 충족시키게 된다는 것이다.

1984년 그래픽 사용자 인터페이스가 탑재된 매킨토시 출시를 기념해 만든 광고 영상은 당시 문자로만 설계되었던 IBM의 운영 체계를 조지 오웰George Orwell의 『1984년』 빅 브라더로 은유한다. 감시, 관습, 위엄, 독재의 상징, 빅 브라더, 흑백의 IBM을 향해 해머를 든, 강렬한 빨강색 바지를 입은 여자가 힘차게 달려온다. 그녀는 이 공간에서 색을 지닌 유일한 존재로서 그래픽 사용자 인터페이스의 은유다. 그녀가 있는 힘껏 던진 해머가 빅 브라더의 화면 정중앙을 파괴할 때, 우리는 '1월 24일 애플 컴퓨터가 매킨토시를 소개합니다. 그날 당신은 왜 1984년이 『1984년』과는 다르게 될지를 목도하게 될 것입니다.'라는 문구를 본다. 애플 컴퓨터의 호언장담처럼, 당시 IBM의 MS-DOS 운영 체계에 비해 매킨토시 시스템은 훨씬 창의적이라고 인식되었으며, 새로움에 대한 기대를 불러일으켰다. 25년 전 그래픽 사용자 인터페이스와 함께 아이콘은 상상력으로 넘쳐났던 것이다. 하지만 시간이 지남에 따라, 이 방식 역시 관습의 정형화된 틀 안에서, 산업적인 요구 앞에서, 경제적인 생산성 앞에서, 어느덧 당시 빅 브라더처럼 딱딱하게 굳어 버린 듯하다. 이제 그래픽 사용자 인터페이스가 주창하는 인간-컴퓨터 상호작용 그리고 사용자 친화성이란 단지 "지능적인 기계에 인간을 정교하게 종속시키는 상황에 대한 은유" (Virillio, 1995 : 135 ; 박해천, 2009 : 120에서 재인용)일 뿐이라고, 여기에서 인간은 자발적으로 사고하고, 상상력을 동원해 과정을 만들어 가기보다는, '기계적으로 기계에 반응'할 뿐이라고 할 수 있을 것 같다. 인터페이스가 궁극적으로 수행해야 할 임무, 인간-컴퓨터 사이의 대화는 휘발되어 버린 셈이다.

5. 이미지 인터페이스의 상상력: 〈매트릭스〉를 통한 몇 가지 단상

이와 같은 상황, '지능적인 기계에 인간을 종속시키는 상황'을 극한으로 밀치고 나간, 그리하여 인공지능이 가져올 수 있는 (부정적) 변화를 은유적으로 표현한 좋은 사례로 앞에서 이미 언급한 영화 〈매트릭스〉를 들 수 있다. 〈매트릭스〉의 세계는 크게 두 가지 공간으로 구분된다. 하나는 1999년을 시대적 배경으로 하는 가상 공간 매트릭스이고, 다른 하나는 인공지능을 지닌 컴퓨터가 인간을 인큐베이터에 감금하고 생체 에너지원으로 활용하는 2199년(추정)의 현실이다. 건전지 같은 연료로 쓰이는 인체를 활성 상태로 감금하기 위해서는 두뇌 작용을 유지시킬 수밖에 없는데, 이를 위해 고안된 것이, (〈매트릭스〉의 언어를 빌리자면) '신경 상호작용 시뮬레이션'이다. 즉 일종의 가상 현실[6] 프로그램으로서, 인간이 생각하는 것을 디지털화하는 시스템을 말한다. 그런데 흥미롭게도 매트릭스는 스크린 인터페이스의 존재를 필요로 하지 않는다. 사실 컴퓨터 발명 이후 현 시점까지 인간이 컴퓨터의 정보 공간을 지각하기 위해서는 시각 요소(두 번째로 청각 요소)에 상당량 의존했고, 여전히 그러하다. 평면 직사각형이라는 스크린 형태가 헬멧 형식으로, 홀로그램으로, 공기 중의 투명막으로 대체될 뿐 그 기반은 시각 기호들이다. 그런데 〈매트릭스〉의 미래 세계에는 이미지로 대변되는 시각 기호들이 사라지고, 인간의 뇌파가 직접 프로그램에 접속하게 된다. 기계와 인간 사이의 인터페이스가 사라진 셈이다. 그러나 이 상황은 인간의 자유로움에 대한 은유라기보다는, 기계에 인간이 종속된 상황에 대한 은유이고, 영화에서는 인간의 목 뒤쪽에 접속을 위한 구멍을 뚫어 표현한다.

여기에서 다시, 앞서 언급한 화면으로 돌아가 보자. 세 명의 요원 이미지가 초록색 문자와 숫자들로 대체되는 장면이다. 가상 공간 매트릭스는

6 시뮬레이션 및 가상 현실에 관해 좀 더 심도 있는 논의가 필요하나, 논지 전개상 인터페이스 측면에만 초점을 맞추기로 한다. 단지 〈매트릭스〉에서 이야기하는 현실에 관한 대화가 흥미롭게 여겨져 인용한다. 네오: (가죽 소파를 만지며) "이것이 현실이real 아니라구요?" 모피어스: "무엇이 현실인데? 넌 어떻게 현실을 정의하는데? 네가 느끼는 것, 냄새 맡는 것, 맛보는 것, 눈으로 보는 것을 현실이라고 한다면 말이야, 이는 두뇌가 감지하는 전자 시그널에 불과하단 말야"(〈매트릭스〉 40: 07–40: 30).

실제적으로는 데이터들의 집합이고, 초록색의 수직 하강하는 숫자 이미지는 그 본질을 포착한 것이다. 인류를 구원할 네오의 눈에 바로 이 본질을 꿰뚫어볼 수 있는 능력이 생긴 것이고, 그리하여 대부분의 인간을 속이고 있는, 거짓 속에 살게 하는, 그렇게 기계의 에너지원으로 소모되게 하는 가짜 이미지들에 더 이상 현혹되지 않게 된 것이다. 여기에서 가짜 이미지는 곧 인간이 현실이라 믿게 하는 실사 이미지를 말한다. 1827년 최초의 사진이 공개되었을 때, 그림 도구를 사용하지 않고 현실의 빛을 포착해 그 흔적을 고정할 수 있다는 사실은 대단히 놀라운 발견이었다. 기술 발전과 함께 사진은 점점 더 현실과 대단히 흡사한 충실성을 획득하게 되었으며, 현실의 모조품이 아닌 현실과 동일한 형상을 대면한다는 인상을 주기에 충분했다. "빛의 화석인 사진은 사진 찍힐 당시의 현실과 그때 형성되는 영구적인 이미지 간의 연결성"(미첼, 2005 : 22)을 전제로 한다는 믿음은 지난 세월 동안 사진 이미지가 현실의 일부라는 생각을 자연스럽게 받아들이게 했다. 〈매트릭스〉의 실사 이미지는 바로 이 착각에 기반을 두고, 우리가 현실이라고 믿는 것 역시 허상일 뿐이라는 점을 비유하고 있다.

하지만 더 흥미로운 점은 〈매트릭스〉 자체가 이미지들로 구성된 영화라는 점이다. 영화라는 매체의 본질은 우리를 스크린 너머 공간으로 이끄는 환영에 바탕하고 있다.

> 어떤 의미에서 영화의 감각 자극은 모두 '허상'이다. 아니 지각 활동 자체는 현실적이라고 할 수 있으나, 지각된 것은 현실적으로는 대상 자체가 아니라, 새로운 종류의 거울, 스크린 속에 나타나는 그 상像, 그 환영, 그 '복제'다. …… 영화의 고유한 특성은 바로 기표의 이중적 특성에 있다. 다양한 감각 기관을 자극하지만, 그 심층에서 볼 때, 생산 원리에서 볼 때, 지극히 비

현실적이라는 점에서 이중적이라 할 수 있다. 다른 예술보다 뛰어난 점, 혹은 다른 예술과 차별화된 특성은 영화가 우리를 상상계의 영역으로 끌어들인다는 것이다. 여러 감각 기관을 자극하지만, 결국 본질적으로는 그 자체가 부재하는 것, 남은 것은 오직 현전하는 기표일 뿐이라는 점에서다(Metz, 2002: 65).

그뿐만 아니라, 〈매트릭스〉 영화는 실사 이미지를 가공한 디지털 이미지를 사용해 새로운 표현 방식의 미장센Mise-en-Scène을 구현한 영화이기도 하다. 현실에서 촬영한 라이브 액션 분량을 다시 컴퓨터 프로그램을 이용해 조작한 결과, 아날로그 방식의 필름으로는 구현할 수 없는 상황을 연출하기에 이른다. 가령 그 유명한 플로 모션, 불렛 타임[7] 기법은 네오가 디지털 요원만큼 가상 공간의 법칙을 이용할 수 있게 된 극적인 상황을 보여 주는 데 활용된다. 90도 몸을 뒤로 젖힌 채, 우아한 몸놀림으로 천천히 날아오는 탄환을 피하는 장면은 디지털 이미지의 환영적 효과를 극대화시킨 좋은 사례라 하겠다. 여기에서 디지털 이미지는 표현의 자유를 높이기 위한, 상상 속에서만 가능했던 장면을 실제처럼 사실적으로 보이게 만들 수 있는 기술로 적극 사용된다. 디지털 이미지가 더욱 새로운 세상을 영화 속에서 그려 내고, 인간의 삶은, 인간의 상상력은 그렇게 4차원으로 확장된다고 할 수 있을 듯하다.

7 플로 모션flow motion은 3°마다 카메라 한 대를 설치, 총 120대의 카메라로 피사체 주변을 360° 한 바퀴 돌면서 거의 동시에 촬영, 차후 이미지들을 편집으로 연결하는 기법을 지칭하며, 결과물에서는 마치 궤도를 회전한 듯한 효과를 낸다. 〈매트릭스〉에서는 총알이 날아가는 순간을 포착해 천천히 보여 주면서 사용되었는데, 워쇼스키Andy & Larry Wachowski 감독은 이를 'bullet-time photography'라고 명칭했다.

6. 기계 영역과 예술적 상상력의 공존: 나오는 말을 대신하여

주지하다시피 뤼미에르 형제의 시네마토그래프 영화들은 1분 정도의 기록 영상이었으며, 우리 주변에서 현실적으로 발생하는 사건들을 촬영할 수 있다는 그리고 저장해 다시 현실에서 보는 것과 동일하게 재생할 수 있다는 사실에 매료되었던 다큐멘터리였다. 뤼미에르 형제가 1895년 그랑카페에서 공개 상영을 할 당시, 관객석에 앉아 있던 조르주 멜리에스Georges Méliès는 (공연 극장을 소유하고 있을 정도로 실력 있는 마법사로서) 그 가능성에 크게 영감을 받고 자신의 영화를 만들기 시작했는데, 그의 영화 〈달세계 여행〉(1902)은, 뤼미에르 형제의 〈라 시오타 역에 도착하는 기차〉(1895)와는 사뭇 달랐다. 달나라 여행을 떠났던 과학자들 일행의 모험에 관한 이야기, 이를 표현하기 위한 무대 장치의 시각적 표현, 쇼트들을 연결시키는 편집 기술 등, 물론 후세대 예술가들의 영감의 원천이 된 쥘 베른Jules Verne의 작품 『달나라 탐험』에서 상당량의 모티브를 얻은 것이긴 하지만, 그 이야기를 영화적으로 풀어 내는 데에 독창적인 언어들을 창조해 낸 사실만큼은 멜리에스의 온전한 상상력과 창의력에 빚지고 있다. "뤼미에르 영화에서의 기차는 역으로 들어가지만 멜리에스 영화에서의 기차는 레일을 벗어나 구름 사이를 날아다닌다"(김호영, 2003 : 63). 영화라는 매체는 탄생 10여 년 만에 스크린 인터페이스 너머로 상상의 세계를 구축할 수 있는 여력이 생긴 것이다. 그리하여 사실의 기록에서 상상과 환상의 재현이라는 범주를 끌어안고, 인간의 사고와 감정 표현의 새로운 언어로 발전할 수 있게 되었으며, 또한 이 언어를 통해 더 다양한 시도를 가능케 하고 사유의 시발점이 되었다고 할 수 있다.

(이 글이 그 출발부터 '컴퓨터는 시네마토그래프다'라는 은유를 사용하

고 있다는 맥락에서 볼 때) 컴퓨터 사용의 발전 단계 역시 이 과정에 견줄 만하며, 우리는 컴퓨터와 관련해서도 조만간 시네마토그래프처럼 기술 영역과 예술 영역이 긍정적으로 혼합된 공생의 날을 목도하게 될 수 있을 것으로 여겨진다. 아니 오히려, 이러한 종류의 진화 과정에 있으며, 디지털 세상을 둘러싼 많은 담론을, 실험을, 동경과 거부를, 설렘과 두려움을, 변화를 낳고 있다. 요컨대 우리는 컴퓨터 발명 이전 시대와는 완전히 다른 세계를 경험하고 있는 중인 것이다. 바로 이러한 문화 현상이 인간-컴퓨터 상호작용의 본질에 관해 고민하게 만드는 이유이며, 인간이라는 면과 컴퓨터라는 면이 맞닿아 있는 인터-페이스inter-faces에 대한 사고를 필요로 하게 되는 이유라 하겠다. 이 글을 시작하면서 던졌던 질문, '우리의 삶은 컴퓨터 인터페이스 너머로 4차원의 깊이를 얻었는가? 우리의 아날로그 세상은 변화되었고, 사고는 확장되었는가?'(섣부른 정치적, 사회적, 윤리적, 예술적, 모든 종류의 문화적 가치 판단 없이 답하자면) 그렇다. 하지만 여전히 과도기적 현재진행형이며, 어디로 나아갈지는 이제부터 더 열심히 지켜보아야 할 것이다.

참고 문헌

김진우, 『Human Computer Interaction 개론』, 안그라픽스, 2005.

마노비치, 레프, 『뉴미디어의 언어』, 서정신 옮김, 생각의나무, 2007.

미첼, 윌리엄 J., 『디지털 이미지론』, 김은조 옮김, 클라이닉스, 2005.

박해천, 『인터페이스 연대기』, 디자인플럭스, 2009.

양명수, 「은유와 구원」, 『은유와 환유』, 문학과지성사, 1999.

퍼스, 찰스 샌더스, 『퍼스의 기호사상』, 김성도 편역, 민음사, 2006.

Metz, Christian, “Métaphore/métonymie, ou le référent imaginaire,” *Le Signifiant imaginaire*, Christian Bourgois Editeur, 2002(Première édition 1977).

Souriau, Etienne, “Les grands caractères de l'univers filmique,” *L'univers filmique*, Paris, Flammarion, 1953.

Virillio, Paul, *The art of the Motor*, Minneapolis, University of Minnesota Press, 1995.

· 영상 자료

〈매트릭스〉, 앤디 워쇼스키, 래리 워쇼스키 감독, 미국, 1999.

미술 속의 인터페이스:
르네상스 이후 미술에서 스크린과 프레임 개념*

전혜숙

1. 미술과 인터페이스

일반적으로 인터페이스interface는 두 개의 서로 다른 시스템 사이의 경계, 혹은 기계와 인간 사용자들이 상호 접속해 정보를 교류하는 접속점으로 정의되곤 한다. 그 의미를 좀 더 확장시켜 인터페이스를 "두 영역 사이의 경계를 형성하는 표면으로서, 그 접촉면face을 빌려 주어 두 영역을 소통하게inter 하는 장치"라고 정의한다면, 현대인들이 가장 많이 접하는 인터페이스는 바로 도처에 존재하는 유비쿼터스 인터페이스, 즉 전자 스크린들(TV, 영화, 광고, 다양한 컴퓨터 스크린들)이라고 할 수 있다. 또한 현대 컴퓨터 기반의 가상 현실과 인터랙티브, 원격 통신을 실제로 가능하게 하는 것 또한 바로 인류의 오랜 역사 속에서 시각 정보를 제공해

* 이 글은 『탈경계 인문학』 제4집(2009년 10월)에 게재된 논문을 수정 · 보완한 것이다.

온 스크린임은 명백한 사실이다. 전자 스크린 위에서 수많은 영상 이미지는 정지해 있든 움직이든, 공적인 공간과 사적인 공간, 지역적인 것과 전지구적인 것, 현재와 과거 등을 접속하면서, 서로 공존할 수 없을 것 같은 깊이/표면, 투명성/불투명성, 물질성/비물질성 등의 요소들을 한 화면에 경쟁시키고 있다. 아날로그든 디지털이든 스크린은 우리의 현실에 대한 지각을 지배하고 우리의 정체성과 이데올로기에 대한 이해를 구성하며, 우리의 일상적 소통의 실행, 자기 표현, 소비에까지 영향을 주고 있다.

그러나 이러한 현상은 이 시대 스크린만의 새로운 문제는 아니다. 그것은 눈에 보이는 세계를 그리려 했던 선사 시대 동굴 벽화에서 이집트 무덤 벽화, 그리스 · 로마 시대의 모자이크 회화, 중세 필사본 삽화를 거쳐 르네상스의 프레스코와 패널화, 그리고 현대의 추상 회화에 이르기까지 각종 평면 위에 인간의 기억과 정신과 경험을 재현함으로써 타인에게 전달 혹은 소통하고자 하는 욕망이 있는 곳에는 언제나 있어 왔다.

여기에서는 미술가, 특히 화가들이 세계를 보고 경험하며 재현하는 데 사용해 온 고유한 인터페이스로서의 화면, 즉 그 위에 혹은 그 안에 재현이 이루어지는 2차원의 평면인 스크린screen에 대해 이야기하고자 한다.[1] 미술에서 스크린-인터페이스는 관람자를 위해 추상적인 것/실체적인 것, 기계/정신, 지각/재현의 '중간in-between-ness'을 접속하고 교류하는 장소site의 역할을 한다(Eckman & Koepnick, 2007: 10). 그것은 한편으로 관람자들을 시간적으로나 공간적으로 다른 질서로 데려갈 수 있는 가상적 이동 혹은 장소 이탈의 표면을 제공하기도 하며, 다른 한편으로 서로 다른 상징적 · 물질적 영역을 분리시키거나, 원치 않는 상호작용을 밖으

1 이 글에서는 스크린을 회화, 영화, 전자 스크린 등 모든 2차원의 평면을 가리키는 말로 좀 더 광범위하게 사용할 것이다.

로 밀어내기도 한다. 즉 인터페이스는 그것을 통해 소통하게 하는 과정에서 이 세계를 재현하는 도구로 작용할 뿐 아니라 재현 자체에 영향을 준다는 것이다. 심지어 인터페이스는 그 자체의 논리를 가지고 있으며 그 안에 강한 메시지를 담고 있어 그것들을 매체에 적용시킨다(마노비치, 2001 : 113).

이 글은 컴퓨터 인터페이스가 자체의 논리에 따라 데이터를 특정 방식으로 정리해서 다른 세계관을 제공하듯이, 미술에서 스크린-인터페이스 또한 미술가가 세계를 이해하고 구성하는 지각 및 표현 방식을 좌우하며 작품의 존재 방식을 결정하고, 그에 따른 관람자의 미적 경험에 영향을 준다는 사실을 전제로 한다. 스크린에 대한 미술사적 진술들은 우리가 보는 것은 무엇이며, 우리는 어떻게 보는가, 누가 보는 자이고 누가 보여지는가, 이미지와 틀 안의 시각은 주체와 객체의 관계를 어떻게 설정하는가 등의 문제를 바탕으로 전개된다. 그것은 시각에서 촉각으로, 그리고 신체적 혹은 다중적 감각으로 변화해 온 스크린에 대한 경험의 특징들을 이야기하는 것으로 이어진다.

2. 미술사 속의 스크린

투명한 창문: 인터페이스를 통해 보기

"이것을 창문이라고 생각하세요."

케리스 윈 에반스Cerith Wyn Evans의 〈이것을 창문이라고 생각하세요……〉(2005)는 창문처럼 가로로 길게 만든 직사각형의 프레임 안에 네온으로 "이것을 창문이라고 생각하세요……"라고 쓴 작품이다. 이것은 회화에 내재해 온 '창문의 전통적인 개념에 대한 은유의 영역', 즉 건축적 기능을 하는 진짜 창문은 아니라 할지라도 마치 창문처럼 경험해 온, 틀을 짓고 보여 주는 장치 곧 '르네상스 창문Renaissance Window'이라고 부르는 회화에 대한 은유를 겨냥하고 있다.

르네상스의 회화 이론을 완성시킨 레온 바티스타 알베르티Leon Battista Alberti는 1435년에 쓴 『회화론*Della Pittura*』에서 화가들에게 그림의 사각형 프레임을 '열린 창문aperta finestra'으로 간주하라고 가르쳤다. 전형적인 인문학자인데다 만능의 천재였던 알베르티는 당시의 많은 화가가 현장에서 실험하고 있던 원근법을 경험에 의해서가 아니라 이론적으로 이해하고 있었음에도 불구하고, 그의 논리와 박식함이 원근법을 이론적으로 확산시키는 데 큰 역할을 했음은 잘 알려져 있다. 물론 그림을 창문으로 이해하는 태도는 중세 때에도 발견된다. 12세기의 필사본 삽화들(도판 1)에서는 종종 그림 가장자리에 창문과 같은 테두리 장식을 볼 수 있는데, 원근법이 확립되기 이전 많은 종교화에서 건물의 문이나 기둥과 아치 등은 그림에서 묘사되는 주제를 위한 프레임 역할을 하기도 했다. 그러나 알베르티가 제안한 창문이 새로운 것은 그에게 창문은 보는 사람의 눈과 그의 시각 대상 사이의 빛의 흐름을 순간적으로 중단시키는 장소이고, 회화와 시각 공간을 기하학의 원리에 의해 합리화하는 열

도판 1 _ 12세기의 필사본 삽화.

린 통로였다는 점이다(주은우, 2003: 169). 즉 창문 메타포는 이탈리아의 초기 르네상스 기간 동안 선원근법의 혁명적인 돌파구를 위한 기반이 되어 르네상스 회화가 원근법에 의존해 세계를 이해하고 통제하는 데 기여하게 된다. 원근법 방식은 세계와 독립해 확립됨으로써 세계가 나타내는 방식을 미리 설정하는 것이었으며, 합리주의의 이론적 시각을 기본으로 한 특징적인 태도를 보여 주는 것이었다(주은우, 2003: 233). 선원근법은 틀지어진 표면framed surface 위의 측면의 선들, 뒤로 물러나며 반복되는 수직적 평면들, 후퇴하는 대각선, 소실점 등의 표준화된 체계를 만들어 냄으로써 '창문으로서의 회화' 개념을 완성시키는 데 공헌한다. 이후 사람들은 회화가 원래 2차원의 평면이라는 사실을 망각하고, 먼 공간을 내다보는듯한 완벽한 눈속임Trompe l'oeil으로서의 3차원적 공간의 일루저니즘illusionism을 회화 안에서 보기 시작했다.

알베르티가 제안한 것은 닫힌 창문이 아니라 '열린 창문'이었다. 즉 'looking through' 혹은 'seeing through'를 말하는 것으로, 막힘이 없이 투명하게 내다볼 수 있다는 생각은 선원근법을 통해 공간을 측정하고 수치화함으로써 과학적인 방식을 통해 이 세계를 정확히 재현할 수 있다는 믿음에 기초한 것이었다. 마치 스크린의 물질성을 부정한 듯, 우리의 눈을 깊숙이 끌어들이는 선원근법은 스크린의 투명성 개념을 가져온다. 제이 데이비드 볼터Jay David Bolter와 리처드 그루신Richard Grusin은 『재매개: 뉴미디어의 계보학*Remediation, Understanding New Media*』에서 원근법을 근거로 한 르네상스 회화 체계를 '비매개immediacy' 즉 '인터페이스의 투명성'을 추구한 대표적인 경우로 설명한다. 알베르티의 '열린 창문' 은유가 제대로 작동될 경우, 회화의 표면은 사라지고 3차원의 현실이 눈앞에 펼쳐진다는 것이다(Bolter & Grusin, 2000: 24-25). 15세기경 발명되어 본격적으로 사용되기 시작한 유화 물감이 그림 표면의 붓자국을 없애고 표면성 자체를 은폐하려는 화가들의 의도를 만족시키는 새로운 매체로서, 투명성의 획득에 기여했다는 점도 주목할 만하다.

고정된 프레임과 시각의 우월성

창문은 "빛과 통풍을 위해 열리는 곳, 즉 틈이다. 열리고 닫히며 여기/저기, 안/밖, 사적인 공간/공적인 공간을 구별한다. 저 너머의 3차원 세계로 열리는 곳으로, 투명성이 그 경계를 만나는 곳, 즉 깊이를 만나는 표면으로서의 막membrane이다"(Friedberg, 2006 : 1). 이때 세계를 향해 창문을 열어 소통 가능하게 하거나 종종은 불가능하게 만드는 것은 바로 프레임의 역할이다. 2차원의 스크린을 3차원적으로 보이게 하기 위한 메타포로서의 '열린 창문' 역시 투명한 성질과 함께 시각을 벗어나지 않도록 하는 고정된 프레임을 가진다. 따라서 르네상스 회화 체계는 화가와 관람자의 부동성 및 고정된 프레임의 관계에 의존한다. 이는 스크린을 기반으로 하는 또 하나의 소통 방식인 영화에서도 마찬가지다. 관람자의 부동성을 전제로, 회화의 경우 환영적인 공간을, 영화의 경우 가상의 움직임을 제공한다. 이때 프레임은 관찰자의 부동성과 창문을 통해 보이는 이미지 사이의 "긴장의 문턱, 즉 경계에 놓인 장소the liminal site"(Friedberg, 2006 : 6)이며, 관람자가 속한 현실 공간과 프레임 내부에 재현된 현실 혹은 '스크린 상의 공간on-screen space'(마노비치, 2001 : 130-131)을 구분하는 기능을 한다. 그것은 공간적 차이뿐 아니라 시간적 구성 요소들의 차이도 드러낸다. 가상 혹은 환영의 세계를 직사각형의 프레임 안에서 본다는 것, 그리고 그 프레임이 더 커다란 전체의 일부만을 보여 준다는 것은 매우 중요하다.

우리는 이러한 시각 방식 이해를 위해 알브레히트 뒤러Albrecht Dürer의 『화가의 지침서』(1525)에 수록된 〈원근법 기계, 누워 있는 여인을 그리

도판 2 _ 알브레히트 뒤러, 〈원근법 기계, 누워 있는 여인을 그리는 장인〉, 1525.

는 장인〉(도판 2)을 자주 인용한다. 그림 속의 화가는 수직의 막대를 기준으로 눈을 고정시키고 격자를 통해 본 이미지를 단순히 복사해 종이 위에 옮긴다. 그의 시선은 바라보는 대상에 고정되어 움직임이 없으며, 신체는 자신이 재현하는 현상학적 공간 및 스크린과 따로 분리되어 존재한다.

잘 알려져 있듯이 르네상스의 이론가와 미술가들은 선원근법을 본래의 개념 이상으로 발전시켰고, 그것의 일반적인 개념은 이후 객관주의, 합리주의, 과학적 추상화라는 이름으로 서구 이미지의 생산 방식을 지배하게 되었다. 바로크 시대와 17세기 네덜란드 회화에서 이에 저항하는 경향이 간혹 있었지만, 19세기 중반에 이르기까지 인위적인 원근법과 창문의 개념은 우리의 눈이 3차원의 세계를 지각해 정확하게 그려내는 방식에 대한 모델로 여겨졌다. 즉 알베르티의 원근법적 공간 및 이미지와 창문 효과는 오랫동안 "재현을 위한 가장 확실한 방법, 물질적 · 정신적 세계에 대한 진리를 자동적이고 기계적으로 생산해 낼 수 있는 체계"(Mitchell, 1986: 17)로 받아들여졌다.

우리가 알베르티의 텍스트에서 출발하는 이유는 그가 처음으로 3차원을 2차원으로 재현하는 문제를 언급해서가 아니라, 그가 창문이라는 건축적 비유를 사용했다는 점에서이며, 알베르티의 창문에 대한 르네상스 메타포가 수백 년간 원근법의 인간적 주체에 대한 사고에 영향을 주었고, 회화 이론, 건축, 동영상 매체의 이론을 위한 개념 정의에 꾸준히 사용되어 왔기 때문이다. 그러나 알베르티의 회화는 화가와 관람자의 공간을 보여진 것으로부터 분리시키는 것이었다. 알베르티의 은유된 창문은 그것을 신체와 분리된 시각에만 가두어 놓았다. 세계로 향한 창문으로서의 알베르티의 개념은 '보는 것seeing'을 정돈하고 포착하며 시간의 흐름을 붙들고, 추상적이면서 탈신체적脫身體的인 것으로 만드는 방식이다(Eckman & Koepnick, 2007: 17). 그것은 우리를 실제 물질적 세계로부터 격리시킴으로써 시각을 가장 순수하고 가장 자기 만족적이며 우리의 감각 중 두드러진 것으로서 정의하며, 심오한 구조에 대한 보편적인 통찰력을 생산할 수 있는, 그럼으로써 시각 분야를 통제하는 전능한 권위를 가진 것으로 정의한다. 이렇게 확립된 시각 우월주의의 문화는 창문을 통해 보는 관찰자를, 멀리서 세계에 대해 강력한 응시를 던지며 시각 세계를 지배하는 부동의 주체로 위치시키며, 혼란스러운 시각 공간을 기하학의 원리에 따라 질서 있게 만드는 '신체에서 분리된disembodied' 관찰자로 만들었다.

불투명한 표면: 인터페이스 바라보기

닫힌 창문 - 촉각적 공간과 스크린의 물질성

르네상스 이후 몇백 년 동안 창문의 투명성에 기반을 두고 전개되어 온 스크린에 대한 미학적 담론과 실행은 19세기 말에 이르러 '창문을 통해 보는' 역할로서의 개념을 잃고, 더 이상 외부 공간을 안전하게 틀 짓는 메커니즘의 역할을 하지 못하게 된다. 그 대신 스크린은 두 개의 서로 다른 세계—보는 사람의 세계와 보여지는 세계—의 경계가 없어지고 실제로 두 세계가 만나는 표면이자 우리의 지각 체계가 끊임없이 현상 세계를 새롭게 만나는 불투명한 장소로 기능하게 된다(Eckman & Koepnick, 2007: 18). 따라서 스크린은 서로 다른 상징적 혹은 물질적 세계들이 그 위에서 역동적으로 섞이며, 더 나아가 유동적이고 불안정하며 완성됨과 동시에 해체되는 계속 변화 가능한 표면으로 여겨지게 된다.

이는 인상주의 이후 원근법적 공간의 붕괴로 인해 회화 본연의 속성인 평면성이 회복된 것에 기인한다. 19세기 후반 인상주의는 실증주의, 근대화된 유럽의 도시들, 사진의 발명, 색채 이론의 발달, 비유클리드 기하학의 가능성 등을 배경으로 나타나게 된다. 인상주의 화가들이 빛 자체와 외광 아래 놓인 사물의 표면 효과를 포착하기 위해 채택한 점묘 방식과 색채 분할, 시각 혼합 방식 등은 전통적인 회화 방식과 공간 표현 방식을 무용지물로 만들었다. 인상주의 이후 색채들은 사물과 관련된 고유색을 벗어나게 되었을 뿐 아니라 형태로부터 독립하게 되었다. 19세기 말에 이르러 이미 많은 화가가 모리스 드니Maurice Denis의 "회화란 전쟁터의 말이나 누드, 혹은 어떤 일화이기 이전에, 본질적으로 특정 질서에 의해 모인 색채로 뒤덮인 하나의 평평한 표면flat surface이다"(『이론*Theorie*』, 1890)라는 회화에 대한 새로운 정의에 동의하고 있었다.

화면의 깊이가 아닌 촉각성과 이질적인 물질성을 과장해 드러내는 회화들의 대표적인 예로서, 파블로 피카소Pablo Picasso와 조르주 브라크Georges Braque의 큐비즘 회화들이 보여 주는 얇은 '촉각적 공간tactile space'[2]과, 다다이스트dadaist들의 콜라주collage[3] 및 포토몽타주photo-montage[4]들을 들 수 있다. 여기에서는 지면상 이러한 작업을 둘러싼 미술

2 큐비즘의 회화는 눈에 보이는 세계에 대한 환영적 공간을 거부하고 관념적인 본질을 추구한다는 점에서 반원근법적이었으며, 망막에 비친 빛의 변화와 그에 따른 색채의 변화를 순간적으로 포착하는 인상주의에 대해서도 반감을 갖고 있었다. 작은 단편들facettes로 형태를 조각낸 분석적 방식과 화면 안에 회화 외적인 사물을 들여놓는 파피에 콜레papier collé의 종합적 방식은 둘 다 본질에 도달하기 위한 관념적 리얼리티의 추구에 의한 것이었으며, 그 결과 모두 눈을 끌어들이는 깊은

도판 3 _ 마르셀 뒤샹, 〈신선한 과부Fresh Widow〉, 1920.

사적인 논쟁까지 자세히 다룰 수는 없으나, 그것이 조형적인 관심에서였든 반미학적인 반항의 태도에서였든, 이들이 공통적으로 가지고 있었던 것은 전통적인 회화 개념을 넘어서는 재료에 대한 관심과, 회화가 더 이상 투명한 창문이 아니라 서로 다른 물질적 세계가 우연히 만나 충돌하는 표면이라는 생각이었다.

표면의 불투명성을 강조함으로써 알베르티의 '열린 창문'으로서의 회화의 역할을 부정하고 그에 대해 역기능적으로 작용하는 작품들이 있다. 마르셀 뒤샹Marcel Duchamp은 미국인들이 프랑스식 창문French window이라고 부르는 창문을 보통 크기보다 조금 작게 주문 제작해 채색한 후, 검은 가죽으로 유리창을 가린 〈신선한 과부Fresh Widow〉(1920)(도판 3)를 제작했다. 이것은 투명하지도 않고 열 수도 없어 환기가 불가능하며 유리창이 가려져 있어 채광을 기대할 수도 없다. 들여다보거나 내다볼 수 없는 이 창문은 알베

공간이 아닌, 마치 손으로 만질 수 있을 것 같은 얇은 촉각적 공간을 만들어냈다.

3 파피에 콜레papier collé가 조형적인 목적에 의해 종이류의 사물을 화면에 끌어들인 현상학적인 방식이었다면, 다다이스트들의 콜라주는 반미학적인 태도에서 미술 및 회화를 거부할 목적으로 사용했으며, 비미술적인 사물들을 회화 표면에 붙이거나 사물들끼리 만나게 함으로써 이때 발생하는 우연한 만남의 충격을 중요시하는 원리였다.

4 베를린 다다이스트들이 발전시킨 방법으로 사진들을 오려붙여 콜라주와 같은 충격적 효과를 주면서 사회 비판적 · 정치적인 의도까지 강조한 방식이다.

르티의 'aperta finestra'를 부정함으로써 전통적인 재현의 회화를 아이러니한 말장난으로 조롱함과 동시에 더 나아가 '창문window'을 '과부widow'로 젠더화하고 있다.[5] 사진 작가인 제프 월Jeff Wall 또한 〈막힌 창문Blind Window〉(2000) 시리즈를 통해 역시 '창문으로서의 회화 개념'에 대한 다중적 부정을 나타내고 있다. 그의 리얼리즘 사진은 색의 대비와 수직, 수평선을 통한 강렬한 기하학적 구성, 프레임의 다중성, 나무의 구체적인 재질감에 대한 넘치는 정보를 제공하지만, 정작 폐쇄된 창문은 어디로도 열려져 있지 않아 시각을 차단시키며, '창문을 통해' 열린 세상을 보고자 하는 기본적인 욕구를 좌절시킨다.

회화를 위한 메타포로서의 창문이 투명성을 전제로 했다면, 현대 미술가들이 내세운 불투명한 스크린은 또 다른 메타포인 거울과 비교할 만하다. 거울은 불투명하고 반영하며 뒤집어진 이미지를 보여 준다. 창문의 메타포와 거울의 메타포는 아주 다른 인식론적 결과를 암시하기 때문에, 회화를 창문으로 보느냐 혹은 거울로 보느냐에 따라 화가는 자신의 정체성을 다르게 형성하게 된다(Friedberg, 2006: 15). 거울은 표면이지 다른 세계로 열린 창문이 아니다. 즉 투명성을 갖지 않고 대상을 되돌린다. 현대에 와서 투명성에 대한 욕망은 회화에서는 거의 찾아볼 수 없고 그 대신 가상 현실을 꿈꾸는 컴퓨터 인터페이스 디자이너들의 꿈으로 옮겨져 실행되고 있다.[6]

반영하는 거울의 기능을 역설적으로 내세워 스크린의 불투명성을 전략적으로 강조한 작품이 있다. 다니엘 로진Daniel Rozin의 〈나무 거울Wooden Mirror〉(2000)은 광택을 낸 작은 나뭇조각 타일들로 이루어진 스크린이

5 뒤샹은 'french window'(프랑스식 창문)의 철자를 조금씩 바꾸어 'fresh widow'(신선한 과부)로 바꾸었다. 이는 최초의 세계 전쟁인 제1차 대전으로 남편을 잃어 갑자기 많아진 젊은 미망인을 일컫는 것으로, 그가 즐겨 사용한 말장난의 유희를 나타낸 작품이다.

다. 그 앞에서 관람자가 움직이면 숨어 있는 카메라가 그 움직임을 포착해 스크린 위에 관람자의 형상을 그려낸다. 스크린은 창문이 아니라, 그 사용자를 반영하는 거울이 된 것이다. 관람자가 이미지로서의 자신의 모습을 거울을 통해 보고 있다고 할지라도, 그것은 사실상 표면의 나뭇조각들이 실제로 반영한 형상이 아니라 미묘하고 복잡한 디지털 기술로 만들어진 이미지일 뿐이다. 게다가 나무로 만든 거울은 투명하지 않으며 풍부한 질감마저 지니고 있다. 이 작품은 사용자 혹은 관람자로 하여금 "인터페이스를 통해 보는 것이 아니라 인터페이스를 바라보도록 만드는" (Bolter & Gromala, 2003: 56) 대표적인 경우다.

위반되는 프레임

닫힌 창과 얕은 공간 혹은 불투명한 표면을 통해 열린 창문으로서의 메타포를 거부하는 작품들 이외에, 우리는 경계로서의 프레임 자체를 위반함으로써 환영적인 공간과 실제 공간의 구분을 모호하게 하거나 경계로서의 프레임의 존재를 강조하는 몇몇 작품을 볼 수 있다. 신인상주의 화가인 조르주 쇠라Georges Seurat의 작은 점묘들은 화면을 가득 채우다 못해 프레

6 볼터와 그로맬러는 창문의 메타포와 거울의 메타포를 구별해 다음과 같이 대비시키고 있다.

창문의 메타포	거울의 메타포
치환 혹은 대체될 수 있음	직접적임
믿을 수 없음	진실을 말함
환영적인 공간과 비매개된 시각	매개된 시각
투명성	불투명성
인터페이스를 통해 봄	인터페이스를 바라봄

출처: Bolter & Gromala, 2003: 67.

도판 4 _ 자코모 발라, 〈노동자의 날〉, 1904.

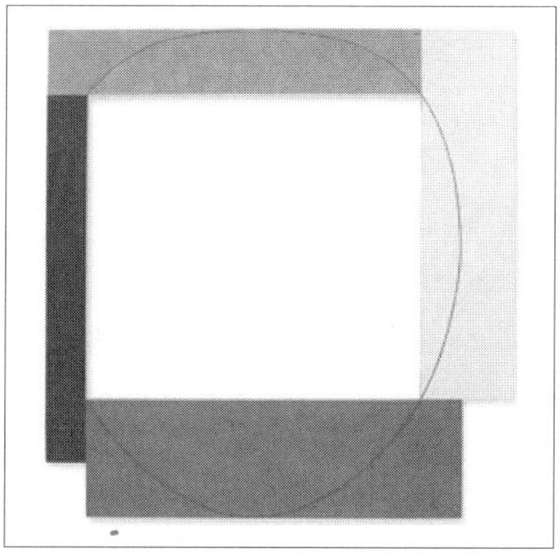

도판 5 _ 로버트 맨골드, 〈4개의 컬러 프레임 회화 5번〉, 1984.

임에까지 침범해 풍경을 스크린 밖으로 확장시키고 있으며, 기계와 역동적인 움직임을 중시했던 이탈리아 미래파 화가 지노 세베리니Gino Severini와 자코모 발라Giacomo Balla도 경계로서 프레임의 존재 의미를 거부하듯이 프레임에까지 그림을 그렸다. 특히 발라의 〈노동자의 날The labourer's day〉(1904) (도판 4)은 현대판 삼면화triptych 형식이라고 할 수 있는 독특한 그림으로, 보편적인 시간의 흐름과 순환을 낮과 밤이 공존하는 풍경으로 묘사하고 있다.

모더니즘 추상을 거쳐 개념 미술에 이르기까지, 일루저니즘의 재현 방식에 대한 가치와 흥미를 잃어버린 20세기의 화가들은 과연 회화란 무엇인가에 대한 근본적인 분석 및 회의懷疑와 함께 캔버스 평면과 틀, 물감의 성질 등 회화가 지닌 모든 속성을 낱낱이 해부 혹은 해체하기에 이른다.

미니멀리즘 화가이자 개념 미술 화가인 로버트 맨골드Robert Mangold는 〈4개의 컬러 프레임 회화 5번〉(1984)(도판 5)에서 4개의 캔버스를 모아 놓아 마치 프레임처럼 만든 후 커다란 원을 그어 연결시켰다. 그러나 캔버스들은 프레임의 구성에서 이탈해 확장됨으로써 캔버스가 지닌 물리적 속성을 강조한다(Fineberg, 1995). 프레임은 무엇인가를 둘러쌈으로써 공간을 분리시키는 경계가 아니라 작품 그 자체가 되고 있으며, 정작 아무것도 둘러싸지 않는 프레임은 프레임의 역할에서 완전히 해방되어 있다.

3. 뉴미디어 스크린: 확장된 감각으로서의 인터페이스

최근의 뉴미디어 아트는 기술적 인터페이스로서 선명한 LCD 스크린을 이용하기도 하며, 빔 프로젝터를 이용해 화랑의 벽을 가득 채우는 거대한 화면을 만들어 내기도 한다. 이렇듯 다양한 방식으로 설치되는 현대 미디어 작품들에 공통점이 있다면, 틀지어진 이미지 혹은 의미가 고정된 창문으로서의 스크린을 보여 주는 것이 아니라, 관람자로 하여금 일시적이거나 우발적이고 생명이 짧은 이미지들을 스스로 창조하도록 한다는 점이다. 작품의 경험은 대부분 고정되지 않은 시간과 공간 속에서 작품과 관람자의 인터랙션interaction에 의해 이루어지며, 이때 관람자의 신체는 시각을 포함한 신체 전체의 감각을 동원해 사물과 장소의 물질성과 부동성을 극복하고 작품의 예측 불가능한 효과를 주도하는 역할을 하게 된다. 여기에서는 (전자) 스크린들이 신체와 만나고 신체 감각과 교류하며, 더 나아가 신체의 연장이 되는 뉴미디어 작품들의 다양한 방식을 살펴봄으로써, 인터페이스로서 스크린의 기능이 확장되는 맥락과 디지털 세계에서의 무한한 표현 가능성을 엿보고자 한다.

움직이는 시선과 지각 영역의 확장

관람자들이 작품을 둘러싼 공간 속에서 자신의 체험을 스스로 다시 바라보게 만든 작품들이 있다. 이러한 작품은 대체로 관람자가 작품을 바라봄과 동시에 스스로를 반영하는 미학적 경험을 둘 다 제공하게 되는데, 이때 가장 중시되는 것은 관람자의 움직임이다. 여기에서는 스크린 설치를 통해 관람자의 '시각'과 '촉각'과 '움직임'을 현상학적으로 강조한 작품들을 소개한다. 올라푸르 엘리아슨Olafur Eliasson의 〈보고 있는 당신 자신을 보기Seeing Yourself Seeing〉(2001)는 천정에 매달린 1×1m의 프레임으로, 거울을 붙인 약 40여 개의 좁은 띠 사이사이를 띠와 똑같은 넓이로 비어 놓고 수직 구성을 만든 것이다. 작품 앞으로 가까이 가면 우리의 몸을 비추지만 사이사이의 빈 공간들 때문에 우리의 몸의 절반은 사라지고 작품 너머의 전시장 풍경이 끼어든다. 다시 말해 이 작품은 절반은 작품의 앞 공간을 반영하고 절반은 작품을 통과해 뒤의 공간을 보여 주는, 거울이자 창문의 역할을 한다. 관람자들은 유희적으로 혹은 필사적으로 자신의 시각적 결핍을 채워보려고 좌우로 움직여 보지만, 결국 자신의 신체 전체를 보는 것에 실패하고 그것이 헛된 노력임을 알게 된다.

피터 캠퍼스Peter Campus의 1974년 작품 〈인터페이스를 위한 모델Prototype for Interface〉도 관람자의 유사한 반응을 유도한다. 어두운 방 중앙에 놓인 투명한 유리 스크린은 한쪽 면에서는 가까이 다가온 관람자의 모습을 직접 반영하지만, 동시에 다른 한쪽 면에서는 숨겨진 폐쇄 회로 비디오 카메라가 찍어 투사하고 있는 관람자의 모습을 보여 준다. 관람자는 양쪽 면에 비추는 서로 뒤집힌 이미지들을 일치시켜 보려고 자꾸 움직이지만 그럴수록 더 어긋난다. 작가는 현대 인간의 불안, 심지어는 언캐니uncanny하고 이중적인 신체 이미지 및 자아 분열을 시각화한 것이다.

이 작품들의 스크린과 프레임은 관람자에게 지각 영역에서의 갭gap을 채우도록 자극함으로써 시각이라는 우리의 감각이 크기, 중력, 무게, 위치, 공간에서 움직임을 어떻게 느끼고 반영하는가를 드러낸다. 우리는 고정되고 균형잡힌 이미지라는 자아의 나르시시즘적인 기대에서 벗어나 self-image들이 공간에(혹은 스크린에) 관계하는 방식에 따라 신체적 위치들을 재조정하는 자신을 발견하게 된다. 즉 이 작품들의 "근운동감각적kinesthetic, 자기수용적propriceptive, 촉각적tactile인 양상들은 우리의 공간적 위치와 시간의 확장이라는 불안정성을 작품 안으로 들여오게 된다" (Eckman & Koepnick, 2007 : 24). 이는 세계에 대한 고정된 시각에 따라 고정된 이미지들을 프레임하고 신체를 시각 영역에서 철수시키는 순수 시각에 대한 신념과는 반대로, 관람자의 움직임에 따라 계속해서 변화하는 지각들을 재구성하기 위해 관람자 신체의 적극적인 역할을 요구한다. 이제 움직이는 신체는 시각 행위를 실행하는 주요 매체가 된 것이다. 이 작품들에서 '보고 있는 우리 자신을 보는' 행위는 우리의 지각 과정을 향한 반성적 전환을 일으켜, "시각과 촉각을 가역성reversibility과 상호의존성reciprocity이라는 비非위계적인 역동성으로 옮겨가게 만든다" (Eckman & Koepnick, 2007 : 24). 즉 가상과 실재의 단순한 대립 개념이 아니라, 실제 존재하지 않는 것에 대한 기대, 느낌, 욕망을 가상 현실화하는 작업이 된 것이다.

비슷하게 관람자의 움직임과 인터랙션을 중시하는 독일 작가 크리스틴 가이슬러Kristen Geisler의 〈아름다움에 관한 꿈—나를 만지세요Dream of Beauty—Touch Me〉(1999)도 시각/촉각, 이미지/신체, 실제/가상이라는 뉴미디어 아트의 여러 짝들을 직설적일 뿐 아니라 아이러니컬하면서도 전복적인 방식으로 다루고 있다. 우선 관람자는 작은 프레임의 안에 있는 점이나 주름 하나 없는 완벽하게 아름다운 여인을 시각적으로 만나지만, 'Touch Me'라는 제목에 따라 그녀의 얼굴 즉 스크린을 만지도록 초대된다. 손가락이 스크린에 닿는 순간 그녀의 얼굴은 즉각적으로 표정을 바꾸는데, 얼굴의 어느 부분을 만지는가에 따라 울거나 웃고, 심각해지거나 즐거워하며, 입을 만지면 키스하기 위해 입술을 내민다. 스크린에 대한 시각과 촉각적 경험을 한꺼번에 제공하는 이 인터랙티브 작품은 일반적으로 미술관에서는 금지된 'touch'를 통해 이루어진다는 것이 아이러니컬하다. 또한 정지되어 있는 스크린에서는 완전한 아름다움이라는 미술사의 오래된 꿈을 성취하는 듯하지만, 사실상 이미지를 만지는 물리적인 욕망에 의한 결과는 늘 그 꿈이 좌절됨(표정의 변화에 따라 완벽했던 이미지가 흐트러짐)을 나타낸다.

인터페이스의 새로운 정의

오늘날 인간과 컴퓨터를 이어 주는 인터페이스Human Computer Interface는 그것이 디지털 코드와 추상적인 데이터에 기반하고 있음에도 불구하고 우리의 신체 없이는 의미가 없다. 우리의 감각 기관—손가락 끝, 손바닥의 피부, 눈의 망막 등—의 생리학적 작용이 없다면 코드와 데이터에 접근할 수 없게 되어 있으며, 더 나아가 우리의 신체와 기계는 어떠한 방식으로든지 결합해 서로를 보완하고 있는 시점에 와 있다. 이는 스크린 인터페이스에서도 마찬가지다. 여기에서는 신체를 가진 주체인 동시에 매개 기관이기도 한 우리가 어떻게 인지와 신체성 사이에서 미학적 경험을 하는가, 그래서 어떻게 현존성presence의 미학에 접근하는가를 스크린을 기반으로 한 뉴미디어 아트들을 통해 살펴보고자 한다.

연장되는 신체 감각과 스크린

제프리 쇼Jeffrey Shaw의 잘 알려진 작품 〈황금 송아지The Golden Calf〉(1995)는 미술관에서 보통 사용하는 흰색의 받침대와 손잡이가 달린 LCD 모니터로 구성되어 있다. 모니터는 비물질적 · 가상적 대상을 마치 실제 공간에 위치하는 것처럼 보여 주는 창문의 역할을 한다. 관람자는 스크린 모니터를 들고 움직임일 수 있는데, 그에 따라 스크린 속에 있는 금색 송아지의 위치와 크기가 달라진다. 즉 관람자의 움직임 자체가 이미지를 생산해 낼 수 있게 되며, 그 이미지들은 고정된 프레임의 크기에 따라 시각 영역을 자르거나 고정시키지 않는다.

이때 관람자들은 모니터가 자신의 프로스테시스prosthesis(인공 기관)적인 눈, 즉 신체의 일부가 되는 경험을 하게 된다. "기술과 미학을 탈중심적으로 타협시킨"(Eckman & Koepnick, 2007 : 31) 이 작품은 프레임과 프레임되지 않는 것, 보이는 것과 보이지 않는 것의 상호작용을 이용함으로써 사물과 관람자를 고정된 시각과 프레임의 속박으로부터 벗어나게 해 주며, 재현의 환영적 효과를 해체함으로써 신체로 하여금 실체와 가상의 공간을 비슷하게 현실로 느끼게 만드는 인간 지각 및 초공간 기능의 신체적 기반을 깨닫게 한다(Hansen, 2004b : 120).

이러한 작품의 경우 대부분은 스크린을 바라보는 시각의 추상적인 힘 대신에 다중적 감각(시각, 촉각, 청각, 후각, 근운동감각……)과 만나는 지각 영역을 확장함으로써 세계에 대한 경험 및 세계와의 상호 관계를 심각하게 재고한다. 즉 미적 경험의 제1 매체로서 우리 신체의 역할을 경험하게 해 줄 뿐 아니라, 세계로 열린 창문으로서 우리의 감각과 우리를 둘러싼 세계와의 관계 속에서 우리 신체의 한계를 재정의하면서, 계속해서 인터페이스로서의 얼굴, 눈, 피부, 발, 손가락의 역할을 경험하게 한다. 이때 우리의 신체는 세계에 대해 부동적이고 거리를 둔 전능한 관찰자로서가 아니라, "세계에 대해 계속해서 변화하는 시각을 생산하는 정서적인 신체affective body"(Eckman & Koepnick, 2007 : 65)이자 "예측 불가능한 미디어로서의 신체"(Eckman & Koepnick, 2007 : 11)로 정의되기 시작한다.

인터페이스로서의 컴퓨터 기반 전자 스크린은 이미 우리를 다른 시·공간 질서로 인도하고 있으며, 우리에게 가상 세계의 경험을 통해 보고 듣고 만질 수 있는 순수 정보의 환경을 제공하는 기능을 갖게 되었다. 메레디스 브리큰Meredith Bricken은 스크린 기반의 인터페이스 디자인을 위한 패러다임으로부터 가상 세계 창조를 위한 패러다임으로의 전환을 주장하면서, 그에 따라 인터페이스(접속면)의 경험으로부터 스크린과 관람자를 포함한 공간으로의 몰입 경험inclusion으로의 이행이 일어난다고 설명한 바 있다. 그녀는 스크린을 넘어서는 가상 현실의 경험 즉 관람자가 HMD(head mounted display)를 쓰고 장갑을 끼고 경험하는 것이 "유리로 된 배를 타고 바다에 들어가거나 혹은 스노클링하는 경험과 같다"고 비유하면서, 그러나 이러한 경험 또한 관람자가 어떻게 스크린과 인터랙션할 수 있는가에 달려 있음을 지적한다(Bricken, 1991 : 363-364).

브라운대학의 Cave Writing Workshop에서 제작된 작품들 중 하나인 〈스크린〉(2003-05)[7](도판 6) 역시 가상 공간으로 확장되는 경험에서 스크린의 역할과 관람자의 전신체적全身體的 감각인 시각, 청각, 촉각의 역할에 주목하고 있다(Wands, 2007 : 117). 삼면이 스크린 벽으로 둘러싸여 있고 천정에 프로젝터와 스피커가 달려 있는 작은 방에 들어간 관람자는 고글과 장갑을 끼고 "텍스트를 신체로 읽는"[8] 독자가 된다. 〈스크린〉은

7 워드립 프륀Noah Wardrip-Fruin, 베커Sascha Becker, 쿠버Robert Coover, 맥클렌Andrew McClain, 그린리Shawn Greenlee의 공동 작업

8 〈Screen〉 의 나레이션 내용 중에서.: http://www.youtube.com/watch?v=WOwF5KD5BV4

도판 6 _ 워드립 프륀, 베커, 쿠버, 맥클렌, 그린리, 〈스크린〉 installation, 2003-05, (Cave System).

케이브Cave 안에서만 경험할 수 있는 문학 작품이다.

이 작품은 가상 공간을 실현하지만, 일반적으로 볼 수 있는 3차원의 풍경이 아니라 예상 외로 텍스트들을 보여 준다. 그런데 기억에 관한 여러 텍스트는 스크린에 남아 있기를 거부하고 여러 명의 나레이터에 의해 낭독된 후 스크린에서 떨어져 나온다. 이때 관람자는 떨어져 나와 움직이는 이미지들(여기서는 단어들)을 장갑 낀 손으로 치거나 잡으려 시도하게 되는데, 관람자와의 상호작용에 의해 단어들은 벽으로 되돌아가기도 하고 갈라지기도 하며 관람자에 의해 창조적으로 조합되어 새로운 단어가 되기도 한다. 여기서의 경험은 실제 세계의 환경을 재현하려는 것이 아니라, 관람자로 하여금 단어와 서사가 아직도 지배적으로 남아 있는 문학적 재현에 대한 반성에 몰입하도록 만들고 있다.[9] 시간이 지나면서 점점 더 빨라져 결국 나머지 텍스트들은 붕괴되기 시작하고 기억은 소멸되며, 관람자는 잃어버린 기억들을 의미하는 백색의 텅 빈 공간, 난센스 이외에 아무 의미도 발견되지 않는 빈 스크린을 응시하게 된다.

9 Noah Wardrip-Fruin, "Introduction-Cavewriting": http://www.uiowa.edu/~iareview/tirweb/feature/cave/

이 작품의 스크린은 2차원의 화면으로 시작해 텍스트들의 붕괴라는 독특한 방식으로 3차원의 가상 현실을 체험하게 한다. 여기에는 텍스트와 소리, 의미, 움직이는 이미지 등과 관련된 문학적 · 미학적인 전략들이 포함되어 있겠으나, 텍스트를 읽는 스크린의 경험이 시각으로부터 전신체적인 감각으로 확장되는 양상을 보여 줌으로써 스크린 인터페이스의 확장된 경험에 대한 좋은 예가 되고 있다.

4. 나오는 말

20세기 전체를 놓고 볼 때, 현대 회화 특히 추상으로 귀결되는 모더니즘 회화의 임무는 오로지 르네상스 회화 체계가 이루어 놓았던 일루저니즘을 극복하기 위해 존재하는 것처럼 보였다. 역으로 생각하자면, 이는 그만큼 알베르티의 '열린 창문'으로서의 회화 개념이 오랫동안 화가들을 지배하고 있었을 뿐 아니라, 그 개념 안에 거부하기 힘든 매력과 카리스마가 있었다는 뜻이기도 하다. 극복하기 힘든 회화의 일루저니즘 때문에 미니멀리스트minimalist들처럼 아예 회화를 버리고 3차원의 조각 혹은 사물을 택함으로써 그 이론적 타당성을 역설했던 미술가도 있었다. 그럼에도 불구하고 여전히 미술가들은 관람자와 소통하기 위한 인터페이스로 2차원 평면인 각종 스크린을 놓지 않고 있다. 오히려 스크린이라는 접속면을 통해 소통하고자 하는 욕구는 과거보다 현대에 훨씬 더 커졌고 TV, 영화, 컴퓨터의 스크린을 중심으로 한 기술력의 발전이 이를 가속화시켜 왔다. 우리는 지금 가상 현실의 실현을 위해 "스스로를 지워가는 인터페이스self-effacing interface"(Eckman & Koepnick, 2007 : 29)로서의 디지털 스크린이 또다시 창문과 같은 투명한 존재가 되고자 열망함을 목격하고 있다. 가상 현실에서의 경험은 '르네상스 창문'의 세계에서 분리된 시각 경험과는 달리 세계 속으로 들어가는 신체적 경험이지만, 결과적으로 볼 때 스크린의 존재를 부정해 투명한 것으로 보고 그 너머의 현존성을 성취하고자 한다는 점에서 유사하다고 할 수 있다.

여기에 우리가 왜 인터페이스에 주목하는가, 왜 과거로부터의 스크린을 함께 이야기해야 하는가에 대한 답이 있다. 세계를 보고자 하는 욕구, 그것을 표현하고자 하는 순수한 욕망, 더 나아가 그를 통해 타인과 소통하려는 인류의 오랜 소망이 거기에 존재해 왔다는 사실이다. 현재의 전자 스크린은 과거의 스크린들이 있었기에 가능했다. 앞에서 살펴보았듯이, 시각에서 촉각으로 그리고 전 감각적 경험으로 이행해 온 스크린에 대한 태도와 이해에는 과거 회화에서의 재현을 둘러싼 이데올로기와 그것을 극복하려는 현대의 아방가르드 논리가 개입해 왔다. 지난 20여 년 동안 디지털 세계의 경험에 대해서도 디스토피아적 혹은 유토피아적인 극단적 논의가 존재해 온 것은 사실이나, 지금 시점에서 모든 인터페이스와의 관계에서 우리가 주목해야 할 것은, 지각을 위한 가장 우선적인 매체로서의 우리 신체의 역할과, 경계를 넘나드는 신체와 뉴미디어의 관계다. 디지털 문화 속에서 몰입의 주체가 된 우리의 신체는 모든 정보를 감각적으로 받아들이는 프레임으로도 기능하게 되었기 때문이다. 이제 '인터페이스로서의 신체'에 대한 더 많은 관심과 연구가 필요한 때다.

참고 문헌

김정헌 편저, 『휴먼 인터페이스 디자인』, 다성, 1999.

래스킨, 제프(2000), 『인간 중심 인터페이스』, 이건표 옮김, 안그라픽스, 2003.

마노비치, 레프(2001), 『뉴미디어의 언어』, 서정신 옮김, 생각의나무, 2004.

박해천, 『인터페이스 연대기』, 디자인플럭스, 2009.

비릴리오, 폴(1989), 『소멸의 미학, 시간과 속도의 여행』, 김경온 옮김, 연세대학교출판부, 2004.

주은우, 『시각과 현대성』, 한나래, 2003.

포스터, 핼 외, 『디자인 앤솔로지, 21세기 디자인의 새로운 제안』, 박해천 · 박노영 · 윤원화 엮음, 시공아트, 2004.

포스터, 핼 엮음(1984), 『시각과 시각성』, 최연희 옮김, 경성대학교출판부, 2004.

Alpers, Svetlana, *The Art of Describing, Dutch Art in the Seventeenth Century*, The University of Chicago Press, 1983.

Bolter, Jay David & Diane Gromala, *Windows and Mirrors, Interaction Design, Digital Art, and the Myth of Transparency*, MIT Press, 2003.

Bolter, Jay David & Richard Grusin, *Remediation, Understanding New Media*, MIT Press, 2000.

Bricken, Meredith, "Virtual Worlds: No Interface to Design," *Cyberspace: First Steps*, MIT Press, 1991.

Cubitt, Sean, *Digital Aesthetics*, SAGE Publication, 1998.

Eckman, Sabine & Lutz Koepnick, *Window / Interface, Screen Arts and New Media Aesthetics 2*, Mildred Lane Kemper Art Museum, Washington University in St. Louis, 2007.

Fineberg, Jonathan, *Art Since 1940, Strategies of Being*, Harry N. Abrams, 1995.

Friedberg, Anne, *Window Shopping, Cinema and the Postmodern*, University of California Press, 1994.

______, *The Virtual Window, From Alberti to Microsoft*, MIT Press, 2006.

Hansen, Mark B.N., *New Philosophy For New Media*, MIT Press, 2006a.

_____, *Bodies in Code, Interfaces with Digital Media*, Routledge, 2006b.

Helfand, Jessica, *Screen, Essays on Graphic Design, New Media, and Visual Culture*, Princeton Architectural Press, 2001.

Jones, Caroline A., *Sensorium, Embodied Experience, Technology, and Contemporary Art*, MIT Press, 2006.

Mitchell, W. J. T. *Iconology, Image, Text, Ideology*, University of Chicago Press, 1986.

Rieser, Martin & Andrea Zapp(ed.), *New Screen Medea, Cinema/Art/Narrative*, bfi Publishing, 2004.

Wands, Bruce, *Art of the Digital Age*, Thames & Hudson, 2007.

Noah Wardrip-Fruin, "Introduction-Cave writing" :

http://www.uiowa.edu/~iareview/tirweb/feature/cave/

제2부

가상과 실재의 경계

몸과 기계의 경계: 사이버네틱스, 인공생명, 온생명 _ 김재영

가상성에 관한 철학적 질문 _ 신상규

은유와 가상 현실 _ 정현규

인간과 환경의 경계 _ 윤보석

몸과 기계의 경계:
사이버네틱스, 인공생명, 온생명*

김재영

"인지 영역은 유기체의 상호작용 영역 전체다.
상호작용의 새로운 양태가 생성되면 인지 영역을 확장시킬 수 있다.
우리의 인지 영역을 확장하는 것은 도구다."
(Maturana & Varela, 1980: 38)

1. 들어가는 말

영국의 인류학자 그레고리 베이트슨Gregory Bateson은 『마음의 생태학 *Steps to an ecology of mind*』에서 중요하고도 흥미로운 문제를 던진다(Bateson, 1972). 맹인의 지팡이는 그 사람의 일부인가, 아닌가? 나에게 안경은 내 몸의 일부인가, 아닌가? 맹인은 지팡이를 통해 외부 세계로부터의 정보를 얻으며, 이것은 그가 낯선 길을 걸어갈 때 매우 중요한 인식 수단이다. 심한 근시인 사람에게 안경은 외부 세계를 바라보는 가장 중요한 도구임에 틀림없다. 베이트슨의 질문을 단순히 이해한다면, 쉽사리 지팡이나 안경을 인간으로부터 분리시키기 쉽다. 다시 말해 인간은 그 몸으로 정의되며, 이를 넘어서는 도구들은 몸의 외부에 있다는 것이다.

* 이 글은 『탈경계 인문학』 제3집(2009년 6월)에 게재된 논문을 수정 · 보완한 것이다.

하지만 더 곰곰이 생각해 보면, 나의 안구는 나의 일부인가, 의안義眼이나 의족義足이나 의치義齒는 내 몸의 일부인가, 인공신장은 나의 일부인가 등과 같은 의공학적 맥락의 질문이 일어난다. 최근 논자들이 이것을 '프로스테시스prosthesis'라는 개념으로 진지하게 논의하고 있으므로, 이 문제를 '프로스테시스의 문제'라고 불러도 좋을 것이다.[1]

이 글에서 논구하는 문제는 인간이라는 것을 도대체 어디까지로 보아야 하며, 인간과 기계(도구)의 경계는 무엇인가 하는 것과 직접 연결된다. 이것은 최근 '인간론humanology' 또는 '포스트휴먼 연구posthuman studies'라는 이름으로 논의되고 있는 주제다. '인간론'은 대략 말해서 고등 기술 사회에서 인간과 인간을 둘러싼 현상들이 어떻게 달라지고 있는지 탐구하는 것으로서 특히 생명과 이성의 대안적 형태에 주목하는 학문 분야를 가리킨다. 여기에서는 특히 기계가 만들어 내는 인공적 환경에서 인간의 역할과 기능이 무엇인지 탐구하는 데 주안점을 둔다. 그런데 이러한 연구들은 다소 맹목적으로까지 보이는 기술옹호론technophilia과 일종의 기술혐오론technophobia으로 갈리는 경향을 보인다.[2] 어느 쪽에 편을 들든지 인간과 기계의 관계에 관한 논제는 인간 자체의 정의에 대한 이해에 심각한 질문을 던지고 있다.

인간의 테두리를 정하는 것은 곧 몸의 경계를 구획하는 것에 대응한다. 이 대목이 바로 인터페이스interface, 界面가 심각한 인문학적 논제로 등장

1 프로스테시스prosthesis는 '덧붙인다'는 의미의 πρὸς(pros)와 '둔다', '놓는다'는 의미의 τιθέναι(tithenai)가 결합된 것으로서 20세기 초부터 사용되기 시작한 단어다. 이 말은 원래 몸의 일부가 없거나 장애가 있을 때 이를 대체하거나 교정하기 위해 사용하는 인공적인 장치를 가리키는 말이지만, 이제는 몸의 일부가 되어가는 도구를 모두 지칭하는 말로 의미가 확장되고 있다. 프로스테시스와 관련된 일반적인 논의로서 예를 들어 윌스(Wills, 1995), 스미스와 모라(Smith & Morra, 2007) 참조.

2 가령 헤일스(Hayles, 1999), 후쿠야마(Fukuyama, 2003), 커즈웨일(Kurzweil, 2005), 개로(Garreau, 2005), 노엄(Naam, 2005), 디넬로(Dinello, 2006), 클라크(Clarke, 2008), 오티스(Otis, 2001) 등 참조. 포스트휴먼에 대한 논의는 물리적 기계의 수준을 넘어 생명공학적 기계로까지 확장되고 있다.

하는 곳이다. 인터페이스는 원래 페이스face, 面와 페이스가 만나는 곳을 가리키는 말이었다. 그 '페이스'가 무엇인가에 따라 인터페이스는 다양한 의미로 확장될 수 있다. 계면 활성제에서의 인터페이스는 비누거품이 섬유와 만나 섬유에 있는 때를 거두어 가는 장이며, 컴퓨터를 조작하는 프로그래머에게 인터페이스는 복잡한 기계어를 기억하지 않고도 미리 약속된 명령어들과 아이콘들만으로 컴퓨터를 조작할 수 있는 접경이다. 여러 가지 색으로 선명하게 그려진 세계 지도를 보자. 국경을 넘어갈 때 풍경이든 새들의 움직임이든 사람들의 주거 환경이든 어떤 것도 새로운 색으로 그려지지 않는다는 것은 국경 또는 국가 사이의 인터페이스가 인위적이라는 사실을 강변한다.

그렇다면 인간의 테두리를 정하는 문제, 즉 몸과 기계의 경계를 구획하는 프로스테시스의 문제를 어떻게 접근하는 것이 좋을까? 나는 이 문제를 사이버네틱스와 인공생명과 온생명론의 세 가지 방향에서 검토하려 한다. 무엇보다도 동물과 기계를 모두 자기조절성 또는 항상성이 있는 동역학적계로 보는 사이버네틱스를 근본적으로 다시 검토함으로써, 살아 있는 (또는 살아 있다고 말할 수 있는) 계의 본질적 성격을 정확하게 이해할 수 있고, 이를 통해 몸과 기계의 미묘한 인터페이스가 선명하게 드러날 수 있다. 한편 인간과 기계의 관계라는 문제는 원래 생명과 물질 사이의 관계에서 더 심각한 문제를 제기한다. 그래서 인공생명A-Life의 논의가 중요해진다(Riskin, 2007 ; Emmeche, 1991). 인공생명은 생명을 '인실리코*in silico*'로 구현하려는 야심적인 프로젝트다. 인공생명은 생명, 나아가 인간의 정의에 어떤 새로운 함의를 던지는가? 이 글의 또 다른 문제 의식은 온생명론이 인간에 대해 무엇을 새롭게 말해 주고 있는지 면밀하게 밝히려는 것이다(장회익, 1998). 온생명론은 "생명에 관한 본질적 혹은 근원적 이해"를 추구한다. 이것은 "생명이라 불릴 현상이 생명이 아니라고 불릴 현상에 비해 어떠한 특징적 성격을 가질 것인지에 대해 명확한 과학적 기준을 설정하고 이에 맞추어 생명과 생명 아닌 것을 구분해 낼 현실적 판단을 수행할 단계에 도달하는 것"을 목표로 한다(장회익, 2001).

나는 바로 이 세 가지 접근이 만나는 길목에 프로스테시스 또는 포스트휴먼의 문제를 해결하는 열쇠가 있다고 본다. 몸과 기계의 경계를 가늠하는 문제는 인간과 기계의 경계에 대한 논의인 동시에, 생명과 물질의 경계에 대한 논의이기도 하다. 요컨대 이 글은 항상성이 있는 동역학적 계에 대한 사이버네틱스의 접근과 인실리코의 인공생명을 출발점으로 삼아 이를 결국 근원적 생명론으로서의 온생명론과 연결시킴으로써 인간 개념의 정의 문제를 살피고자 하는 시론이다.[3]

다음 절은 사이버네틱스에서 몸의 문제가 어떻게 등장하는지 특히 관찰자 문제과 자체생성성 개념에 초점을 맞추어서 살펴볼 것이다. 이는 인공생명에 대한 논의로 이어지며, 이를 포괄적인 생명철학의 맥락에서 검토한 뒤, 본격적으로 온생명론이 프로스테시스의 문제를 어떻게 다루는지 살펴본다.

2. 몸: 사이버네틱스와 자체생성성

미국의 수학자 노버트 위너Nobert Wiener는 1948년 사이버네틱스

3 '시론'이라고 한 것은 이 논문을 통해 몸과 기계 사이의 인터페이스에 대한 프로스테시스의 문제에 명료한 대답을 하기보다는 전체적인 연구 프로젝트의 방향을 설정하는 데 주안점을 두겠다는 의미다. 나는 사이버네틱스 안에서의 성찰적 문제 제기와 인공생명의 접근이 존재론적으로 승화되지 못하고 있으며, 온생명론에서야 비로소 프로스테시스의 문제에 대한 포괄적인 대답을 찾을 수 있다고 믿고 있다. 이 글에서 그러한 믿음이 충분히 정당화되지 못하더라도 이후의 연구를 통해 가장 적절한 대답을 찾아 나갈 것이다.

cybernetics(인공두뇌학)라는 복합적 학문 분야를 제안하고, 여기에서 되먹임이나 사이버와 같은 현대적 개념을 선구적으로 해명했다(Wiener, 1948). 사이버네틱스는 위너의 책의 부제에서 볼 수 있듯이 '동물과 기계에서의 제어와 커뮤니케이션'을 다루는 분야이며, 자기 조절 기능이 있는 계를 다루는 복합학적 연구를 가리킨다.[4]

위너를 비롯한 워렌 매쿨럭Warren McCulloch, 로렌스 쿠비Lawrence Kubie, 아르투로 로젠블루엣Arturo Rosenblueth, 윌리엄 애슈비William Ross Ashby, 마거릿 미드Margaret Mead, 하인츠 폰 푀르스터Heinz von Foerster, 프랭크 프레몬트-스미스Frank Fremont-Smith 등은 메이시 학술회의Macy Conference(1946 · 1953)를 통해 사이버네틱스의 주요 쟁점들을 활발하게 논의했다.

사이버네틱스는 생명을 지닌 유기체와 미리 정해진 방식에 따라 작동되는 기계 사이의 경계선을 흐려지게 함으로써, 유기체(특히 동물)와 기계의 유사성을 밝히고 이를 더 추상적이고 일반적인 방식으로 확장하는 데 성공한 것으로 평가된다. 그런 점에서 사이버네틱스는 제어 이론과 체계 이론의 발전된 후예라 할 수 있다.

베이트슨이 프로스테시스의 문제를 제기한 것은 그가 사회과학자였을 뿐 아니라 언어학자이자 기호학자이기도 했고, 특히 사이버네틱스라는 학문 분야가 만들어지는 데 결정적인 역할을 한 사람이었기 때문이다. 이 문제에 대한 베이트슨 자신의 관점은 1972년에 출판된 『마음의 생태학』에 있는 다음 인용문에서 잘 드러난다.

4 사이버네틱스라는 말은 원래 속도조절기governor라든가 조타수나 조종사 등을 의미하는 그리스어 '퀴베르네테스κυβερνητης'에서 따온 것이며, 라틴어의 '구베르나레gubernare'와 '구베르나토르gubernator'와 어원이 같다.

"맹인의 지팡이나 과학자의 전자현미경이 그것을 사용하는 사람의 '일부'인가 아닌가를 묻는 것은 커뮤니케이션의 측면에서 의미 있는 일이 아니다. 지팡이와 전자현미경 모두 커뮤니케이션의 중요한 통로이며, 그 자체로 우리가 관심을 갖고 있는 네트워크의 부분이다. 그러나 이 네트의 위상수학(관계)을 서술하는 데에는 어떤 경계선(가령 지팡이의 절반)도 적합하지 않다" (Bateson, 1972: 251; Hayles, 1999: 304).

베이트슨이 보기에 맹인의 지팡이나 과학자의 전자현미경은 맹인(과학자)이 바깥 세상과 접촉해 교류하는 데 꼭 필요한 네트워크의 일부다. 여기에서 커뮤니케이션이라고 한 것은 어떤 형태로든 바깥 세상으로부터 정보를 받아들이고 이를 다시 바깥 세상에 정보의 형태로 피드백하는 것을 가리킨다. 그렇다면 베이트슨이 말하는 경계선, 즉 커뮤니케이션하는 두 영역을 구분하는 것은 무엇이며, 그 인터페이스는 정확히 무엇인가?

베이트슨은 1968년에 작은 학술모임을 만들어서 사이버네틱스의 분야의 주요 연구자들을 초청했다. 참석자의 명단에는 자연과학자, 인문학자, 사회과학자뿐 아니라 베이트슨과 인류학자 마거릿 미드의 딸 캐서린 베이트슨Catherine Bateson이 들어 있었다. 문화인류학자였던 베이트슨은 이 학술대회에 참석한 기억을 모아 1972년 『우리 자신의 은유*Our own metaphor*』라는 제목의 흥미로운 책을 출판했다(Bateson, 1972). 이 책은 캐서린 베이트슨이 학술대회의 전반적인 주제와 흐름에 대해 생각하는 맥락들과 정황을 서술하면서, 필요할 때마다 그 당시에 발표된 메모나 발표문이나 원고의 일부나 강연 내용을 다른 글자체를 써서 보여 준다. 그 중 그레고리 베이트슨의 원고에 사이버네틱스의 전반적인 의제이자 문제의식이 제시되고 있다(Bateson, 1972: 13-17). 그는 인공두뇌학적 계 또는 항상성이 있는 계로 세 가지를 고찰해야 한다고 보았다. 즉 사이버

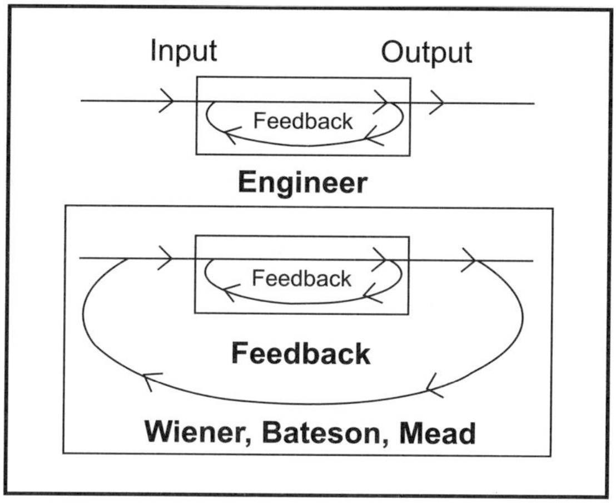

그림 1 _ 일차 사이버네틱스와 이차 사이버네틱스 (출처: *CoEvolutionary Quarterly*, June 1976, Issue no. 10, pp. 32–44).

네틱스가 적용되는 세 가지 계는 개인, 사회, 지구적 생태계다. 특히 지구적 생태계는 앞의 두 인공두뇌학적 계(즉 개인과 사회)를 포함한다. 이 세 가지 계를 연결하는 것은 다름아니라 의식이다. 의식의 역할이 제한되어 있긴 하지만, 목적이 있는 의식만이 개인이라는 계, 사회라는 계, 지구 규모의 생태계를 연결시킬 수 있다는 것이다. 그런데

> "만일 의식이 마음의 나머지 부분에 되먹임(피드백)된다면, 그리고 의식이 전체 마음의 사건들 중 편중된 표본만 다룬다면, 자신과 세계에 대한 의식적 관점과 자신과 세계의 참된 본성 사이에는 체계적인 (즉 우연이 아닌) 차이가 있어야 한다"(Bateson, 1972: 16).

결국 사이버네틱스의 가장 중요한 문제는 바로 의식이라는 것을 어느 곳에 두는가 하는 것임을 지적한 것이다. 이러한 베이트슨의 통찰은 1976년 부인 마거릿 미드와 함께 스튜어트 브랜드Stewart Brand의 인터뷰에 응했을 때 그린 그림으로 잘 알려져 있다(그림 1). 위너의 사이버네틱스에

서는 비록 되먹임이 있긴 하지만, 관찰자로서의 엔지니어는 그 블랙 박스 밖에 머물러 있다. 반면 그러나 개별적인 블랙 박스로서의 대상이 지닌 되먹임뿐 아니라 더 넓은 범위의 인공두뇌학적 계인 인간, 즉 의식을 지닌 개인이 지닌 되먹임도 고려해야 한다는 것이 베이트슨의 고민이었다. 1976년의 인터뷰 내용을 보면 이 점이 더 분명하게 드러난다.

베이트슨: 컴퓨터 과학은 입력-출력입니다. 상자가 하나 있고 그 상자를 둘러싸고 있는 이 선이 있다고 해 보죠. 컴퓨터 과학은 이 상자들의 과학입니다. 자 이제 위너의 사이버네틱스의 본질은 그 과학이 모든 회로의 과학이라는 데 있습니다. 그러니까 이 도표를……

미드: 얘기가 테이프에 녹음되는 것이라면 이 도표를 말로 표현하는 게 낫겠어요.

베이트슨: 자, 이 종잇조각은 집에 갈 때 가지고 가셔도 좋습니다. 전기공학을 하는 사람은 그런 회로를 가지고 있고, 또 여기에는 한 가지 사건이 어떤 종류이든 감각 기관에 감각되고 있고, 또 여기에 놓여 있는 무엇인가에 영향을 줍니다. 이제 저기와 저기를 끊어버리죠. 그러면 입력과 출력이 있다고 말할 수 있게 됩니다. 그 다음으로 상자를 생각해 보죠. 위너가 말한 것은 전체 그림과 그 성질들을 생각하라는 것입니다. 이제 여기 안쪽에 상자가 있을 수도 있어요. 이렇게 모든 종류의 상자들이죠. 하지만 본질적으로 우리의 생태계, 즉 우리의 기관+환경을 단일한 회로로 보아야 합니다.

브랜드: 저기에 더 큰 원이……

베이트슨: 그리고 정말 관심을 두는 것은 입력-출력이 아니라 더 큰 회로 안의 사건들입니다. 우리는 더 큰 회로의 부분입니다. 그 상자를 둘러싸고 있는 이 선들(그건 결국 그저 개념적인 선일 따름이죠.)이 바로 차이를, 즉 엔지니어와……

미드: …… 엔지니어와 시스템 이론을 하는 사람들과 일반 시스템 이론의 차이죠.

베이트슨: 맞아요.

브랜드: 일종의 마틴 부버Martin Buber 같은 분석이군요. '나-그것'이니까요. 자신이 연구하고 있는 것에서 그 자신을 지키려고 노력하는 사람들이죠. 엔지니어는 상자 밖에 있고, 위너는 상자 안에 있습니다.

베이트슨: 그리고 위너는 상자 안에 있고, 저도 상자 안에 있고……

미드: 저도 상자 안에 있죠.

결국 사이버네틱스가 맞닥뜨린 가장 심각한 문제는 바로 관찰자였다. 이것은 이미 오스트리아 출신의 물리학자 폰 푀르스터도 주목하고 있던 난점이었다. 폰 푀르스터는 1969년 7월 1일에 프레몬트-스미스에게 보낸 편지에서 사이버네틱스의 가장 중심적인 쟁점은 관찰자를 어떻게 포함시킬 것인가 하는 문제임을 강조하고 있다. 폰 푀르스터에 따르면, 관찰자의 문제가 불거진 것은 상대성이론과 '불확정성 원리'(즉 양자역학) 덕분이다. 그 두 이론을 통해

> "그때까지 모든 과학적 논의에서 용의주도하게 배제되어 온 가장 수수께끼 같은 대상이 발견되었으니, 그것은 바로 '관찰자'다. '관찰자가 누구인가?'라는 질문은 포도는 시다고 말하는 전략을 택하는 사람들이 분개하며 묻는 질문이며, 또한 어떤 과학이든지 그 이름에 걸맞기 위해서는 관찰을 맨 처음에 두는 주체를 반드시 포함시켜야 한다고 느끼는 사람들이 심각하게 묻는 질문이다…… 과학의 모든 방법론을 관찰자가 포함되도록 밑바닥부터 발전시켜야 한다"(Hayles, 1999: 74).

상대성이론 이전까지는 물리학적 서술에서 물리학자 즉 서술자는 늘 전지적인 신의 입장을 유지할 수 있었지만, 상대성이론을 통해 관찰자가 속한 계를 고려하지 않고서는 물리학적 서술이 가능하지 않게 되었다. 마찬가지로 '불확정성 원리'로 대표되는 양자역학은 관찰자와 관찰 대상 사이에 긴밀한 관계가 있음을 잘 말해 준다는 것이다.

상대성이론의 경우는 관찰자가 멈춰 있는지 아니면 일정한 속도로 운동하고 있는지에 따라 동시의 개념이 상대적으로 달라지며 시간 간격이나 길이의 기준도 달라진다. 그러나 여기에서 관찰자의 운동 상태에 따라 대상이 달라진다는 것은 단지 대상을 어떤 좌표계를 기준으로 서술하는가에 따라 서술 방식이 달라짐을 의미할 뿐이다. 그러므로 상대성이론에서 굳이 '관찰자가 누구인가?'라는 질문이 불거져 나온다고 말하는 것은 성급하다.

하지만 양자역학의 경우에는 이 문제가 본질적으로 심각한 난점으로 나타났다. 양자역학에 대한 표준적인 해석으로 여겨지는 코펜하겐 해석은 그 근간에 불확정성 원리에 대한 하이젠베르크의 입장을 깔고 있다. 즉, 물리적 대상에 대해 어떠한 정보를 얻기 위해서는 그 대상에 교란을 일으켜야 하며, 그 교란의 기록을 통해 대상에 대한 정보가 관찰자에게 전해진다는 것이다. 이와같이 대상에 대한 정보를 얻기 위해 대상에 교란을 일으키는 과정 전체를 '관측觀測' 또는 '측정測定'이라 하면, 결국 양자역학의 해석에서 가장 뜨거운 쟁점은 이 '측정'을 어떻게 이해할 것인가에 있다. 코펜하겐 해석에서는 '측정'의 과정을 측정 장치와 대상계 사이의 물리적 상호작용으로 보기 때문에, 언제나 관찰자의 '측정'의 행위 자체가 근본적인 고려 대상이 된다. 다시 말해 '측정'의 과정이 없는 대상의 성질은 존재하지 않는 것으로 볼 수 있다는 것이다. 이렇게 해서 이제까지 체계적으로 무시되어 왔던 관찰자를 어떻게 보아야 하는가 하는 문제가 심각하게 제기된다.

상대성이론이나 양자역학이 근본적으로 물리적 세계가 작동하는 법칙을 형성한다면, 대상을 항상성이 있는 계로 보고 그 본원적 성질을 탐구하고자 하는 사이버네틱스의 경우에도 관찰자의 문제가 핵심으로 부각되는 것은 자연스러운 일이다.

초기 사이버네틱스 연구자들에게 베이트슨이나 폰 푀르스터가 제기한 문제는 논란에 휩싸였지만, 관찰자를 인공두뇌학적 계에 포함시켜야 한다는 생각은 칠레 출신의 신경생물학자 움베르토 마투라나Humberto Maturana가 무대에 나타나면서 새로운 전기를 맞게 되었다. 마투라나는 인지과학자 제롬 레트빈Jerome Ysroael Lettvin, 신경생리학자 매쿨럭, 인지심리학의 논리학자 월터 피츠Walter Pitts와 함께 「개구리의 눈이 개구리의 두뇌에 대해 무엇을 말해 주는가?」라는 제목의 논문을 쓴 신경생물학자였다(Lettvin et al., 1959; Maturana et al., 1960). 마투라나는 칠레대학교에서 의학과 생물학으로 공부를 시작해 런던대학교University College London에서 신경생리학을 공부하고 다시 1958년 하버드대학교에서 생물학으로 박사학위를 받았다. 마투라나는 1959년에 발표된 「개구리 눈, 개구리 두뇌」라는 논문을 쓸 때 인지 과정에 대해 다음과 같은 암묵적인 가정을 하고 있었다고 말하고 있다. 즉 객관적인(절대적인) 실재가 있으며, 이는 동물의 외부에 있고 동물과 무관하며 (동물로부터 결정되지 않으며), 동물이 지각(인지)할 수 있다는 가정이었다(Maturana & Varela, 1980: xiv). 그러나 관찰자로서의 동물(가령 눈을 사용하는 개구리)을 더 면밀하게 연구한 결과는 이러한 가정에 문제점이 있다는 것이었다. 마투라나와 동료 연구자들은 관찰자로서의 동물의 망막에 상이 맺히고 신경생리학적인 자극이 생기는 것이 외부에 있는 객관적 실재로부터 오는 물리적 자극이라기보다는 오히려 동물 내부에서 오는 색에 대한 경험과 연결된다고 해석할 수 있는 현상들을 발견했다.

1968년 마투라나는 폰 푀르스터의 초청으로 일리노이대학교(어바나-샴페인)의 생물학 컴퓨터연구소Biological Computer Laboratory에 가게 되었다. 이듬해 시카고에서 열린 '인류학 연구를 위한 웨너-그렌 재단Wenner-Gren Foundation' 후원으로 열린 심포지엄에서 마투라나는 살아 있는 계의 작동과 인지cognition를 결합시키겠다는 새로운 발상을 발표한다. 그렇게 해서 나온 글이 『자체생성성과 인지: 살아 있는 것의 실현』(1980)의 첫 번째 글, 「인지의 생물학」(1970)이다. 이 글은 인지를 생물학적 과정으로 보아야 한다는 주장을 확립하기 위해 기능으로서의 인지는 무엇인지, 그리고 과정으로서의 인지는 무엇인지 밝히는 것을 목적으로 삼고 있다. 결론적으로 "살아 있는 계의 자기 지칭하는 순환적 조직의 서술을 통해, 그리고 그러한 조직이 규정하는 상호작용 영역의 분석을 통해, 결국 서술을 할 수 있고 언어 영역과 자기 의식 영역을 생성할 수 있는 자기 지칭계의 창발을 밝히는"(Maturana & Varela, 1980: 48) 데 성공했다는 것이 저자 자신의 평이다. 바로 그 자기 지칭 조직이 바로 관찰자다. 인지가 생물학적 현상임을 이해하기 위해서는 관찰자와 생물학적 현상 속에서 관찰자가 하는 역할을 설명해야 한다. 이 논의 과정에서 마투라나는 "관찰자가 살아 있는 계"임을 주장하며, 한 절을 모두 '살아 있는 계'에 대한 논의에 할애하고 있다(Maturana & Varela, 1980: 9-11). 이 절의 내용을 확장해 프랜시스코 바렐라Francisco J. Varela와 함께 쓴 글이 『자체생성성과 인지』의 두 번째 글, 「자체생성성: 살아 있는 것의 조직」(1973)이다(Maturana & Varela, 1980: xvii).

흥미롭게도 1970년에 발표된 첫 번째 글은 두 번째 글과 상당한 차이를 보인다. 결론 부분에서 "살아 있는 조직은 그것을 규정하는 성분들의 생산과 유지를 보장하는 순환적 조직이며, 그 작동의 산물이 바로 그것을 생산하는 조직과 같다"(Maturana & Varela, 1980: 48)라고 말할 때에는 자체생성성의 개념이 엿보이는 것처럼 보이기도 한다. 그러나 "살아 있는 계는 상호작용의 단위로 정의되며, 그 상호작용의 상대방인 주변의 환경ambience/niche과 무관하게 이해될 수 없다"(Maturana & Varela, 1980: 9)라고 말할 때, 여기에는 자체생성성의 개념이 아직 명백하지 않다. 무엇보다도 자체생성성 개념에서 나타나는 완결성이 거의 논의되지 않는다.

관찰자는 누구인가? 인지를 생물학적 과정으로 보고자 하는 마투라나에게, 관찰자는 고찰하고 있는 실체(즉 유기체)를 볼 수도 있고, 동시에 관찰자가 놓여 있는 우주(즉 유기체의 환경)를 볼 수도 있다. 따라서 관찰되는 실체와도 상호작용할 수 있고 주위 환경 내지 니치niche와도 상호작용할 수 있는 '계system'다. 관찰자가 실체entity를 서술한다는 것은 서술되는 실체의 실제적 또는 잠재적인 상호작용과 관계들을 나열한다는 의미다. "관찰자는 자기 자신의 상호작용 영역을 특정함으로써 그 자신을 일종의 실체로 규정할 수 있다. 관찰자는 언제나 이 상호작용의 관찰자로 남을 수 있으며, 그 상호작용을 독립적인 실체로 다룰 수 있다"(Maturana & Varela, 1980: 8).

여기에서 주목할 점은 관찰자가 '살아 있는 계'로 정의된다는 것이다. 유기체는 물론이거니와 관찰자도 일종의 '계'라고 보는 것은 일반 체계이론과 사이버네틱스의 영향이다. 1940년대 말, 위너가 정보 이론과 자기 조절 과정(항상성)의 분석을 원용해 생명에 대한 새로운 관점을 제안할 무렵에는 아직 생명의 본질을 정보(음의 엔트로피)로 보는 에르빈 슈뢰딩거Erwin Shrödinger의 제안이 널리 퍼져 있지 않았다. 원래 인공두뇌학은 목표 추격 유도탄 같은 자체 제어 과정의 연구에서 시작되었다. 이것은 항상성을 지니는 생명체의 특성에도 잘 적용되는 것으로 보였고, 자연스럽게 자기 조절 과정의 연구 결과들을 원용함으로써 생명의 특수성에 대해 더 이해할 수 있는 길이 열렸다. 하지만 본격적으로 생명의 문제를 사이버네틱스와의 연관 속에서 이해하기 위해서는 사이버네틱스의 틀을 넘어서야 했다. 다음 절에서 이를 상세하게 살펴보고자 한다.

3. 인공생명과 생명의 철학

일본 오시이 마모루押井守 감독의 애니메이션 〈공각기동대〉는 사이버펑크의 대표적인 작품이다. 프로젝트 2501에서 생겨난 일종의 버그 덩어리 같은 프로그램이 '인형사'라 불리는 하나의 독자적인 존재로 등장한다. 그는 말한다. "하나의 생명체로서 정치적 망명을 희망한다"라고. 이를 터무니없다고 부정하는 공안 6과와 공안 9과의 부장에게 인형사는 말한다.

> 부장: 생명체라고?
>
> 나카무라: 말도 안 돼! 단순한 자기 보존의 프로그램에 지나지 않아!
>
> 인형사: 그렇게 말한다면 당신들의 DNA도 역시 자기 보존을 위한 프로그램에 지나지 않는다. 생명이라는 건 정보의 흐름 속에서 태어난 결절(마디)과 같은 것이다. 종으로서의 생명은 유전자란 기억 시스템을 가지며, 사람은 단지 기억에 의해 개개인일 수 있다. 설령 기억이 환상의 동의어였다고 해도 사람은 기억에 의해 사는 존재다. 컴퓨터의 보급 덕분에 기억을 외부화할 수 있게 되었을 때 당신들은 그 의미를 더 진지하게 생각했어야 했지.

단순한 애니메이션에 지나지 않는다고 할 수도 있지만, 프로그램의 한 모듈을 생명체라고 말할 수 있을지 한번 진지하게 생각해 보는 것은 의미 있는 일이다.

생명이란 무엇인가? 생명을 생명이 아닌 것과 구별할 수 있는 근거는 무엇인가? 생명체는 어떻게 세대를 바꾸어 가며 진화하는가? 진화의 단위는 유전자인가, 개체인가, 군집인가? 이와 같은 질문은 생명과학과 관련해 대단히 중요하며 의미 있는 논제다. 그러나 그만큼 이러한 논제를 명료하고 확실하게 다루기는 힘들다. 이에 대한 한 가지 보완적인 연구가 '인공생명'이다.

인공생명Artificial Life, A-Life은 시늉내기simulation와 종합synthesis을 통해 생명 과정이나 생명과 유사한 과정을 연구하는 광범위한 통합 학문이다. 인공생명은 임의의 환경에서 있을 수 있는 생명의 형태를 주로 컴퓨터 시늉내기(시뮬레이션 또는 에뮬레이션)를 통해 탐구하는 것을 가리킨다. 따라서 인공생명의 주요 연구는 인공적인 환경을 만들어서 적당하게 정의된 생명의 형태를 컴퓨터 프로그램의 모듈 형태로 집어넣고 이것이 시간이 흐름에 따라 어떻게 변화하는지 관찰하는 것이다.

인공생명은 크게 세 가지로 나뉜다. '부드러운 인공생명soft A-Life'은 컴퓨터 프로그램에서 적절한 모형을 만들어 생명의 형태를 탐구하는 것이고, '단단한 인공생명hard A-Life'은 하드웨어에서 생명과 관련된 것을 구현하는 것으로서 로봇 공학과 밀접한 연관이 있다. '젖은 인공생명wet A-Life'은 생화학적 물질로부터 생명이 있는 계를 합성하려는 것이다. 이 중에서 주류는 부드러운 인공생명이지만, 나머지 두 분야도 상당히 발전해 있다.

'인공생명'이란 말을 처음 제안한 것은 크리스토퍼 랭턴Christopher Langton이었다. 1988년 인공생명과 관련되는 국제적인 학술대회가 열렸는데, 이 국제 워크숍의 테마는 '생물학적 계의 종합과 시늉내기Synthesis and simulation of biological systems'였다. 이후 매년 같은 제목의 국제 학술대회가 개최되어 왔으며, 발표 논문집은 『인공생명*Artificial Life*』이란 제목으로 출판되고 있다. 전통적인 생물학은 생물학적 질서의 위계에서 위로부터 아래로 내려가는 분석적 방법을 고수해 왔으며, 이 때문에 나타나는 한계를 극복하기 위해서는 아래로부터 위로 올라가는 종합적 방법을 고안할 필요가 있다는 것이 랭턴의 생각이었다. 그의 말을 직접 들어 보자.

> "인공생명은 자연의 살아 있는 계의 행동 특성을 나타내는 인공적인 계를 연구하는 것이다. 이는 지구상에서 진화한 특정의 사례에 국한하지 않고 가능한 어떠한 발현이든 생명을 설명하고자 한다. 여기에는 생물학적 및 화학적 실험, 컴퓨터 시늉내기, 순수하게 이론적인 노력 등이 포함된다. 분자 수준, 사회적 수준, 진화적 수준에서 일어나는 과정이 모두 연구 대상이다. 궁극적인 목표는 살아 있는 계의 논리적 형식을 추출하는 것이다. …… 극소전자공학 기술과 유전공학을 통해 우리는 실험실의 생명(*in vitro*)뿐 아니라 반도체의 생명(*in silico*)을 새로운 형태로 창조할 수 있게 될 것이다" (Langton, 1989).

인공적인 생명의 개념은 1980년대에 처음 나타난 것이 아니다. 이에 대한 직접적인 논의는 요한 폰 노이만Johann L. von Neumann과 노버트 위너Norbert Wiener까지 거슬러 올라간다. 1940년대에 폰 노이만은 '세포자동자cellular automata'를 이용해 자기 복제를 하는 존재자를 이론적으로 제안했다. 이것은 복잡한 적응 구조의 진화와 자기 복제를 연구하려는 것이었다. 세포 자동자는 살창(격자)으로 구성된 세계의 각 위치(사이트)마다 유한한 수의 상태를 할당한 뒤, 그 상태가 특정한 동역학적 규칙에 따라 자발적으로 변할 수 있게 한다. 대개 그 규칙은 그 사이트와 이웃하는 사이트 사이의 간단한 상호작용으로 주어진다. 가령 바둑판과 같은 2차원

살창(격자)에 흰색과 검은색이라는 두 상태를 할당하는 상황을 상상해 보자. 각 점(사이트)마다 4개의 이웃이 있고 조금 멀리 있는 4개의 다음 이웃이 있다. 만일 4개의 이웃 중에서 3개나 4개가 그 점의 색과 반대의 색이면, 그 점의 색을 바꾼다. 1개나 2개인 경우에는 변화가 없게 한다. 이렇게 만들었을 때 어느 정도 시간이 흐른 뒤, 즉 몇 단계의 변화가 있은 뒤, 전체적으로 색깔의 분포가 어떻게 달라지는지 살펴봄으로써 전반적인 변화에 대해 의미 있는 함축을 얻을 수 있다. 규칙을 부여하는 방식이나 살창(격자)을 배열하는 방식이 매우 많으므로, 그 중 가장 적절한 것을 찾아나가는 것이 세포 자동자 연구자의 주된 과제가 된다.

인공생명의 뿌리 중 하나는 물리학에 있다. 통계물리학 · 복잡계이론 · 비선형동역학(혼돈이론) · 전산물리학 · 자기조직화이론self-organization theory 등은 인공생명 연구에서 중요한 틀이 되고 있다. 특히 스튜어트 카우프만Stewart Kaufman의 독특한 생명론은 자기조직화이론을 바탕으로 하고 있다. 자기조직화이론은 물리학이나 재료공학이나 기계공학 같은 딱딱한 분야를 넘어 경제학이나 사회학에서도 활발하게 원용되는 새로운 복합 학문이다. 인공생명이 이러한 새로운 접근을 폭넓게 수용하고 있는 것은 자연스러운 일이다.

또한 인공생명은 전산과학에도 여러 가지 도구를 가져왔다. 특히 인공지능Artificial Intelligence, AI은 인공생명에 가장 중요한 도구 중 하나다. 인공생명의 연구가 인지과학에서 중요한 연구 흐름으로 자리를 잡아가고 있는 것은 자연스러운 일이다. 인공지능 연구가 인공생명의 연구와 겹치는 부분이 많은 것은 아니지만, 연결주의 등 몇 가지 측면에서는 인공생명과 직접 관련된다. 인공지능 연구는 인공생명 연구와 중대한 차이점을 지닌다. 인공지능에서는 전체 계를 관장하는 중앙처리 장치가 가정된다. 이것은 일종의 '위로부터 아래로top-down'의 접근이다. 이와 달리, 인공생명은 개별적인 요소들을 제시하고 그 요소들 사이의 상호작용의 규칙을 할당하는 것 외에는 전체 계가 어떤 모습으로 달라질지 미리 정해 놓은 것이 없다. 이것은 '아래로부터 위로bottom-up'의 접근이다. '위로부터 아래로'의 방법은 원론적으로 말해서 미리 정해 놓은 것 외에 새로운 것을 얻어내기는 힘들다. 가령 로봇의 경우에도 '위로부터 아래로'의 원칙에 따라 만들어진 로봇은 스스로 창조적인 일을 하는 것이 원천적으로 차단되어 있다. 그러나 '아래로부터 위로'의 원칙에 따라 로봇을 만들 수 있다면, 아이작 아시모프Isaac Asimov의 과학 소설에 등장하는 것처럼 예술 작품을 만드는 로봇도 불가능한 것은 아니다.

인공생명을 연구하는 주요한 철학자 중 한 사람인 마크 베다우Mark A. Bedau는 인공생명의 연구 목적을 크게 (1) 생명의 기원, (2) 생명의 진화적 가능성, (3) 생명과 정신 · 문화의 관계 등으로 나누고, 각각의 세부적인 목적을 제시하고 있다.

(1) 부류의 질문에서 첫째 과제는 젖은 인공생명에서 관심을 두는 문제다. 생화학적인 방식으로 생명체를 이루는 분자들을 합성할 수 있다면 생명의 이해에 한 걸음 더 다가가는 것임에 틀림없다. 그러나 현 단계는 전반적으로 답보 상태인 것으로 평가되며, 자연스럽게 둘째 과제로 이어진다. 인공화학artificial chemistry은 컴퓨터 안에서 이와 같은 연구를 하는 분야를 가리킨다.

특히 (2) 부류의 질문은 생명과학 자체에서는 답변하기 힘들다. 물리과학의 경우나 분자생물학과 같은 미시적인 분야의 연구에서는 이러저러한 방식으로 다양한 실험을 할 수 있지만, 가령 진화적 전이 같은 것이 일어나려면 대단히 긴 시간이 필요하다. 군집 하나의 변화를 보는 것도 수십 년의 시간이 소요되는데, 하물며 진화적 전이를 경험과학의 수준에서 확인하는 것은 사실상 불가능한 일이다. 그러나 인공생명을 이용한다면 이와 같은 질문들에도 의미 있는 결과를 산출할 수 있을 것이다.

철학의 관점에서 볼 때 인공생명은 생물학의 철학philosophy of biology에 매우 중요한 틀이 된다. 인공생명이 철학적 통찰이 필요한 새로운 대상이라기보다는 오히려 철학의 새로운 연구 방법을 제시해 주는 틀로 더 적극적으로 수용할 필요가 있다. 인공지능이 심리철학philosophy of mind에 중요한 역할을 하고 있듯이, 인공생명의 연구를 통해 생물학의 철학이 도움을 받을 수 있다는 것이다. 가령 창발emergence의 문제, 생명의 정의 문제, 진화에 대한 해석과 이해, 마음(정신)의 문제 등에서 인공생명은 새로운 통찰을 보여 준다. 경제학이나 사회학에서 인공생명의 연구를 원용해 창발성의 문제들에 접근하는 것도 같은 맥락에서다.

먼저 생명의 정의 문제를 보자. 생명을 어떻게 정의할 것인가 하는 문제는 사실상 누구나 대체로 공감하는 보편적인 해답이 없기로 악명이 높다. 생명이라 볼 수 있는 대상들의 속성을 나열하는 방법이 있지만, 이 중 무엇이 더 근본적인지, 최소한의 정의적 속성은 무엇인지, 외계 생명체에도 이러한 속성이 적용될 수 있는지 등 많은 문제점을 안고 있다.

일반적인 수준에서 인공생명artificial life은 창발과 수반supervenience의 문제를 탐구하기에 좋은 발판이 된다. 물질과 생명의 관계를 계의 자기 조직화를 통해 이해함으로써 창발이 어떤 경우에 어떤 조건 아래 나타나는지를 구체적으로 밝힐 수 있다. 인공생명은 이론 간 환원의 문제나 수반의 논제에서도 의미 있는 통찰을 줄 수 있다.

인공생명은 마음의 이해에도 큰 역할을 할 수 있다. 현재의 단계에서 인공생명의 연구를 인지과학의 맥락으로 끌어올리는 것은 결코 쉬운 일이 아니다. 특히 생명계에서 어떻게 지능이나 마음이 나타날 수 있는지 이해하는 것은 인공생명의 연구에서도 큰 진작이 없는 과제다. 그러나 인공생명의 연구가 인공지능의 연구와 만나는 접점이 많기 때문에, 이 분야의 연구자들은 낙관적인 편이다. 특히 인지과학의 연구 결과와 인공생명의 연구를 결합함으로써 새로운 통찰을 얻을 수 있으리라는 기대가 널리 퍼져 있다. '아래로부터 위로'의 접근과 '위로부터 아래로'의 접근은 상호 보완적이며, 이러한 결합을 통해 마음과 지능에 대한 더 깊이 있는 이해를 추구할 수 있다.

그런데 인공생명의 연구가 생명론에서 얼마나 의미 있는 것인지를 둘러싼 논쟁도 만만치 않다. '강한 인공생명strong A-Life'이라고 부르는 분류의 연구자들은 컴퓨터 프로그램 안에서 생명과 유사한 모습을 보이는 것도 원론적으로 생명체라고 본다. 굳이 우리가 직관적으로 생명체로 간주하는 것만 생명체라 주장할 수 없다는 것이다. 인공생명은 단지 실제적인 생명에 대한 모형일 뿐이며, 이를 생명의 일종으로 간주하는 것은 적절하지 않다고 보는 '약한 인공생명weak A-Life'의 관점에서도 최근에는 생명에 대한 적절한 모형인지 의심하는 논의가 진행되고 있다. 랭턴은 인공생명은 지구상에 존재하는 '우리가 알고 있는 생명life-as-we-know-it'에 국한되지 않고 생명 논리biologic적으로 가능한 생명life-as-it-could-be이라는 더 큰 영역을 다룬다고 말한다. 그러나 만일 '생명 논리적으로 가능한 생명'이 '우리가 알고 있는 생명'과 상충한다면, 우리는 어느 쪽을 선택해야 할까? 인공생명은 몸과 기계 사이의 경계에 대해 무엇을 말해 줄까?

이와 같은 질문에 답하기 위해, 인공생명에서 자주 거론되는 자크 드 보캉송Jacques de Vaucanson(1709-1782)의 '기계 오리'를 생각하는 것이 유익하다. 1739년 프랑스의 보캉송은 플루트를 부는 인형과 더불어 특이한 기계 오리를 만들어 왕립과학학술원에 보였다. 이 기계 오리는 400여 개의 부품으로 되어 있었으며, 날개를 푸드덕거리기도 하고 음식을 먹고 배설을 하기도 했다.[5] 이렇게 기계 부품을 이용해 만들어진 자동 인형은 정교하긴 해도 생명체라고 부를 만한 수준이 되지 않았다. 그러나 〈공각기

동대〉의 '인형사'처럼 컴퓨터 프로그램 속에서 만들어지는 인실리코*in silico*로서의 인공생명의 형태들은 '우리가 알고 있는 생명'은 아니더라도 틀림없이 '논리적으로 가능한 생명'이다. '단단한 인공생명'의 경우에는 생명체와 어딘가 다른 면이 있다고 생각하기 쉽지만, '부드러운 인공생명'이나 '젖은 인공생명'은 그렇지 않다. 가령 '단단한 인공생명'으로서의 보캉송의 기계 오리는 생명체와 달리 아무런 느낌도 갖지 않은 채 그리고 아무런 의도도 없이 음식을 먹거나 배설을 하는 것이라고 말할 수 있다. 그러나 컴퓨터 프로그램으로 구현한 '부드러운 인공생명'은 정의상 생명 논리로부터 가능한 생명을 도출한 것이므로, 그것을 생명이 아니라고 말하기 힘들다. 물론 '부드러운 인공생명'의 경우에도 느낌이나 의도를 찾아내기는 어렵다. 그렇지만 이제 다른 문제가 아니라 생명과 기계 사이의 경계만을 문제로 삼는다면, '인형사'와 같은 존재를 쉽사리 기계로 내몰 수는 없다.

인공생명의 논의는 이제야 본격적으로 시작되고 있다고 할 수 있으며, 인공생명의 논의에서 몸과 기계 사이의 경계에 대한 최선의 적절한 대답을 찾아내는 것은 이후의 연구 과제로 돌려야 한다. 다만 인공생명에 대한 논의에서 분명해진 것은 몸과 기계 사이의 경계가 확연하지 않다는 점이다. 보캉송의 기계 오리처럼 전체가 모두 기계인 경우에도 생명 논리적으로 가능한 인공적인 생명은 있다고 말할 수 있다. 한편 '인형사'와 같은 인실리코의 생명은 쉽지는 않지만 적합한 요건만 갖추어진다면 대체로 언제든지 새롭게 창조될 수 있는 존재다. 소프트웨어로서 구현되는 '부드러운 인공생명'은 확실히 유연하다.

5 보캉송의 기계 오리와 다른 자동기계들에 대해 더 상세한 것은 예를 들어 랜드스(Landes, 2007: 97–100) 참조.

인공생명은 생명에 대한 새로운 접근으로서, 생명과 비非생명 사이의 경계에 대해 적절한 대답을 줄 수 있을 것처럼 보였다. 그러나 실제로는 몸과 기계 사이의 경계가 고정적이지 않다는 점을 알게 해 준 것 외에는 그 경계에 대한 의미 있는 대답은 주고 있지 않다. 왜냐하면 인공생명의 목표 자체가 그러한 경계를 희미하게 만들어 없애 가는 데 있으며, 인공생명의 접근은 존재론적인 명제를 구성하는 것이 아니라 기능적인 구체화에 주안점을 두고 새로운 생명의 형태를 창안하는 것이기 때문이다.

4. 온생명과 인간의 관계

온생명론은 "생명에 관한 본질적 혹은 근원적 이해"를 추구한다. 이것은 "생명이라 불릴 현상이 생명이 아니라고 불릴 현상에 비해 어떠한 특징적 성격을 가질 것인지에 대해 명확한 과학적 기준을 설정하고 이에 맞추어 생명과 생명 아닌 것을 구분해 낼 현실적 판단을 수행할 단계에 도달하는 것"을 목표로 한다(장회익, 2001). 그런데 이러한 논의에서 인간에 대한 논의는 비교적 약한 편이다. 인간은 온생명의 '두뇌'로 비유되기도 하고, 온생명 안의 구조들 중 최상의 지적 기능을 지닌 존재임이 강조되기도 하며, 현대 문명에서 온생명에 대한 논의가 가지는 함축이 깊이 있게 논의되고 있기도 하지만, 여전히 인간이란 도대체 무엇인가 하는 문제에 한 걸음 더 나아간 고찰이 필요한 것으로 보인다.

사실 온생명론에서 인간에 대한 논의가 없는 것은 아니다. 온생명론의 주된 관심이 "무엇이 생명이고 무엇이 생명이 아닌가, 그리고 더 나아가 생명이란 도대체 무엇인가 하는 근원적 문제"에 있긴 하지만, 여기에 그치지 않고 "생명의 일부로서 인간은 무엇이며, 이러한 인간은 생명의 세계 안에서 어떠한 위상을 지니는 존재인가 하는 문제"(장회익, 1998: 273)에도 심오한 고찰이 이뤄지고 있으며, 이것은 특히 현대 과학기술 문명에 대한 비판에 중요한 함의를 지닌다.

온생명은 태양과 지구 사이의 자유 에너지 흐름을 바탕으로 하여 유지되는 존재다. 이는 시간 및 공간 위에서 연결된 고리들로 이뤄지는 정합적 체계로서, 그 모든 부분이 일정한 시간 동안 생존을 유지하는 의존적인 존재들이다. 그 중 인간은 온생명 자체에 대한 반성적 사유에 이를 수 있을 만큼 영특한 존재로 여겨진다. 또한 비록 개체 생명의 보편적 생존 양상에서 크게 벗어날 수 없지만, 생태계 안에서의 위상을 보면 다른 모든 생물종을 바탕에 깔고 있는 최상위에 속한다. 그렇기 때문에 인간은 "두뇌와 중추신경계를 통해 명료한 내적 의식을 지니는 최초의 생물체가 되었으며, 이러한 내적 의식은 다시 삶의 주체적 영위자가 되어 자신을 중심으로 사물을 인식하고 자신의 의도에 따라 사물을 조작해 가는 새로운 존재 양상"(장회익, 1998: 212)으로 이어졌다는 것이다. 무엇보다도 중요한 것은 인간이 집합적 지성에 의해 자신이 속한 전체 생명의 모습인 온생명을 파악하는 최초의 존재가 되고 있다는 점이다(장회익, 1998: 274-276).

그런데 온생명론에서 막상 인간이란 과연 무엇인가 하는 질문을 던진다면, 의외로 그에 대한 개념은 정교하지 못한 것으로 보인다. 여기에서 말하는 인간은 호모 사피엔스 사피엔스*Homo sapiens sapiens*인가? 호모 하빌리스*Homo habilis*는 어떠한가? 진화론의 맥락에서 볼 때 호모 사피엔스와 연속적으로 매우 가까운 계보에 속하는 다른 영장류는 과연 온생명의 전모를 파악하지 못한다고 할 수 있을까? 가령 19세기 이전의 인류 역사를 보면 인간이 집합적 지성을 사용해 생명 전체의 모습을 보고 있지 못한 것 같기도 한데, 그렇다면 19세기 이전의 인간은 지금의 인간과 다르다고 할 수 있을까?

이와 같은 질문은 다음과 같은 표현에서 미묘한 문제에 부딪힌다.

> "만일 온생명 안에서 온생명을 '나'로 의식하는 그 어떤 집합적 지성이 형성된다면, 이는 곧 온생명 자신이 스스로를 의식하는 의식 주체가 되는 것이다. 이는 마치 신경 세포들의 집합적 작용에 의해 인간의 의식이 마련되듯이 인간의 집합적 활동에 의해 온생명의 의식이 마련되는 것이며, 이러한 의미에서 인간은 온생명의 신경 세포적 기능을 지닌 존재라고 말할 수 있다"(장회익, 1998 : 276-7).

현대 신경생물학의 연구 성과에 의하면, 인간의 의식이 생겨나기 위해서는 신경 세포의 체계가 적절하게 마련되어 있어야 한다. 그러나 18세기 초 메리 셸리Mary W. Shelley의 소설『프랑켄슈타인』에서와 달리 신경 세포들의 적절한 체계를 준비한다고 해서 이로부터 의식이 생겨나는 것은 아니다. 신경 세포들로부터 의식이 생겨나는 현상은 하부 체계들이 모여서 하부 체계들만으로는 설명할 수 없는 창발적 속성emergent property을 갖게 되는 것으로 보아야 할 것이다. 그런데 그렇게 창발적 속성이 나타나는 것을 굳이 인간에 국한시킬 이유가 없다. 실제로 예쁜꼬마선충C. elegans과 같은 '하등한' 동물에서도 명백하게 신경 세포들의 집합적 작용을 통해 일종의 의식으로 간주할 수 있는 현상을 확인할 수 있다. 또한 현대의 심리철학 및 인지과학에서 풍부하게 논의되어 온 것처럼, 신경 세포들의 집합과 의식 사이의 연관을 밝히는 것은 원론적으로 불가능한 철학적 사유의 문제로 여겨진다. 그렇다면 인간을 온생명의 신경 세포로 '유비'하는 것만으로는 온생명 안에서 인간이 차지하는 위상과 지위를 알 수 없다.

무엇보다도 앞에서 세시한 프로스테시스의 문세에서 이 점이 더 두드러진다. 인간이 사용하는 다양한 도구는 인간의 인식에서 매우 중요한 역할을 하며, 그런 점에서 단순히 인간을 피부 뒤에 감추어 있는 어떤 것과 동일시하는 것은 위험하다. 가령 영화 〈더 게임The Game〉의 내용처럼 뇌 전체를 바꾼다면 그때의 정체성 개념은 뇌로 갈 것인가, 아니면 뇌 이외의 몸으로 갈 것인가?

온생명론이 생명 일반에 관한 논의를 전개하고 이미 알려져 있는 인간의 개념을 사용해 낱생명과 온생명의 개념을 설명하고 있다고 단순화시켜 말하면, 지금 우리의 논의는 인간이 무엇인가 하는 질문에 대한 답을 거꾸로 온생명론에서 찾으려는 시도다. 또한 그런 시도를 통해 프로스테시스의 문제를 토대로 한 인간론에서 지평을 확장하려는 것이기도 하다.

최근에 장회익은 온생명의 인식적 측면을 강조하는 개념으로 '온우리'라는 용어를 제시했다(장회익, 2009: 제4강). 이는 '나'의 개념을 확장해 '더 큰 나'에 대비되는 '가장 큰 나'를 지칭하는 것이며, '함께 사는 사람들로서의 우리'를 넘어선 '온생명으로서의 우리'에 해당한다. '온생명'이 일종의 존재론적 개념이라면, '온우리'는 일종의 인식론적 개념이라 할 수 있다. 그런데 바로 이 대목에서 프로스테시스 또는 포스트휴먼의 문제를 되짚어볼 단초를 볼 수 있다. 즉 존재론적 측면에 국한된 관점이 아니라 인식론적 측면을 아울러 살펴봄으로써 사이버네틱스와 인공생명론의 한계를 넘어설 수 있다는 것이다.

앞에서 논의한 것처럼 인공생명의 접근은 '우리가 알고 있는 생명'이 아니라 '논리적으로 가능한 생명'을 찾는 진지한 노력이었으나 존재론적으로 생명과 비생명(또는 물질)의 차이를 구별해 내지는 못했다. 인공생명의 접근과 달리 온생명론은 생명과 비생명의 존재론적 관계를 해명하는 데 성공한 것으로 평가된다. 그러나 만일 '온생명'이 '온우리'로 발전되지 않는다면, 사이버네틱스에 대한 자성의 목소리, 즉 관찰자의 문제가 제대로 해결되지 않는 한 사이버네틱스가 제대로 설 수 없다는 스스로의 비판이 온생명론에도 적용될 수 있을 것이다. 베이트슨과 폰 푀르스터와 마투라나가 주목한 것이 바로 이 관찰자의 문제였다. 그렇다면 어떻게 해야 존재론적 개념으로서의 '온생명'을 인식론적 개념으로서의 '온우리'로 발전시켜 프로스테시스의 문제를 논의할 수 있을까?

이 대목에서 양자역학의 서울 해석이 지니는 새로운 함축이 중요해진다.[6] 양자역학의 서울 해석은 무엇보다도 양자역학이라는 특수한 물리학 이론의 한 가지 해석이다. 그런데 이는 단순히 양자역학이라는 특별한 이론에 대한 대안적 해석을 제시하기 위해 고안된 것이 아니다. 양자역학의 서울 해석은 동역학 일반에서 드러나는 고유한 인식적 구조에 주목하고, 그러한 구조적 고찰을 토대로 다른 모든 동역학을 포괄할 수 있는 일반적인 논의를 전개하는 과정에서 만들어진 것이다.

양자역학이 고전적인 물리학 이론들과 차별성을 보이는 것 중 가장 핵심적인 것은 무엇일까? 어떤 사람은 파동 함수를 말하고, 어떤 사람은 불확정성 원리를, 어떤 사람은 연산자를, 어떤 사람은 힐버트 공간을, 어떤 사람은 확률적 기술을 말할 것이다. 양자역학의 서울 해석에서는 상태 서술과 사건 서술이 일대일로 대응되지 않는다는 점을 가장 핵심적인 차이로 본다. 일반적으로 동역학의 인식 구조에서 상태 서술과 사건 서술을 구분하고 나면, 측정의 문제가 쉽사리 해결된다.

6 양자역학의 서울 해석에 대해서는 장회익, 『과학과 메타과학: 자연과학의 구조와 의미』, 지식산업사, 1990; 장회익, 「양자역학과 실재성의 문제: 벨의 부등식 해석을 통한 고찰」, 『계간 과학사상』, 여름호, 1994; 이중원, 「동역학의 인식론적 구조에 기초한 양자이론 해석」, 서울대학교 박사학위 논문, 1997; 김재영, 「동역학의 이론구조 IV: 양자역학의 메타동역학」, 『새물리』, 40: 288-321, 2000; 김재영, 「메타동역학의 얼개와 성격: 양자론과 상대론의 동역학적 이론구조」, 서울대학교 박사학위 논문, 2001 등 참조.

양자역학의 서울 해석은 이른바 측정의 문제를 올바로 이해하기 위해서는 측정 장치를 '주체라고 하는 영역'에 포함시켜야 함을 강조한다. 이에 따르면, 물리학적 의미의 '측정'은 단순히 측정 장치와 물리적 대상 사이의 '상호작용interaction'이 아니라, 측정 주체가 외부 대상으로부터 정보를 획득하는 '교촉交觸, transaction'이다. 다시 말해 '측정'은 측정 주체 바깥에 있는 두 존재자, 즉 대상과 측정 장치 사이의 관계로 규정되는 것이 아니라, 측정 주체 바깥에서 안쪽으로 정보가 전해지는 인식론적 과정이다. 그렇기 때문에 다음과 같은 주장이 강한 설득력을 갖게 된다.

> "우선 세계를 서술 대상과 이와 정보적 접촉을 지닌 여타의 부분으로 나누어 볼 수 있으며, 이때 인식의 주체는 이 여타의 부분에 속하게 된다. 즉 세계의 한 부분(주체)이 세계의 다른 한 부분(대상)에 대한 동역학적 서술을 수행하는 것이다. 이를 위해 필수적인 것은 이 대상의 존재만이 아니라 이와 정보적 접촉을 지닐 수 있는 주체의 물리적 존재성이다. 제3자의 관점에서 이들 사이의 정보적 접촉을 본다면 이는 오직 물리적 상호작용일 수밖에 없을 것이므로 주체로서는 대상과의 상호작용이 가능한 물리적 실체를 자기 쪽에 지니지 않을 수 없다. 이것이 곧 주체의 영역에 속하는 감각 기구 혹은 관측 장치들이다. 여기에 감지된 내용들이 바로 정보이며, 이러한 정보들은 주체 내부에서 동역학적 방식이 아닌 정보적 방식으로 전달되고 처리된다"(장회익, 2009 : 218).

이제 관점을 뒤집어 보자. 원래 양자역학의 서울 해석은 양자역학을 어떻게 해석할 것인가 하는 문제에 대한 답변으로 제안된 것이지만, 동시에 이러한 양자역학의 새로운 해석을 통해 인간 개념에 대한 근본적인 통찰을 얻는 것이 가능하다. 양자역학이 인간 개념에 대해 말해 줄 수 있는 가장 중요한 것은 '측정'을 둘러싼 인식 주체의 문제다. 주체는 누구인가, 또는 무엇인가? 온생명론에서 주체는 정보의 흐름에 따라 정의된다. 여기에서 주목할 점은 관측 장치 또는 감각 기구는 주체의 영역에 속한다는 사실이다. 물리학적 의미에서 관측은 추상적으로 대상에 대한 사건 서술을 얻는 것에 해당하지만, 이것을 인간의 관점에서 본다면 외부 대상으로부터 정보를 획득하는 '교촉'이다.[7]

맹인이 길을 걸어가기 위해 필요한 (길에 대한) 정보를 얻게 하는 장치인 지팡이는 틀림없이 훌륭한 측정 장치다. 만일 측정 장치를 '주체라고 하는 영역'에 포함시켜야 한다면, 맹인의 지팡이를 그 사람의 일부로 보지 않을 이유가 없다.[8] 다시 말해 맹인의 지팡이는 그 용도를 고려할 때 틀림없이 주체의 일부다.

5. 나오는 말

이제까지 우리는 몸과 기계의 경계(인터페이스)를 사이버네틱스와 인공생명과 온생명의 맥락에서 논의했다. 이를 위해 프로스테시스의 문제를 소개하고 이에 대한 논의로서 베이트슨의 사이버네틱스와 마투라나의 자체생성성이 갖는 함의를 다루었다. 이에 따르면, 동물과 기계를 모두 아우르는 것으로 표방된 사이버네틱스가 제대로 의미를 갖기 위해서는 반드시 관찰자의 문제가 해결되어야 한다. 다음으로 생명과 기계의 경계를

7 '온생명'을 '온우리'로 확장하는 것은 이러한 '교촉'의 개념과 직접 맞닿아 있다. 그러나 이에 대한 더 상세한 논의를 위해서는 심도 있는 후속 연구가 필요하다.

8 이러한 관점은 '몸의 틀schéma corporel'을 '몸의 이미지'와 대비시켜 외부와의 상호작용 속에서 몸의 의미를 이해하려는 메를로 퐁티의 현상학과 연결된다. 메를로 퐁티(Merleau-Ponty, 1945), 한센(Hansen, 2006: 38-43) 참조.

허무는 것처럼 보이는 인공생명의 접근을 검토했다. 이것은 어떤 면에서 생명철학 내지 생물학의 철학과 통하는 것으로 평가할 수 있지만, 몸과 기계의 경계를 논구하는 우리의 접근에서는 제대로 된 존재론적 주장을 찾아보기 힘들다는 점에서 한계를 보인다. 인공생명의 접근은 몸과 기계의 경계가 고정적이지 않고 오히려 유연할 수 있음을 보여 주었다.

관찰자의 문제가 불거져 나온 사이버네틱스와 존재론적 함축이 약한 인공생명의 접근을 종합하는 것이 바로 온생명론이다. 온생명론은 원래 생명이라는 것이 비생명과 어떻게 다른지 논의함으로써 '생명이란 무엇인가?'라는 근원적 질문에 답하는 이론이다. 그러나 프로스테시스의 문제에 답을 얻기 위해서는 생명이란 무엇인가 하는 문제에 그치지 않고 인간이란 무엇인가라는 더 큰 맥락의 문제로 가야 한다. 이로써 우리는 양자역학의 서울 해석이 프로스테시스의 문제에 어떤 함의를 갖는지 주목하고, 결국 관찰자의 문제를 양자역학의 서울 해석을 통해 해결함으로써 프로스테시스의 문제에서도 도구를 몸의 일부로 수용하는 것이 근원적으로 올바른 입장이라는 결론을 얻었다.

이러한 결론은 이 글의 성격상 잠정적일 수밖에 없다. 몸과 기계 사이의 경계를 다루는 것 자체가 거대한 논제이고, 사이버네틱스와 인공생명론에서의 참신한 접근 방법과 문제 의식을 토대로 하기 위해서는 이에 대한 더 심도 있는 토론이 전제되어야 하기 때문이다. 무엇보다도 온생명론의 성과와 양자역학의 서울 해석을 연결시키고, 특히 최근에 제안된 '온우리'의 개념을 발전시키는 것은 이 글의 한계를 넘어서는 일이며, 이는 향후의 과제가 될 것이다.

이 글에서 주목한 몸과 기계의 인터페이스는 커뮤니케이션, 즉 교통이다. 결국 커뮤니케이션에서의 핵심을 외부로부터 얻은 정보를 바탕으로 내부의 지성적 · 감성적 활동이 외화되는 과정이다. 그렇게 본다면, 이제 우리는 명실공히 맹인의 지팡이는 그의 일부이며, 나의 존재는 나의 외부와의 커뮤니케이션을 통해 막힘없이 펼쳐져 가는 확장된 '나'로 다시 태어난다고 말할 수 있을 것이다. 그러나 이 확장된 '나'를 기계로 환치된 대상적 존재자로 혼동해서는 안 된다. 몸과 기계 사이의 경계선(인터페이스)이 고정되어 있지 않으며, 교촉과 상호작용과 커뮤니케이션이라는 맥락에서 그 경계가 유동적인 것은 분명하지만, 한 쪽이 다른 쪽을 제거해 버리는 것은 아니기 때문이다.

참고 문헌

장회익. 『삶과 온생명: 새 과학 문화의 모색』, 솔, 1998.

_____. 「유전자와 온생명: 미시적 · 개체 중심적 생명 연구의 한계」, 과학사상연구회 편, 『과학과 철학 제12집: 한계의 과학, 한계의 형이상학』, 통나무, 2001.

_____. 『물질, 생명, 인간: 그 통합적 이해의 가능성』, 돌베개, 2009.

Bateson, G., *Steps to an ecology of mind*, Ballantine Books, 1972; 박대식 옮김, 『마음의 생태학』, 책세상, 1992.

Bateson, M. C., *Our own metaphor: A personal account of a conference on the effects of conscious purpose on human adaptation*, Hampton Press, 1972.

Boden, M. A.(ed.), *The philosophy of artificial life*, Oxford University Press, 1996.

Clarke, B., *Posthuman metamorphosis: Narrative and systems*, Fordham University Press, 2008.

Dinello, D., *Technophobia!: Science fiction visions of posthuman technology*, University of Texas Press, 2006.

Emmeche, C., *Det Levende Spil. The garden in the machine: The emerging science of Artificial Life*, Princeton University Press, 1991.

Fukuyama, F., *Our posthuman future: Consequences of the biotechnology revolution*, Picador, 2003.

Garreau, J., *Radical evolution*, 2005; 임지원 옮김, 『급진적 진화: 과학의 진보가 가져올 인류의 미래』, 지식의숲, 2007.

Hansen, M.B.N., *Bodies in code: Interfaces with digital media*, Routledge, 2006.

Hayles, N. K., *How we became posthuman: Virtual bodies in cybernetics, literature, and informatics*, The University of Chicago Press, 1999.

Kurzweil, R., *The singularity is near: When humans transcend biology*, Penguin Books, 2005.

Landes, J. B., " The anatomy of artificial life: An eighteenth-century perspective," in Riskin, J. (ed.), *Genesis Redux: Essays in the history and philosophy of Artificial Life*, The University of Chicago Press, 2007.

Langton, C. G. " Artificial life," in *Artificial Life: Proceedings of an Interdisciplinary Workshop on the Synthesis and Simulation of Living Systems*(Santa Fe Institute Studies in the Sciences of Complexity), 1989; updated in Nadel, L. & Stein, D. (eds.), *Lectures in Complex Systems*, Addison-Wesley, 1992. reprinted in Boden (1996).

Lettvin, J. Y., H. R. Maturana, W. S. McCulloch, & W. H. Pitts, "What the frog's eye tells the frog's brain," *Proceedings of the Institute of Radio Engineering*, Vol. 47, No. 11, 1959.

Maturana, H. R., J. Y. Lettvin, W. S. McCulloch, & W. H. Pitts, "Anatomy and physiology of vision in the frog (*Rana pipiens*)," *Journal of General Physiology*, Vol. 43, No. 6, Part 2, 1960.

Maturana, H. R. & F. J. Varela, *Autopoiesis and cognition: The realization of the living*, Kluwer, 1980.

Merleau-Ponty, M., *Phénoménologie de la perception*, Gallimard, 1945.

Mindel, D. A., *Between human and machine: Feedback, control, and computing before cybernetics*, The Johns Hopkins University Press, 2002.

Naam, R., *More than human: Embracing the promise of biological enhancement*, Broadway, 2005; 남윤호 옮김, 『인간의 미래: 생명공학이여, 질주하라』, 동아시아, 2007.

Otis, L., *Networking: Communicating with bodies and machines in the nineteenth century*, The University of Michigan Press, 2001.

Riskin, J. (ed.), *Genesis Redux: Essays in the history and philosophy of Artificial Life*, The University of Chicago Press, 2007.

Smith, M. & J. Morra, *The Prosthetic impulse: From a posthuman present to a biocultural future*, The MIT Press, 2007.

Wiener, N., *Cybernetics: or control and communication in the animal and the machine*, MIT Press, 1948.

Wills, D., *Prosthesis*, Stanford University Press, 1995.

가상성에 관한 철학적 질문*

신상규

1. 들어가는 말

영화 〈매트릭스〉는 가상 현실이라는 기발한 착상을 중심으로 여러 철학적 주제들에 대해 풍부한 이야깃거리를 제공한다.[1] 이 글은 〈매트릭스〉에 등장하는 가상 현실의 가상성이 제기하는 철학적 질문이 무엇인가를 살펴보고 그에 답하려는 시도다. 〈매트릭스〉에 등장하는 가상 현실의 개념은 철학자들에게 결코 낯선 공상이 아니다. 17세기 르네 데카르트René Descartes는 수학적 지식이 거짓일 수 있는 가능성을 검토하기 위해, 우리

* 이 글은 「우리가 매트릭스 속에 살고 있다면」이란 제목으로 『헤겔연구』 제20호(2006. 12)에 실린 논문을 수정 · 보완한 것이다.

1 〈매트릭스〉에 관해 국내에서 출간된 철학 관련 서적은 번역물을 포함해 최소한 3권 이상에 이른다. 〈매트릭스〉 1편은 1999년에 개봉되었다. 그런데 〈매트릭스〉에 관한 철학 서적의 대부분이 출판된 것은 2003년이다. 2003년은 〈매트릭스〉의 2편과 3편에 해당하는 〈매트릭스 리로디드〉와 〈매트릭스 레볼루션〉이 개봉된 해다. 그런데 이들 속편들은 1편과 달리 철학적 이야깃거리가 대단히 빈곤한 단순한 액션물에 불과한 영화들이다.

를 기만하는 전지전능한 악령의 존재를 가정했다. 데카르트의 악령은 우리로 하여금 실제의 세계와는 전혀 다른 현실을 경험하도록 만든다. 즉, 우리가 경험하는 현실은 일종의 가상 현실이며, 실제의 세계는 그것과 전혀 다른 모습을 가지고 있는 것으로 가정된다.

데카르트 악령의 현대적인 버전이라 할 수 있는 힐러리 퍼트남Hilary W. Putnam의 '통 속의 뇌brain in a vat' 가설도 동일한 구조를 가지고 있다. '통 속의 뇌'는 우리 스스로가 실험실의 커다란 통 속에 담겨 있는 두뇌에 불과할지도 모른다는 가정이다. 이 두뇌는 사악한 과학자에 의해 슈퍼컴퓨터에 연결되어 있다. 슈퍼컴퓨터는 우리에게 감각적 경험을 야기하는 것과 같은 동일한 종류의 전기적 자극을 통 속의 두뇌에 공급하며, 그 두뇌에서 나오는 행동적 반응 신호를 중간에 가로채서 그것에 적절한 피드백 신호를 다시 두뇌에 되먹임한다. 이러한 방식으로 통 속의 두뇌는, 일상적으로 우리가 갖는 경험과 동일한 경험을 갖게 된다.

데카르트의 악령의 예나 '통 속의 뇌' 가설은 대개 일종의 회의주의적 도전으로 간주된다. 이들이 보여 주는 것은 현재 우리가 경험하는 현실이 가상의 현실일지도 모른다는 가능성, 즉 우리가 경험하는 현실이 세계의 실제 모습과는 전혀 다를 수 있는 가능성이다. 그리고 이러한 가설은 국지적인 형태의 회의주의가 아니라, 총체적인 형태의 회의주의 가설이다. 만일 이러한 가능성이 사실이라면, 외부 대상이나 우리 스스로에 대해 우리가 가지고 있는 대부분의 믿음은 거짓으로 판명될 것이며, (타인을 포함한) 세계에 대한 우리의 경험은 악령이나 컴퓨터에 의해 적절히 프로그램된 일종의 환각에 불과하게 되는 것처럼 보인다.

이러한 회의주의의 도전을 크게 두 가지 차원으로 나누어서 생각해 볼 수 있다. 하나는 우리가 가지고 있는 믿음이나 지식의 거짓됨에 대한 일종의 인식적 회의주의다. 만일 '통 속의 뇌'와 같은 가설이 사실이라면,

그 뇌가 가지고 있을 대부분의 믿음은 거짓이라는 것이다. 우리 모두가 그러한 통 속의 뇌일지도 모를 가능성을 배제하거나, 혹은 설령 그렇다 하더라도 우리가 가지고 있는 대부분의 믿음이나 지식이 거짓일 가능성을 봉쇄하는 것이 인식적 회의주의의 문제다. 그런데 이런 지식의 문제와는 별개로, 우리는 우리의 존재 자체나 행위, 경험이 갖는 진정성이나 비인식적 가치의 측면에서 회의주의의 도전을 생각해 볼 수 있다. 우리의 행위가 갖는 어떤 가치, 가령 도덕적인 가치라는 것이 전적으로 인식이나 지식의 문제로 환원될 수 있을 것 같지는 않다. 가령, 우리가 잘못된 믿음에 입각해 어떤 도덕적 행위를 선택하고 행동했지만, 그럼에도 불구하고 그 행위가 갖는 도덕성은 훼손되지 않을 수 있다. 그런데 '통 속의 뇌'와 같은 가설은 우리 존재에 대한 스스로의 인식이나 행위 모두가 일종의 총체적인 기만의 결과일 수 있는 가능성을 제시한다. 그럴 경우라면, 그 존재나 그 존재의 삶과 행위 자체가 가지고 있는 진정성이나 도덕적 성격은 가상에 불과하며, 그 결과 그것들이 가지고 있다고 여겨지는 모종의 존재적 가치나 도덕적 가치도 당연히 훼손되는 것이 아닐까?

영화 〈매트릭스〉에서 묘사되는 가상 세계는 데카르트의 악령이나 '통 속의 두뇌' 가설과 많은 부분에서 유사한 측면이 있지만, 또 다른 한편으로 몇 가지 본질적인 차이를 지니고 있다. 이 글에서 나는 우리 모두가 〈매트릭스〉의 가상 세계 속에 살고 있는 존재라는 것을 가정할 경우에, 그런 가정이 인식적 회의주의의 문제뿐 아니라 우리 존재나 삶 혹은 행위에 귀속시킬 수 있는 어떤 가치나 진정성, 그리고 도덕성에 어떤 귀결을 갖게 될지를 검토하고자 한다. 이 글의 잠정적인 결론은 매트릭스의 세계가 보여 주는 가상성이 우리가 영화에서 받게 되는 인상과는 달리 그렇게 부정적으로 평가될 이유가 없다는 것이다.

2. 가상성이 제기하는 철학적 문제들

이제 〈매트릭스〉가 보여 주는 가상 세계의 모습을 살펴보자. 예언자인 모피어스가 전하는 이야기에 따르면, 오래 전에 인공지능이 등장했으며 인간은 오랫동안 기계를 노예와 같은 존재로 착취했다. 그러나 어느 시점에 이르러 기계의 능력은 무력뿐만 아니라 인지적인 측면에서도 인간을 훨씬 능가하게 되었다. 기계는 또한 스스로를 생산해 낼 수 있는 능력을 갖추게 되었다. 그 결과 인간과 기계 사이의 격렬한 전쟁은 불가피한 것이었다. 기계에 대한 전면적 공격은 인간에 의해 먼저 이뤄졌다. 인간은 기계의 동력원을 차단하기 위해 태양빛이 지구에 도달하는 것을 막았다. 하지만 최후의 승자는 기계였으며, 기계는 인간을 배터리로 이용함으로써 자신들의 동력원 문제를 해결했다. 인간을 일종의 배터리로 이용해 기계를 위한 동력을 생산하는 장치가 바로 영화에서 그리고 있는 매트릭스다. 그런데 매트릭스 안의 세계는 인간이 지금까지 경험해 왔던 세계와 결코 다르지 않다. 주인공인 네오도 매트릭스의 진실을 알기 전까지는 토머스 앤더슨이란 이름으로 살아가는 평범한 회사원이자 컴퓨터 해커일 뿐이었다. (이하에서 매트릭스의 진실을 알고 있는 주인공은 네오로, 가상 세계에 갇혀 그것을 진짜 세계로 알고 있는 주인공은 토머스 앤더슨이란 이름으로 부르도록 하겠다.) 하지만 모피어스가 전해 준 빨간 알약을 먹고 난 후 네오가 발견한 진실은 거대한 메인 프레임에 연결된 채로 인큐베이터 안에서 양육되면서 매트릭스에 에너지를 제공하고 있는 배터리로서의 자신이었다. 그의 육체는 매트릭스와 수많은 선으로 연결되어 있다. 그런데, 네오는 자신의 육체를 한 번도 제대로 사용해 본적이 없다. 그가 지금까지 경험하고 살아온 세계란, 단지 매트릭스에서 그의 두뇌로 전해진 자극으로 이루어진 가상 현실에 불과했던 것이다.

영화 〈매트릭스〉의 가상 현실은 우리에게 여러 가지 중대한 철학적 질문을 제기한다. 가상 현실이라는 것이 과학 이론으로나 실제의 기술적인 측면에서 원리적으로 전혀 불가능한 것이 아니라면, 우리는 우리 스스로가 이미 매트릭스 속에 들어와 있는 존재가 아니라는 사실을 어떻게 확신할 수 있는가?

현재와 같은 과학 기술 발전의 추세를 고려할 때, 우리는 앞으로 어떤 형태로든 가상 현실 체험이라는 것이 매우 유망한 산업의 하나로 자리잡을 것임을 쉽게 예측할 수 있다. 미래의 기계적 사회에 대한 예측으로 유명한 레이 커즈웰Ray Kurzwell은 인류가 21세기에 이루게 될 변화는 20세기 변화의 1,000배에 이를 것이라는 추측을 내놓는다(예페스, 2003: 255-272). 반도체의 발전과 관련해 무어의 법칙이란 것이 있다. 컴퓨터 칩의 용량과 처리 속도가 매 1~2년 사이에 두 배 정도로 증가한다는 가설이다. 커즈웰은 무어의 법칙과 같은 기하급수적인 기술의 발전이 비단 반도체에만 국한된 것은 아니며, 전기적 기계 시대, 계전기 시대, 진공관 시대, 트랜지스터 시대, 집적회로 시대라는 다양한 패러다임에 걸쳐서 공통적으로 일어난 현상임을 지적한다. 현재 우리가 보고 있는 반도체의 발전은 다섯 번째 패러다임에 해당하는 집적회로 시대의 산물이다. 반도체 집적화가 어느 정도 한계에 이르고 나면 전혀 새로운 기술적 패러다임이 등장해 기하급수적인 기술의 발전을 계속 이어간다는 것이 그의 주장이다. 그가 예상하는 다음 패러다임의 기술은 3차원 회로를 이용한 나노 튜브 기술이다. 그는 가까운 미래(2029년)에 인간의 모세혈관 속으로 침투시킬 수 있는 나노 로봇이 등장할 것이고, 무선 네트워크로 연결된 수많은(수십억 개의) 나노 로봇을 우리의 뇌 속을 지나는 혈관 속에 집어넣어서 뇌의 작동을 스캐닝함으로써 뇌의 기능과 알고리듬Algorithm을 완전히 이해할 수 있게 될 것이라고 예측한다. 10억 개의 뉴런으로 이루어진 인간의 두뇌는 그것을 일종의 병렬분산처리 시스템으로 간주할 경우 2×1010 MIPS(1 MIPS는 1초에 백 만 개의 명령을 수행할 수 있는 능력)의 연산 능력을 갖는 것으로 여겨진다. 커즈웰의 예측에 따르면, 2020년경 우리는 인간 두뇌와 동일한 연산 능력을 갖춘 컴퓨터를 대략 천 달러 정도의 가격으로 살 수 있을 것이다. 만일 커즈웰의 예측이 현실로 이루어진다면, 영화 〈토탈 리콜〉에서처럼 가상 현실 체험이 일종의 여행 패키지로 팔리게 될 날이 멀지 않을지도 모른다. 뇌 스캐닝을 위한 나노 로봇을 이용해 적절한 자극을 주기만 한다면, 매트릭스에 등장하는 것과 같은 거추장스러운 튜브도 전혀 필요 없이 바로 가상 현실을 체험할 수 있게 될 테니까 말이다.

실제로 여행이나 직업 체험의 패키지 상품으로 가상 현실의 경험이라는 것이 가능해진다고 할 때, 우리는 분명 그것들이 현실의 실재가 아니며 단순히 두뇌에 주어진 자극들만으로 이루어진 거짓된 환각의 세계라는 것을 이미 잘 알고 있다. 즉, 우리는 그러한 가상 현실의 세계가 거짓된 허구의 세계라는 것을 이미 전제하고 있는 것이다. 〈토탈 리콜〉에서처럼 가상 여행 패키지를 구입하는 것도, 바로 그것이 거짓된 가상이며 실제의 복잡한 현실에서 잠시 벗어나 휴식을 취할 수 있도록 해 주기 때문이다. (물론 이 경우에도 자신이 가상 현실 속으로 들어왔다는 사실에 대한 기억을 지워 버리고 전혀 새로운 기억을 심어 줌으로써, 현실과 가상 현실을 구분할 수 없도록 만들 수 있을 것이다. 영화 〈토탈 리콜〉의 기본적인 설정이 바로 이런 점에 착안하고 있다.) 그런데, 만약 우리가 〈매트릭스〉의 토머스 앤더슨처럼 매트릭스에 연결되어 있는 인지 시스템에 불과하면서도 스스로 그런 사실을 모르고 있거나 혹은 원리상 전혀 알 수 없다면 상황은 어떻게 될까? 그럼에도 불구하고, 우리는 여전히 두뇌의 신경 자극으로 이루어진 가상 현실은 거짓된 세계라는 전제를 참으로 간주해야 하는가? 다시 말해서, 이 경우에도 매트릭스 내부의 존재자는 단지 거짓된 환각의 세계(가상 현실)를 경험하고 있을 뿐이며, 그 존재가 가지고 있는 실재에 대한 다양한 지식이나 믿음들도 모두 거짓된 지식이나 믿음들로 평가되어야 하는 것일까?

이러한 질문은 단순히 인식적인 참, 거짓의 차원에 국한되는 것이 아니라, 우리가 우리 스스로의 존재나 삶에 대해 부여하고 있는 다양한 가치나 의미와 직결되어 있는 문제이기도 하다. 만약 우리가 매트릭스 속에 살고 있는 존재라면, 우리의 존재나 삶, 행위 등이 가지고 있다고 간주되는 그 모든 가치는 단지 철저한 기만에 입각한 거짓된 환상에 불과한 것일까? 우리의 실존이나 삶 전체가 철저한 거짓부렁에 불과하다는 생각은 실로 가공할 만한 두려움을 느끼게 한다. 우리가 살고 있는 세계가 매트릭스라는 가정이 주어진다면, 우리의 삶 전체가 기만에 불과하다는 결론은 과연 불가피한가?

3. 매트릭스 가설

데이비드 찰머스David Charlmers는 매트릭스를 새롭게 이해할 수 있는 한 가지 흥미로운 제안을 내놓는다(찰머스의 이 논문은 영화 〈매트릭스〉 홈페이지에 올라와 있다). 그는 우리가 설령 매트릭스 속에 살고 있는 존재라 하더라도 그것이 곧 전반적인 회의주의적 논제로 귀결되는 것은 아니며, 이는 오히려 일종의 형이상학적 가설로 여겨질 수 있다고 주장한다. 다시 말해서, 우리가 설령 매트릭스 내부의 존재라 하더라도, 우리들이 가지고 있는 대부분의 믿음이나 지식은 그대로 유지될 것이며 그 중의 극히 일부만 문제가 된다는 것이다. 이하의 논의에서 우리는 매트릭스라는 것이 어떻게 만들어졌는지에 대한 영화적 배경을 일단 무시하고, 매트릭스가 가지고 있는 존재론적 구조에만 초점을 맞추어 논의를 진행하고자 한다.

매트릭스가 일종의 형이상학적 가설일 수 있다는 주장을 이해하기 위해 형이상학적 가설이 무엇인지를 먼저 살펴보자. 형이상학적 가설은 우리가 살고 있는 세계의 기원이나 창조에 관한 가설, 그리고 세계를 구성하는 실재의 궁극적인 본성에 관한 사변으로 이루어진다. 우리는 이미 세계의 본성에 대해 여러 가지 다양한 형이상학적 가설을 가지고 있다. 가령 우리는 이 세계를 구성하는 실재의 궁극적 본성은 미시 물리적인 과정으로 구성된다고 생각한다. 실재의 본성에 대한 이러한 생각은, 어떤 의미에서 경험과학에 의해 밝혀질 문제라기보다 경험과학이 이미 전제하고 있는 가정과 같은 것이라고 생각할 수 있다. 현재 우리들 대다수가 수용하고 있는 상식적인 형이상학적 가설은 다음과 같은 그림으로 표현될 수 있다.

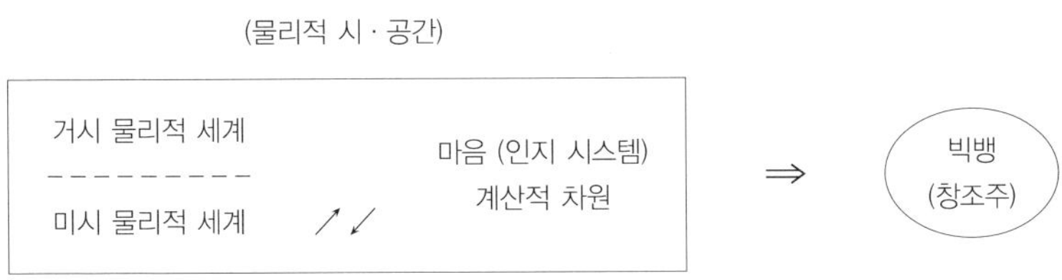

빅뱅이 되었든 혹은 어떤 신적인 존재의 창조에 의한 것이든 간에, 우리는 현재 우리가 살고 있는 시 · 공간이 어느 시점(?)에서 전혀 새롭게 생겨난 것이라 생각한다. 동시에 우리는 시 · 공간 속에 존재하는 모든 물리적 대상은 그것들을 구성하는 가장 미시적 단계의 과정을 해명함으로써 그 궁극적인 본성이 밝혀질 것이라 믿고 있다. 이러한 두 논제의 주장을 결합하면, 창조의 과정은 미시 물리적 과정에만 적절히 관여하면 되고,

거시 물리적 과정은 거기에 수반해 결정된다. 심적 과정의 본성에 대해 오늘날 가장 유망한 입장이라고 할 수 있는 물리주의의 주장에 따르면, 심리적 과정은 미시 물리적 차원에 수반한다. 이러한 주장이 참이라면, 심리적 과정의 본성을 해명하기 위해 물리적 세계관과 양립 불가능한 그 어떤 대상이나 속성의 존재도 가정할 필요가 없다. 많은 철학자와 과학자는 우리의 의식이나 지향적인 심리적 과정은 기본적으로 계산적인 과정에 불과하다고 생각한다. 이들은 컴퓨터의 처리 능력이나 속도 그리고 신경 연결망과 같은 적절한 아키텍처가 갖추어진다면 인공적인 형태의 지능이 생겨나는 것은 시간 문제일 뿐이며, 그에 따라 종국적으로는 마음에 대한 신비도 풀리게 될 것이라 믿고 있다.

찰머스의 주장에서 흥미로운 점은 매트릭스 가설이 회의주의적 가설이 아니라, 위의 상식적인 형이상학적 가설과 경쟁하는 일종의 형이상학적 가설일 수 있다는 점이다. 우리가 살고 있는 세계에 대한 총체적인 컴퓨터 시뮬레이션을 영화의 내용처럼 매트릭스matrix라는 이름으로 불러보자. 찰머스는 우리들 스스로가 매트릭스에 연결되어 있는 인지 시스템일 가능성을 매트릭스 가설matrix hypothesis이라는 이름으로 명명하고 있다. 현재까지 우리가 알고 있는 물리학의 세계가 기본적으로 계산 가능한 세계임을 가정해 보자. 우주의 탄생에서 현재에 이르기까지 진행된 모든 물리적인 과정이 계산 가능한 과정이라는 것을 가정해 본다면, 시·공간 속에 존재하는 모든 입자나 파장의 움직임에 대한 전 우주적 역사를 컴퓨터를 통해 모의하는 것을 상상해 볼 수 있다. 그리고 영화 매트릭스에서와 같이, 이 컴퓨터에 두뇌와 같은 모종의 인지 시스템을 연결해 놓았다고 가정하자. 매트릭스 가설은 우리 모두가 이렇게 우주의 과정을 모의하는 거대한 슈퍼컴퓨터에 부착된 인지 시스템이라는 가설이다. 더욱 정확히 말한다면, 매트릭스 가설에 등장하는 슈퍼컴퓨터는 우주의 과정을 단순히 모의하는 것이 아니다. 오히려 우리가 속해 있는 우주 자체가 하나의 거대한 컴퓨터이며, 우주적 과정의 궁극적 차원은 바로 우주라는 슈퍼컴퓨터의 계산적 과정이다. 그리고 우리가 경험하는 물리적 과정은 바로 이 거대한 컴퓨터의 계산 과정에서 창발하는 것이다.

매트릭스를 이와 같은 일종의 형이상학적 가설로 간주했을 때, 그러한 세계의 존재론적 구조는 어떻게 예시될 수 있을까? 매트릭스 가설도 물리적 차원을 넘어서는 궁극적인 실재의 본성에 대한 가정과, 우리 마음의 본성, 그리고 세계의 창조에 관한 주장으로 구성되어 있다. 그러한 세계의 형이상학적 구조를 예시하면 다음과 같다.

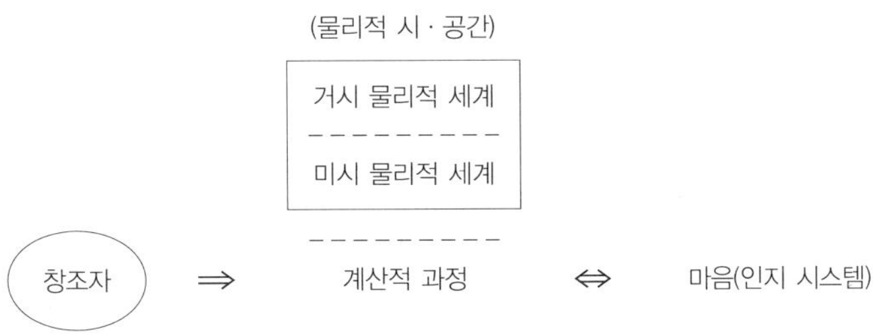

매트릭스 가설은 먼저 우리가 살고 있는 시 · 공간의 세계가 그 바깥에 존재하는 어떤 존재가 창조한 세계라고 가정한다. 기독교에서 말하는 우주의 창조가 전형적인 창조에 관한 가설이다. 매트릭스 가설에 의하면, 우리가 살고 있는 세계는 창조주로서의 신이나 혹은 우리보다 한 단계 높은 차원의 우주에 존재하는 보통 사람들이 최신의 '세계 만들기' 기술을 이용해 만들어 놓은 세계다.

매트릭스 가설은 세계란 그 근본에서 계산적이라는 사실을 가정하고 있다. 우리의 상식적 세계관(혹은 형이상학적 가정)에 따르면, 거시 물리적 세계는 미시 물리적 과정에 의해 구현 혹은 구성된다. 매트릭스 가설이 우리의 일반적인 형이상학적 가정과 다른 점은, 미시 물리적 차원보다 더욱 궁극적인 기본적 차원이 존재하며 그것이 바로 계산적 차원이라는 것이다. 세계의 근본적 본성이 계산적이라는 이러한 가정을 찰머스는 계산적 가설computational hypothesis이라 명명한다. 여기서 한 가지 유의할 점은, 매트릭스 가설의 계산적 과정은 물리적 과정의 단순한 시뮬레이션이 아니라, 그 자체로 미시 물리적 과정을 구현하고 있는 일종의 구성적 constitutive 과정이라는 사실이다. 이 우주의 창조자는 기본적으로 거대한 계산적 과정을 구현함으로써, 거기에 수반하는 시 · 공간 속의 물리 세계를 만들어 낸다.

마지막으로 마음의 본성에 관한 가정이 있다. 매트릭스의 예에서 흥미로운 점은 마음이나 정신의 작용을 매트릭스의 시 · 공간 체계 바깥에 위치시킨다는 것이다. 매트릭스의 속의 세계가 시 · 공간의 차원을 지니는 물리적 공간이라면, 마음과 관련된 심적인 과정은 그러한 시 · 공간의 바깥에 위치한다. 심적인 과정은 그 세계의 근본적인 과정에 해당하는 계산 과정과 상호작용함으로써 물리적인 세계와는 간접적으로 상호작용을 하게 된다.

매트릭스에 거주하는 인간은 결코 매트릭스 밖으로 나갈 수 없으며, 또 자신들이 매트릭스 안에 있다는 사실도 결코 알 수 없다. 그뿐만 아니라 이러한 매트릭스 세계는 '통 속의 뇌'와 같은 가상 현실의 체험을 위한 유아론적 경험 기계의 세계가 아니다. 여기에는 수많은 정신적 존재가 하나의 매트릭스에 연결되어 있으며, 매트릭스를 매개로 하여 상호작용을 주고받는다. 또한 매트릭스는 자유로운 의지의 행사와 선택이 여전히 가능한 세계다. 매트릭스는 또한 단순한 꿈의 세계도 아니다. 꿈은 한 개인의 사적인 의식의 흐름에 국한되지만, 매트릭스의 세계는 외부에서 가해진 자극을 통해 지각된 세계이며, 타자와의 상호작용이 이뤄지는 세계다.[2]

그런 점에서, 내 자신의 의식의 흐름과는 구분되는 외부 세계가 분명히 존재하며, 우리는 그 세계와의 인과적 상호작용을 통해 그 세계에 대한 지식을 얻어나 믿음을 통해 표출한다. 하지만 여기서 우리가 인과적 상호작용을 맺고 있는 대상은 어디까지이나 매트릭스의 시 · 공간 내부에 존재하는 가상적 대상이지 매트릭스 바깥에 있는 대상은 아니다.

그런데, 내 생각으로 만약에 인간의 의식과 같은 인지적 과정이 기본적으로 계산 가능한 과정이라면, 사실상 마음과 같은 인지 시스템이 물리적 시 · 공간의 바깥에 있어야 할 이유는 특별히 없어 보인다. 가령 영화 〈매트릭스〉에 등장하는 에이전트들은 철저히 프로그램으로 존재하는 대상이다. 인간의 육체(뇌)를 굳이 매트릭스 시스템의 바깥에 위치시키고, 매트릭스 내부의 세계와 상호작용하게 하는 것이 영화적인 흥미를 위한 장치일 뿐이라면, 그 바탕에 깔려 있는 좀 더 핵심적인 형이상학적 가정은 다음과 같은 그림을 통해 표현 가능할 것이다. 이 그림에서 계산적 과정은 미시 물리적 과정의 아래에 존재한다. 우리의 심리적 과정은, 앞에서 예로 든 일반적인 형이상학적 가정에서처럼 미시 물리적 차원에 수반하는 계산적 과정이 아니라, 좀 더 근원적인 차원의 계산 과정에 의해 구현되는 과

2 콜린 맥긴Colin McGinn은 매트릭스의 영화적 설정이 정합적이기 위해서는, 매트릭스의 세계가 지각적인 세계가 아니라, 일종의 꿈으로 이뤄진 시스템이어야 한다고 생각한다. 영화 속에서 깨달음(?)을 얻은 네오는 비트들로 이뤄진 세계의 본 모습을 볼 수 있을 뿐만 아니라, 자신의 의지를 통해 일정 부분 경험적 실재의 한계를 초월하기도 한다. 말하자면 그는 매트릭스를 나름대로 통제할 수 있는 능력을 획득한다. 하지만 지각은 우리에게 일어나는 것 혹은 밖에서 주어지는 것이지 결코 우리들이 마음대로 통제할 수 있는 어떤 것이 아니다. 매트릭스가 만일 일종의 집단적인 환각 시스템이라고 하더라도, 그것이 여전히 지각 시스템이라는 사실에는 변함이 없다. 그리고 그런 한 네오가 자신의 의지를 통해 그 속에서 만나는 대상들에 대해 어떤 비정상적인 힘을 행사하기란 불가능하다. 하지만 꿈으로 이루어진 시스템에서는 제한적이기는 하지만 이러한 초능력의 출현이 가능하다. 그런 점에서 맥긴은 영화 속에서 그려진 매트릭스는 환각 시스템이 아니라 꿈으로 이뤄진 시스템이어야 한다고 주장한다. 이 글에서 우리는 네오의 이런 초능력을 무시하고, 매트릭스에 철저히 갇혀 있는 네오 혹은 토머스 앤더슨의 모습에 초점을 맞추게 될 것이다(Colin McGinn, "The Matrix of Dreams").

정이다. 말하자면, 물리적인 것과 심리적인 것은 그 구성적 본질에서 서로 다르지 않고, 그 궁극적 본성에서 서로 동일한 차원에 위치하는 것들이다.

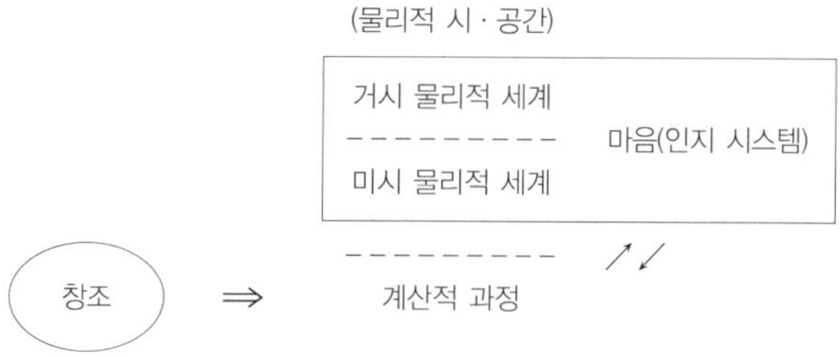

4. 가상성과 인식적 회의주의

인식과 관련한 회의주의의 입장은 우리들이 갖고 있는 대부분의 지식을 표적으로 삼는 전반적(총체적) 회의주의와 특정 영역에 한정되어 주장되는 국지적 회의주의로 구분할 수 있다. 매트릭스에서 표현된 회의주의는 일종의 총체적 회의주의이며, 찰머스는 그 논변을 다음과 같이 정리한다.

1) 우리는 우리 스스로가 매트릭스 안에 살고 있는지 여부를 알 수 없다.
2) 우리가 만일 매트릭스 안에 살고 있는 것이라면, 우리가 가지고 있는 대부분의 믿음은 거짓이다.
3) 그러므로 우리는 우리의 대부분의 믿음이 참인지 거짓인지 알 수 없다.

여기서 문제가 되는 전제는 2)번의 전제다. 찰머스는 설령 우리가 매트릭스 안에 살고 있는 존재라 할지라도, 우리가 갖고 있는 대부분의 믿음이 거짓이라는 결론은 도출되지 않는다고 생각한다.

앞서도 지적했듯이, 우리는 가상 현실 속에서 갖게 되는 경험은 모두 거짓되다는 것을 막연하게 전제한다. 그런데, 이러한 전제가 자명하게 적용되는 경우는 현재 우리가 현실이라고 간주하는 차원에서 우리 스스로가 구축한 가상 현실에 접근하는 경우에 한정되어야 할 것으로 보인다. 다시 말해서, 이와 같은 판단은 우리 스스로가 실제라고 부르는 현재의 차원이 진실의 차원이라는 것을 전제해야 하고, 그 차원에서 적용되는 지식이나 진리의 개념을 우리 스스로가 구축한 가상 현실에 적용하는 경우에야 비로소 가능한 판단이라는 것이다. 그리고 여기서는 이미 우리가 현실과 가상 현실의 두 차원 모두에 인지적으로 접근할 수 있다는 사실이 전제되어 있다.

그런데 다른 한편으로 만약 애초부터 우리가 구축해 놓은 가상 세계 속에서만 존재해 온 어떤 존재자가 있다면, 그 존재자의 믿음에 대해 우리가 채택하고 있는 것과 같은 동일한 종류의 지식, 진리 개념을 적용하는 것은 과연 정당한 일일까? 또한, 만일 우리 스스로가 처음부터 매트릭스 안에서만 살아온 존재라면, 매트릭스 바깥의 존재에게 적용되는 지식, 진리의 개념을 매트릭스 내부의 우리들에게 적용하는 것은 온당한 일일까? 매트릭스의 예로부터 전반적 회의주의가 도출된다는 주장은 결국 모든 가상 현실이란 그것이 어떤 차원에서 접근하든 간에 거짓된 세계라는 것을 전제하고 있는 것처럼 보인다. 그런데 이러한 전제는 정당한 것일까? 매트릭스 속의 세계는 매트릭스 내부의 존재자에게 경험적 실재성을 지닐 뿐만 아니라, 세계에 대한 그 존재의 지식이나 믿음의 대부분도 그대로 유지될 것이라고 생각할 수는 없을까?

다음과 같은 점을 고려해 보자. 매트릭스 속에서 토머스 앤더슨은 멋진 머리카락을 기르고 있고 몸에는 아무것도 연결된 것이 없다. 그런데, 현실 세계의 인큐베이터 안에 갇혀 있는 네오는 빡빡머리이고 그의 몸은 수많은 선을 통해 메인프레임에 연결되어 있다. 그렇다면, 자신의 신체나 머리카락에 대해 토머스 앤더슨이 매트릭스 안에서 가지고 있었던 믿음은 거짓된 것인가? 여기서 한 가지 주목할 점은, 매트릭스 내부에서 경험된 실재가 토머스 앤더슨 스스로 만들어 낸 세계가 아니라는 것이다. 앞서 언급했듯이, 매트릭스 내부의 세계는 단순한 꿈의 세계가 아니며, 어디까지나 외부에서 가해지는 자극을 매개로 지각된 세계다. 그런 점에서, 토머스 앤더슨의 의식 흐름과 구분되는 외부 세계가 분명히 존재하며, 토머스 앤더슨은 그 세계와 인과적인 상호작용을 하고 있다. 그뿐만 아니라, 여기서 토머스 앤더슨이 인과적 상호작용을 맺고 있는 대상은 어디까지나 매트릭스의 시 · 공간 내부에 존재하는 가상의 대상이지 매트릭스 바깥에 있는 현실의 대상이 아니다. 그렇다면, 토머스 앤더슨이 '내 머리카락은 검다'라는 믿음을 가지고 있을 경우, 여기서 '머리카락'이라는 표현은 통 속에 갇혀 있는 네오의 대머리를 가리키는 표현이 아니라, 매트릭스 속에 존재하는 토머스 앤더슨이라는 인물의 가상적인 머리카락을 가리킨다고 할 수 있지 않을까? 만일 그렇다면 토머스 앤더슨이 가지고 있는 '내 머리카락은 검다'라는 믿음은 여전히 참일 수 있다.

찰머스는 기본적으로 이러한 점에 착안해 설령 매트릭스 가설이 사실이라 하더라도, 세계의 근본 본성에 대한 몇 가지 믿음을 제외한다면 우리들이 가지고 있는 대부분의 믿음은 여전히 참일 것이라고 주장한다. 찰머스가 자신의 주장을 지지하기 위해 제시하는 이유는, 퍼트남이 '통 속의 뇌' 가설이 비정합적임을 보이기 위해 사용했던 의미론적 논증과 매우 유사하다(Putnam, 1981 : 7). 뇌에 주어진 자극을 통해 경험하게 되는 가상 현실이라는 측면에서, 통 속의 뇌가 경험하는 세계와 인큐베이터에 갇힌 인간들이 경험하는 매트릭스의 세계는 본질적으로 동일한 세계라고 할 수 있다. 하지만 '통 속의 뇌'는 기본적으로 유아적인 세계이지만, 매트릭스는 복수의 뇌(경험적 자아)가 연결되어 있으며, 타자와의 상호작용이 이루어지는 세계다.

퍼트남은 '통 속의 뇌'와 같은 회의주의적 가설 자체가 애초부터 의미론적으로 정합적이지 않음을 보임으로써 회의주의를 논박하려고 한다. '통 속의 뇌'라는 예를 통해 퍼트남이 던지고 있는 핵심적 질문은, "만약 우리가 실제로 통 속의 뇌라면, 우리는 우리 스스로에 대해 자신이 통 속의 뇌라고 말하거나 생각할 수 있는가?" 하는 문제다. 이 질문을 매트릭스의 경우에 적용해 보자. 매트릭스 속의 존재는 과연 스스로 "나는 매트릭스 속에 살고 있는 가상의 존재인가?"라는 질문을 정합적으로 생각하거나 말할 수 있는가?

'통 속의 뇌' 가설을 논박하기 위한 퍼트남의 기본 전략은 우리가 실제로 통 속의 뇌라면 우리는 스스로 '우리가 통 속의 뇌'일지도 모른다는 주장을 정합적으로 생각하거나 말할 수 없다는 것이다. 퍼트남은 어떤 언어적 표현이 어떻게 그 의미론적 내용을 획득하게 되는가를 고찰함으로써 자신의 주장을 뒷받침한다. 우리는 언어적 표현을 사용해 비언어적 대상을 가리키거나 지시한다. 퍼트남이 들고 있는 다음의 예를 살펴보자. 바닷바람이 불어서 정말 우연적으로 백사장에 'CHURCHILL'이라는 모양의 모래 형체가 생겨났다고 가정해 보자(Putnam, 1981 : 1). 이 형체는 그 자체로서 처칠이라는 사람을 가리키는 이름인가, 아니면 그냥 아무런 의미 없는 물리적 형상에 불과한가? 만약 누군가가 의도적으로 백사장에 'CHURCHILL'이라는 글자를 써놓았다면, 그것은 분명히 처칠이라는 사람을 가리키는 이름일 것이다. 그런데, 바람에 의해 우연히 만들어진 'CHURCHILL'이란 형상은 그 물리적 성질에서는 누군가가 써놓은 'CHURCHILL'이란 글자와 동일함에도 불구하고 처칠을 가리키는 이름으로 간주될 수 없다. 그것은 아무런 의미론적 성질을 갖지 못하는 물리적 형상에 불과하다.

우리는 어떤 표현이나 기호가 그것들이 가지고 있는 내재적 성질 때문에 대상을 가리키게 된다는 착각에 빠지기 쉽다. 1972년 미항공우주국 NASA은 파이어니어Pioneer 10호 우주선을 발사하면서, 수소원자와 태양계를 나타내는 도형, 그리고 환영의 표시로 손을 흔들고 있는 나체 남녀의 그림이 새겨진 금속판을 우주선에 실어 보냈다(Crane, 2003: 8). 이는 파이어니어 10호가 도착할 행성에 지능체가 살고 있을 경우를 대비해 지구에 대한 정보와 지구인의 우호적인 의사를 그들에게 전달하기 위한 목적이었다. 그러나 실제로 어떤 행성에 지능체가 살고 있다 하더라도 그들이 이 판에 새겨진 도형이나 그림을 지구인들이 의도한 방식 그대로 이해할 가능성은 얼마나 될까? 금속판 위에 새겨진 도형이나 그림들은 여러 가지 다양한 방식으로 이해될 수 있다. 외계인이 우리가 의도한 방식으로 그것을 이해하기 위해서는 대략 다음과 같은 점들이 전제되어 있어야 한다. 첫째, 그들은 먼저 그 판 위에 새겨진 도형이나 그림을, 단순히 긁혀서 생긴 자국이 아니라 무엇인가를 나타내는 기호로서 파악해야 한다. 둘째, 그들은 그 도형이나 그림이 어떤 종류의 기호인지를 이해해야 한다. 가령, 그들은 그것들이 단순한 묘사적 그림인지 혹은 과학적인 도형인지와 같은 기호의 성격을 이해해야 한다. 셋째, 그들은 각각의 도형이나 그림이 구체적으로 무엇을 나타내는지를 이해해야 한다. 가령, 우리가 남녀의 그림이나 태양계의 도형이라고 생각하는 것이 그들의 눈에는 무엇을 나타내는 것으로 보일까? 우리는 손을 흔드는 모습을 환영의 표시로 그려 넣었지만, 과연 그들은 그것을 환영의 표시로 파악할 수 있을까? 내 개인적인 생각으로, 외계인이 지구인의 메시지를 그 의도에 따라 파악할 가능성은 거의 없어 보인다. 여기서 한 가지 분명한 사실은 그 도형이나 그림 자체가 가지고 있는 (물리적 형태나 구성을 포함하는) 내재적 성질만으로는 그것들을 어떻게 이해할 것인지에 대해 알려 주는 바가 거의 없다는 점이다.

이와 같은 고려는 어떤 언어적 표현이나 기호가 비언어적 대상을 성공적으로 지시하기 위해 단순히 그 표현이 갖는 물리적 형상뿐 아니라 언어적 표현과 대상 사이에 성립하는 모종의 적절한 의미론적 관계가 전제되어 있어야 함을 보여 준다. 적절한 지시 혹은 지칭 관계가 성립하기 위해 어떤 조건이 충족되어야 하는가의 문제는 아직도 뜨거운 철학적 논란의 대상이다.[3] 하지만, 대부분의 이론이 공통적으로 인정하는 부분은, 언어적 표현과 그 대상 사이에 성립하는 모종의 인과 관계와 지시적 관계의 필요 조건이라는 것이다. 어떤 언어적 표현과 그것이 나타내고자 하는 대상 사이에 적절한 인과 관계가 성립하지 않는다면, 그 표현은 대상을 성공적으로 지칭할 수 없다. 퍼트남 또한 언어적 표현의 지칭적 기능이 성립하기 위한 요건 중의 하나는 언어적 표현과 그것이 가리키는 대상 사이에 성립하는 적절한 인과 관계라고 본다. 이러한 입장에서 어떤 언어적 표현이 외부 세계의 대상과 맺고 있는 외적 인과 관계는 그 표현의 내용을 결정할 때 본질적인 요소로 작용한다. 말하자면, 언어적 표현의 지칭적 기능은 언어적 표현과 그 대상 사이에 성립하는 인과 관계에 입각한 관계적 사실이다.

이른바 퍼트남이 말하는 '마술적인' 지시 이론은 기호나 언어적인 표현이 갖는 모종의 내재적 성질이 그것들로 하여금 그것들이 나타내는 대상

3 의미 관계를 자연화하기 위한 일련의 시도들은 스티치(Stich, 1993)를 참조하라. 이하에서 이뤄지는 언어적 표현과 대상 사이의 지시 관계에 대한 논의는, 지향적인 심리적 상태와 대상 사이에 성립하는 지시 관계에 대한 논의로 바꾸어도 그 기본적인 논지가 그대로 유지될 수 있다. 이 글에서는 이 둘 사이를 엄격히 구분하지 않고, 모두 동일한 구조의 표상적 관계로 간주해 논의를 진행할 것이다.

을 가리키게 만든다는 입장이다(Putnam, 1981 : 3-5). 앞에서 예로 든 'CHURCHILL'의 경우에 이 입장을 적용시켜 보면, 백사장에 흩어져 있는 모래들의 물리적 형태가 그것이 가지고 있는 본래적이고 내재적인 성질에 의해 어떤 지향적 내용을 띠게 되고 그 결과 처칠이라는 사람을 가리키게 된다는 주장이다. 하지만, 파이어니어 호의 예를 생각해 본다면, 정말로 마술과도 같은 신비한 작용을 전제하지 않는다면 그렇게 될 가능성은 거의 전무해 보인다. 그럴지도 모른다는 생각이 드는 것은 우리가 평소에 'CHURCHILL'이라는 표현에 너무 익숙해 생기는 일종의 착시 현상이다.

이상과 같은 고찰은 '통 속의 뇌'나 매트릭스 가설에 어떠한 함축을 갖는가? 퍼트남에 따르면, 통 속의 뇌는 스스로가 '통 속의 뇌'일지도 모른다고 말하거나 생각할 때, 그가 사용한 '통'이나 '뇌'라는 표현이 현실 세계의 통이나 뇌를 가리킬 수 없기 때문에 애초에 의도했던 회의론적 가정을 정합적으로 생각하거나 표현할 수 없다. 통 속의 뇌가 '통 속의 뇌'라는 생각을 하고 언어적 표현을 사용할 때, 이것이 인과적으로 관계 맺고 있는 대상은 사실상 컴퓨터에서 전해져 온 전기적 자극이다. 즉, 이것이 '통'이나 '뇌'라고 부르는 것은 컴퓨터가 전기적 자극을 통해 일으킨 가상 현실 속에 등장하는 통이나 뇌다. 혼란을 피하기 위해 가상 현실 속에 등장하는 대상들에는 *를 붙여서 표시해 보자. 즉, 통 속의 뇌가 경험하는 통이나 뇌는 현실 속에 존재하는 통이나 뇌가 아니라, 가상 현실 속에 존재하는 통*이나 뇌*다. 그런데, 통 속의 뇌가 스스로 '통 속의 뇌'일지 모른다는 가정을 통해 제기하고자 하는 회의론적 가설은 이 표현들이 현실 세계에 실제로 존재하는 통 속의 뇌를 가리킴으로써만 정합적일 수 있다. 하지만, 만일 통 속의 뇌라는 것이 있다면 이것은 실제의 통이나 뇌 사이에 의미론적으로 적절한 어떠한 인과 관계도 맺고 있지 못하다. 이

통 속의 뇌가 실제로 인과 관계를 맺고 있는 대상은 어디까지나 가상 현실 속의 통*과 뇌*일 뿐이며, 그런 의미에서 '통 속의 뇌'로서 지칭되는 대상은 통* 속의 뇌*일 뿐이다. 이러한 고려에 기초해 퍼트남은 만일 우리가 통 속의 뇌에 불과하다면, 우리 스스로는 '우리 스스로가 통 속의 뇌일지도 모른다'는 가정을 정합적으로 생각하거나 표현할 수 없다고 주장한다.

'통 속의 뇌' 가설의 비정합성에 대한 퍼트남의 주장은 통 속의 뇌가 통 속의 뇌라는 관점에서 결코 벗어날 수 없다는 것을 전제한다. 의미적 관계에 대한 퍼트남의 고려가 올바른 것이라면, 매트릭스 속에 갇혀 있는 토머스 앤더슨은 자신이 인큐베이터 속에 사육되고 있는 배터리라는 생각을 결코 할 수가 없다. 그가 이런 생각을 정합적으로 할 수 있게 되는 순간은, 그가 빨간 알약을 먹은 후 인큐베이터에서 빠져 나와서 네오가 되는 바로 그 시점이다. 이제 네오는 매트릭스 내부의 관점이 아니라 외부의 관점에 서 있으며, 그 스스로가 인큐베이터에 갇혀 있던 배터리였다는 생각을 하는 데 아무런 문제가 없어 보인다. 영화 속에서 네오가 처음으로 매트릭스 바깥으로 빠져나오는 장면은 매우 인상적이다. 그 장면이 그렇게 인상적인 이유 중의 하나는 아마도 네오가 그 이전까지 스스로의 모습에 대해 철저히 속임을 당하고 있었다는 우리의 인상이 겹치기 때문일 것이다. 하지만 영화를 보는 관객의 시점은 매트릭스 바깥의 현실 세계와 매트릭스 내부 세계의 관계를 모두 알고 있는 일종의 전지全知한 신적 관점이라는 것을 잊어서는 안 된다.

그런데, 만약 우리가 3절에서 묘사한 형이상학적 가설에 등장하는 매트릭스 내부의 존재자들이라면, 우리 스스로는 네오와 같은 외부의 관점을 취할 수 없다. 네오나 영화를 보는 우리들의 관점은 매트릭스의 안과 밖을 자유롭게 넘나드는 관찰자적 관점이다. 말하자면 이는 일종의 신적인 관점을 취하는 것이다. 그러나 매트릭스 내부에 존재하는 우리들은 결코 그러한 신적인 관점을 취할 수 없다. 어떤 의미에서 매트릭스 바깥의 세계는 우리들에게 인지적 · 의미론적으로 폐쇄된 영역이다. 우리의 언어나 사고가 유의미하게 관계 맺고 있는 영역은 어디까지나 매트릭스 내부의 경험적 실재의 영역에 국한된다. 그렇다면 우리가 사용하는 지식이나 진리라는 개념이 정당하게 적용될 수 있는 영역도 바로 그러한 경험적 실재의 영역이다.

물론 그러한 경험적 실재에 대한 우리의 지식이나 믿음은 매트릭스 외부의 신적인 관점에서 보았을 때 근본적으로 잘못된 것일 수 있다. 그러나 그러한 사실이 총체적 회의주의의 두 번째 전제, 즉 '우리가 만일 매트릭스 안에 살고 있는 것이라면, 우리가 가지고 있는 대부분의 믿음은 거짓'이라는 주장을 정당화시켜 주지는 못한다. 만일 우리의 지식이나 믿음이 거짓이라면, 그것을 거짓되게 만드는 것은 우리가 알고 있는 물리적 차원을 넘어서는 실재의 궁극적인 본성이나 구조가 될 것이다. 그러나 물리적 차원을 넘어서는 궁극적인 본성이란 말에서 짐작할 수 있듯이, 형이상학적 가정에서 그려지는 실재의 본성이란 것은 우리의 정당한 인식적 대상이 아닐 수 있다.

가령 칸트적인 의미에서 현상과 물 자체의 구분을 생각해 보자. 칸트에게 물 자체란 우리가 인식할 수 없는 영역에 속하는 것이며, 우리 지식의 정당한 대상은 현상계에 국한된다. '우리는 우리 스스로가 매트릭스 안에 살고 있는지 여부를 알 수 없다'는 전제 1의 주장은, 어떤 의미에서 칸트적인 물 자체에 대한 지식의 불가능성을 이야기하는 국지적인 형태의 회의주의 주장이다. 우리의 생활 세계라고 할 수 있는 거시 물리적 세계 그리고 더 나아가 미시 물리의 세계는 우리가 현상적으로 인식할 수 있는 세계에 속한다. 그런데 매트릭스 내부의 존재자의 경우에 그들이 경험하는 세계의 경험적 실재성은 비록 그것의 궁극적 본성이 계산적 차원으로 이뤄져 있다고 하더라도 그 물리적 실재성 자체가 영향을 받을 하등의 이유는 없어 보인다. 우리가 경험하는 물리적 세계가 비록 칸트적인 의미의 현상계라 하더라도, 우리는 그러한 물리적 세계의 경험적 실재성을 부정하지 않으며 물리적 세계에 대한 우리의 지식이 거짓된 지식이라고 말하지도 않는다.

만일 이러한 생각을 인정할 수 있다면, 매트릭스 가설이 설령 참이라 하더라도 거시 물리나 미시 물리적 과정에 대한 우리들 믿음의 대부분은 그대로 유지될 것이다. 우리의 믿음은 그것을 거짓으로 만든다고 생각되는 우주의 근본적 본성에 대한 믿음이 아니라, 우리 믿음과 유효한 인과론적 관계를 맺고 있는 매트릭스 내부의 경험적 사실에 관한 믿음이기 때문이다. 칸트 식으로 이야기하면, 회의주의의 두 번째 전제는 현상계에 적용되는 우리의 개념을 물 자체의 영역으로 확장해 적용시키는 일이다. 의미 관계에 착안한 퍼트남의 논지가 정당한 것으로 유지될 수 있다면, 매트릭스 가설은 우리들의 믿음에 대한 전반적이고 총체적 회의주의를 함축하지 않는다. 매트릭스 가설이 참이라는 사실에서 우리가 정당하게 끌어낼 수 있는 결론은, 단지 우리의 인식을 초월해 있는 실재의 근원적 모습이 우리가 통상적으로 생각하는 것과는 철저히 다를 수 있다는 사실뿐이다. 그런데, 그런 궁극적인 실재란 것이 어차피 우리가 알 수 없는 물 자체의 영역에 속하는 것이라면 그러한 차이가 무슨 큰 의미가 있겠는가?

5. 가상성과 실존적 진정성

매트릭스 가설이 참이라면, 진리와 같은 인식적 개념에 대한 회의주의와는 별개로 우리의 삶 자체나 행위가 갖는 진정성이 훼손된다는 반론이 제기될 수 있다. 우리는 우리 자신의 존재와 삶, 행위에 대해 인식적 가치와는 구분되는 여러 다양한 가치나 의미를 부여한다. 그런데 우리가 살고 있는 세계가 매트릭스라고 한다면, 결국 이 모든 것은 총체적인 기만에 입각한 환상에 불과한 것이 아닌가 하는 의문이 있을 수 있다.

매트릭스와 같은 가상 세계가 거짓된 세계라는 생각의 밑바탕에는 우선 현실 세계와 그것의 모의模擬인 가상 세계라는 구분이 있고, 이 둘 중에서 현실 세계가 진짜이고 계산적 과정에 의해 모의된 세계는 문자 그대로 모방에 불과한 가짜라는 생각이 깔려 있다. 진짜 세계는 매트릭스의 바깥에 엄연히 존재하는 현실 세계이며, 매트릭스 속의 세계는 실재에 대한 모의에 불과한 가짜라는 것이다. 그러나 과연 진짜만이 가치 있는 것이고, 그 모방품은 진짜와 동일한 가치를 가질 수 없는 것일까? 그러한 생각을 뒷받침할 수 있는 몇 가지 가능성을 고려해 보자.

먼저 진짜와 가짜의 구분이 적절하게 적용되는 전형적인 경우는 예술작품이나 지폐, 명품 등의 경우다. 과학 기술의 발전에 힘입어서 빈센트 반 고흐Vincent van Gogh의 〈해바라기〉를 분자적 단위까지 미세하게 복사한 복제품이 있다고 하자. 만약 그런 복제품이 가능하다면, 가장 뛰어난 전문가가 첨단 장비를 이용해도 그 복제 여부를 알아내는 것은 쉬운 일이 아니다. 그럼에도 불구하고 우리는 진정한 예술품의 가치를 갖는 것은 고흐가 그린 진짜 〈해바라기〉이며, 복제 〈해바라기〉는 진품이 갖는 예술적 가치를 갖지 않는다고 생각한다. 도대체 그러한 판단을 뒷받침하는 근거는 무엇일까?

논의의 진행을 위해, 이것들을 분간하는 것이 실질적으로 불가능하다고 가정해 보자. 그럼에도 불구하고, 진짜와 가짜가 서로 다른 가치를 가진다고 생각해야 한다면 그 이유는 무엇일까? 이것들은 그 물리적 형태나 성질에서 전혀 분간할 수 없다. 그러므로 그것들이 갖는 어떤 내재적 성질이 그 예술적 평가의 기초가 될 수는 없다. 만일 이것들이 진정으로 그 예술적 가치가 다르다면, 그 차이는 아마도 그 그림을 언제 누가 그렸느냐 하는 인과적 기원의 문제이거나 희소 가치를 소중하게 생각하는 우리들의 문화적 · 제도적 관행 속에서 그것들이 수행하는 기능적 역할의 문제일 수밖에 없다. 그런데 진품과 모조품의 차이가 단지 인과적 기원이나 우리의 제도적 관행 속에서 그것들이 갖는 기능적 차이에 불과하다면, 실질적으로 그 차이를 구분할 방안이 없을 경우에 진품과 모조품의 차이는 우리들이 생각하는 것보다 훨씬 덜 중요할 수 있다. 가령 지폐의 경우를 생각해 보자. 지폐의 경우도 진짜와 가짜의 구분은 그 발행의 주체가 누구인가라는 인과적 기원과 경제적인 교환 활동을 유지하고 규제하는 법적 · 제도적 장치와 밀접히 연관되어 있는 문제다. 하지만 정말로 진짜와 전혀 구분할 수 없는 위폐가 만들어진다면, 비록 가짜이지만 그것은 진짜와 동일한 교환 가치를 가진 채 아무런 문제 없이 화폐로서의 기능적 역할을 수행할 것이다. (물론 위폐의 경우에는 법적인 문제가 당연히 뒤따를 것이고, 그 수량이 엄청나게 늘어날 경우에는 심각한 경제 문제가 발생할 것이다. 하지만 그러한 문제는 현재 논의의 맥락에서 제기되는 진품과 모조품의 차별적 가치와는 무관한 문제다. 위조품의 경우에 그것을 만들고자 하는 위조자의 나쁜 의도가 문제될 수 있다. 이 문제는 매트릭스의 창조 과정과 연관된 의도의 선악 여부를 논의하는 과정에서 다룰 것이다.)

이러한 논의가 보여 주는 바는 예술품이나 지폐의 진품, 모조품과 관련한 차별적 가치의 궁극적 기원은 그것들이 가지고 있는 어떤 내재적이거나 본래적인 본성의 차이라기보다 그것들을 대하는 우리의 태도나 제도적 · 문화적 관행과 관련되어 있다는 것이다. 즉, 진품이 모조품에 대해 우월적 가치를 갖는 것은 진품에 훨씬 더 높은 가치를 귀속시키고자 하는 우리의 태도 때문이다. 만일 진품과 모조품이 그 물리적 형태나 구성, 그리고 인과적인 의미의 기능적 역할에서 아무런 차이가 없다면, 진품과 모조품이 갖는 가치의 차별성은 그 차이를 중요하게 간주하려고 하는 사회, 문화, 제도적인 맥락을 떠나서 이야기될 수 없다.

그런데 예술품이나 지폐의 구분과 관련된 진짜와 가짜의 구분은, 매트릭스 내에서 일어나는 삶이나 행위의 가치가 기만이나 환상에 불과하다는 판단을 이끌어 낼 수 있는 정당한 모형으로 생각되지 않는다. 일단은 실제 세계와 매트릭스의 차이를 진짜와 가짜의 차이로 인식시켜 줄 사회적 · 제도적 맥락이란 것이 무엇인지 분명하지 않다. 비록 매트릭스의 세계가 실제에 의존하기는 하지만, 이 둘은 사실상 전혀 다른 차원에 속하는 독립된 세계다. 그런데 그 중의 하나를 진짜로 다른 하나를 가짜로 간주하는 것은 영화 속의 네오처럼 두 세계를 넘나드는 존재가 있어서 그 둘을 하나의 맥락에서 통합적으로 파악할 수 있는 관점에서만 가능한 일이다. 하지만 앞서도 지적했듯이 이는 일종의 신적인 관점을 전제하는 것이며, 매트릭스의 내부에 갇혀 있는 우리들이 내릴 수 있는 판단은 아니다.

두 번째로 우리가 생각해 볼 수 있는 이유는 존재(실재성) 자체가 갖는 가치다. 실재하는 것은 그것이 실재한다는 것 그 자체로 모종의 존재적 가치를 갖는다고 생각할 수 있다. 가령 플라톤Platon은 이데아의 세계만이 존재로 충만한 완전성의 세계라고 생각했고, 우리가 살고 있는 지상의 세계를 이데아계의 모방에 불과한 불완전한 세계로 폄하했다. 유사한 이유에 의해, 우리는 실제 세계가 더 많은 실재성을 가지고 있으며, 매트릭스의 세계는 단지 실제 세계의 계산적 모의에 불과한 모방의 세계라고 생각할 수 있다.

이러한 주장이 설득력을 얻기 위해서는 먼저 계산적 과정을 통해 생겨나는 것은 모두 실재의 모의에 불과하며, 그것으로부터는 진정한 실재가 구성될 수 없다는 것을 전제해야 한다. 하지만 나는 여기서 3절에서 제안된 매트릭스 가설이 계산적 가설에 입각한 일종의 형이상학적 가설이라는 점을 다시 한 번 강조하고자 한다. 매트릭스 가설은 우주적 과정의 궁극적 차원은 바로 우주라는 슈퍼컴퓨터의 계산적 과정으로 이루어져 있으며, 우리가 경험하는 일상적인 물리 과정은 바로 이 거대한 컴퓨터의 계산 과정에서 창발한다는 주장이다. 물론 이러한 매트릭스의 세계는 신적인 존재나 혹은 다른 차원에 존재하는 존재자가 '세계 만들기' 기술을 이용해 창조한 세계다. 궁극적인 과정이 계산적 과정이라는 말은 바로 이 우주의 창조자가 계산적 과정을 구현함으로써 거기에 수반하는 시 · 공간 속의 물리 세계를 만들어 낸다는 것이다. 이렇게 창조된 매트릭스의 세계는 물리적 과정이 계산적 과정을 통해 구현되는 세계다. 달리 말하면 이 가설은 계산적 과정에 의해 모종의 새로운 차원의 실재가 생겨난다는 주장이다.

계산적 과정에 의해서는 실재가 구성될 수 없다고 생각해야만 할 어떤 원리적인 이유가 있을까? 가령, 찰머스가 상상하고 있듯이, 세계를 구성하는 물리적 입자 하나하나와 그러한 입자의 모든 변화에 걸쳐서 어떤 계산적 요소를 대응시킬 수 있다면, 그 계산적 체계는 우리가 생각하고 있는 우주와 최소한 동일하거나 혹은 그보다 훨씬 더 복잡한 인과적 구조를 가지고 있어야 한다. 그런데, 대개 우리가 생각하고 있는 계산을 통한 모의란 현실의 복잡한 인과적 과정이나 구조를 대부분 사상시킨 채 우리가 관심을 갖는 특정의 요소만을 부각시켜 놓은 현실의 추상적인 축약판이다. 계산적 과정은 단지 실재의 시뮬레이션에 불과한 가상 현실일 뿐이며 실재와 엄연히 구분된다는 생각은, 어떻게 보면 현재 시점의 우리 기술 수준에서 구현할 수 있는 모의 과정의 한계 때문일 수 있다.

또한 우리는 컴퓨터의 계산 과정을 통한 모의와 실재의 구분이 과연 절대적인 것인가에 대해서도 의문을 제기할 수 있다. 컴퓨터 모의와 실재의 구분은 어떤 절대적 구분이라기보다는 차원 상대적인 구분에 불과할 수 있다. 앞서도 언급했듯이, 어떤 계산적 과정을 모의나 가상 현실로 분명히 규정할 수 있는 것은, 지금 현재 우리가 서 있는 지평을 현실적 실재로 인정하고 그 현실의 바탕 위에서 인공적으로 구축된 가상 세계에 대해서일 뿐이다. 그렇다면, 매트릭스의 세계가 가상 현실이거나 시뮬레이션이라는 것은 어디까지나 매트릭스 바깥의 차원에 서 있는 관점에서 정당하게 이야기될 수 있는 것이지 결코 매트릭스 내부의 관점에서 유의미하게 말해질 수 있는 것은 아니다.

다른 한편으로 매트릭스 속의 삶이 기만에 불과하다는 생각은 진짜와 가짜의 문제라기보다, 어떤 이유로 매트릭스가 만들어졌는가 하는 그 창조의 의도에 대한 우리의 판단 때문일 수 있다. 영화 속에서 매트릭스가 만들어지게 된 이유는 기계와 인간의 오랜 전쟁의 결과 때문이다. 전쟁에서 최후의 승자는 기계들이었으며, 이들은 자신을 움직이기 위한 동력원으로 인간을 이용하기 위해 매트릭스를 만들어 냈다. 말하자면, 인간의 관점에서 볼 때 대단히 불순하고 사악한 이유 때문에 기계들이 인간을 속이고 착취하고 있는 것이다. 이때 기만의 궁극적인 원인은 매트릭스가 갖는 가상성이 아니라, 매트릭스를 만들게 된 기계들의 사악한 의도다.

이러한 점은 영화 속에서 이루어지는 사이퍼의 선택에 대해서도 적용할 수 있다. 사이퍼는 동료들을 배신하고, 진절머리나는 암울한 현실보다 맛있는 스테이크를 먹을 수 있는 매트릭스를 선택한다. 사이퍼의 선택에서 문제가 되는 것은 그러한 선택을 위해 동료들을 배신했다는 도덕적인 문제이지, 매트릭스에서 먹는 스테이크가 가짜라는 사실이 아니다. (영양과 관련된 문제를 제외한다면) 실제로 스테이크를 먹는 것과 스테이크를 먹는 것처럼 느끼는 것 사이에는, 후자를 기만이나 속임수라고 폄하하게 만드는 그 어떤 적절한 차이도 있어 보이지 않는다. 스테이크의 맛이라는 것은 어차피 우리가 주관적으로 어떻게 느끼는가와 연관된 현상적 phenomenal 특성이다. 그것이 가상으로 만들어진 맛이라고 해서, 맛이 덜하다거나 그 맛이 가짜라고 폄하할 이유는 없다.

그런데 만약 매트릭스 가설을 진지한 형이상학적 가설로 받아들일 경우에, 그것의 창조적 과정이 영화에서와 같이 꼭 어떤 사악한 목적을 위해 만들어졌다고 생각해야 할 이유는 없다. 우리는 얼마든지 자비로운 목적을 위해 만들어진 매트릭스의 가능성을 상상할 수 있다(Vasiliou). 가령 핵전쟁이나 행성 충돌과 같은 이유 때문에 환경이 파괴되어 지구상에서 더 이상 지금과 같은 인간의 삶이 불가능해졌다고 가정해 보자. 인류는 다행스럽게도 기술의 발달에 힘입어 매트릭스를 만들 수 있게 되었고, 그 결과 현재 우리가 누리는 삶과 동일한 방식의 삶을 계속 누릴 수 있게 되었다고 가정하자. 만일 매트릭스의 기원이 그러하다면, 최소한 우리의 삶이 누군가에 의해 의도적으로 기만되고 있다는 생각만큼은 피할 수 있다.

매트릭스가 우리의 삶이나 행위의 진정성에 대해 갖는 함축과 관련해 우리가 마지막으로 고려해야 할 부분은 자유로운 의지에 기초한 행위의 선택 가능성과 관련된 부분이다. 우리는 스스로를 자신의 삶의 주인이라고 생각하며, 우리가 행하는 행동은 우리 스스로가 주체적으로 선택한 행위라고 생각한다. 그런데 만약 우리가 살고 있는 세계가 일종의 프로그램으로 작동되는 가상 세계에 불과하다면, 우리가 느끼는 주체의 자유로운 선택이라는 것은 이미 프로그램을 통해 결정된 것이 아닐까? 하지만 근원적인 의미에서 인간이 과연 형이상학적으로 자유로운 의지를 갖고 있느냐의 문제는 비단 가상 현실에 대해서만 제기되는 문제는 아니다. 자유의지와 결정론의 문제는 여전히 해결되지 않고 있는 철학적인 난제 중의 난제다. 지금 우리가 살고 있는 세계 속에서도 우리는 과연 우리 스스로가 자유로운 의지를 가지고 있느냐의 문제를 제기할 수 있다.

그러므로 나는 여기서 어떻게 매트릭스 세계에서 주체의 자유로운 의지를 확보할 수 있는가의 문제를 논의하지 않겠다. 그보다 나는 일종의 양립론적 관점을 전제하면서, 매트릭스 속에서도 과연 유의미한 도덕적 책임을 물을 수 있는가의 문제를 논의의 초점으로 삼도록 하겠다. (영화 〈매트릭스〉에서도 그 속에 사는 인간들은 자유로운 선택을 하는 존재로 그려진다. 가령 토머스 앤더슨은 모피어스가 건네 준 빨간 알약과 파란 알약 중에서 자발적으로 빨간 알약을 선택한다.) 인간의 삶이나 그 행위에 어떤 진정성이나 의미를 부여하고자 한다면 결국 인간이라는 것의 가치가 무엇이냐는 것이 문제가 될 것이고, 인간의 삶을 가치 있는 그 무엇으로 만들어 주는 것은 궁극적으로 그 도덕적 성격에 있다고 생각하기 때문이다. 그러므로 여기서 제기되는 가장 핵심적인 질문은 과연 매트릭스 내부에 존재하는 존재자들도 도덕적 평가를 귀속시킬 수 있는 도덕적 능력을 가지고 있느냐의 문제다.

여기서 우리가 가장 먼저 물어야 할 질문은 인간을 도덕적으로 만들어 주는 속성은 무엇이냐는 것이다. 인간의 도덕적 지위는 기본적으로 인간이 자기 의식을 갖는 이성적 존재이며 유정적인sentient 존재라는 사실에서 주어진다고 나는 생각한다. 그런데 매트릭스 속에 존재하는 인간과 그 바깥에 존재하는 인간의 차이는 그러한 차이가 아니라, 어떻게 무엇으로 만들어졌는가의 차이다. 하지만 인간이 어떻게 무엇으로 만들어졌는가는 사실은 인간의 도덕적 지위에 아무런 영향을 끼치지 않는다. 가령 자연 수정과 인공 수정을 통해 만들어진 아기의 차이를 생각해 보라. 그 사이에 어떤 유의미한 도덕적 차이를 부여할 수 있는가? 다른 한편으로 먼 미래에 만들어진 의식을 갖는 인공 로봇의 경우를 생각해 보자. 만일 그 로봇이 진정으로 지성적 사유와 의식을 능력을 갖고 있으며 더군다나 삶에 대한 열망과 함께 고통을 느낄 수 있는 존재라면, 과연 그 로봇에게 인격으로서의 도덕적 지위를 거부할 어떤 정당한 이유가 있는가? 가령 〈바이센테니얼 맨〉에 등장하는 주인공 앤드루를 생각해 보라. 로봇이 인공적으로 만들어진 존재라고 해서, 그것을 도덕적으로 덜 중요하게 생각할 이유는 없다(신상규, 2008).

혹자는 여기서 매트릭스의 세계는 가상의 세계이기 때문에 도덕적으로 유의미한 실질적인 결과를 산출할 수 없어서 도덕적 평가를 귀속시킬 수 있는 세계가 아니라고 반박할 수도 있다. 가령, 누군가의 경험이 진짜가 아닌 상황(가상적 상황)에서 그 사람은 도덕적으로 비난받을 만한 잘못된 행위를 결코 할 수 없다는 것이다. 즉, 가상의 세계에서 벌어지는 나쁜 결과는 실제의 나쁜 결과가 아니기 때문에 그것은 도덕적 차원의 문제가 아니라는 것이다. 여기서 나는 매트릭스의 세계가 비록 다른 차원에 존재하는 실재 세계를 따라서 만들어진 대안적인 가상 세계라 하더라도, 여전히 그것은 가상의 대상, 가상의 인간, 가상의 동물을 포함하는 자족적인 세계라는 점을 명심할 필요가 있다고 생각한다. 그리고 매트릭스 속의 존재는 단지 꿈을 꾸고 있는 유아론적인 존재가 아니라, 현실 세계의 우리와 마찬가지로 엄연히 타자들과 상호작용하는 복수의 존재다. 그들은 자신의 삶을 계획하고 욕망하여, 타인에 대해 사랑과 미움과 같은 감정적 반응을 하는 존재다. 또한 그들은 우리와 마찬가지로 이성적 사유의 능력을 가지고 있으며, 반성적 자기 의식에 입각해 자발적인 선택을 하는 존재다. 그리고 무엇보다도 중요한 것은 그들이 고통을 겪을 수 있는 존재라는 점이다.

도덕이라는 것은 기본적으로 타자와의 관계 속에서 생겨나는 고통의 문제와 관련되어 있다. 그런데 고통이나 아픔은 의식 주체가 주관적으로 느끼는 현상적 차원의 심리적 상태다. 고통이 일어나는 상황이나 원인에 대해서는 진짜와 가짜의 구분을 적용할 수 있을지 모르지만, 고통 자체는 결코 거짓일 수 있다. 누군가가 고통을 느끼는 것처럼 가장할 수는 있지만, 실제로 느껴지는 고통 자체에 대해서는 가짜의 개념을 적용시킬 수 없다. 그러므로 가상 세계에 존재하는 대상에게 야기되는 고통이나 아픔도 진짜 고통이나 아픔이다. 가령 가상 세계에서 누군가를 학대하거나 폭행함으로써 생기는 고통이나 아픔은 비록 그것이 가상의 고통이나 아픔이라 하더라도 진짜 고통이나 아픔이다. 그러므로 우리는 그러한 행위에 대해 도덕적 평가를 정당하게 적용할 수 있다.

이와 같은 논의가 보여 주는 것은 매트릭스 가설에 따른 현실 세계와 가상 세계의 구분은 도덕과 연관된 구분이 아니라는 것이다. 만약 우리가 실제 세계에 사는 것을 그것과 동일한 경험이 가능한 매트릭스 속에 사는 것보다 더욱 가치 있게 해 주는 것이 있다면, 그것은 최소한 도덕과 연관된 구분은 아니다.

우리는 지금까지 매트릭스 가설이 참일 경우에 그것이 우리의 삶이나 행위가 갖는 진정성을 훼손할 수 있는 다양한 경우를 살펴보았다. 만일 매트릭스의 가상 세계에 존재한다는 이유로 우리의 삶이나 행위가 갖는 어떤 가치들이 훼손된다면, 그럴듯한 유일한 이유는 단지 우리의 삶이 가상의 공간에 속한다는 사실이 아니라 그러한 가상성이 만들어지고 유지되는 어떤 외적인 목적(가령, 사악한 창조자) 때문일 것이다. 그런데 그러한 실제의 외적 상황이란 우리들에게 인지적 · 실천적으로 폐쇄된 영역에 속한다. 말하자면, 그러한 상황은 가상과 실제의 두 차원을 온전히 파악할 수 있는 신적인 관점에서만 접근할 수 있는 영역이다. 그런데 우리의 삶이나 행위가 지니는 모든 가치가 그러한 외적 요소에 의존하지는 않는다. 매트릭스의 세계는 현상의 차원에서 그 자체로 자족적인 세계이며,

우리의 삶이나 행위는 그런 현상성 내에서 옹호될 수 있는 어떤 내재적 가치(가령 도덕성)를 지닌다. 우리는 여전히 이성적 존재자로서 자유라는 이념에 따라 행위하며 그런 한에서 실천적으로 자유로운 존재다. 매트릭스의 가상성은 그러한 가치를 훼손시키지 않으며, 그러한 가치는 우리 스스로가 우리의 삶이나 행위에 대해 귀속시키길 원하는 충분한 정도의 가치일 수 있다. 이런 정도의 가치를 불충분하다고 여기는 것은 현상적인 것을 경시하고 어떤 불변의 초월적인 것만이 진정한 가치를 지닌다는 플라톤적 사유의 편견일 수 있다는 것이 나의 생각이다. 우리 스스로가 네오처럼 가상 현실의 밖으로 나갈 수 있는 존재가 아닌 한, 우리에게 중요하고 유의미한 진실은 결국 우리에게 경험적 실재로서 주어진 가상 현실이다.

참고 문헌

신상규, 『푸른 요정을 찾아서: 인공지능과 미래 인간의 조건』, 프로네시스, 2008.

예페스, 글렌 엮음, 민병직 · 이수영 옮김, 『우리는 매트릭스 안에 살고 있나: 매트릭스의 철학 매트릭스의 과학』, 굿모닝미디어, 2003.

Charlmers, D., " The Matrix as Metaphysics," http://whatisthematrix.warnerbros.com/rl_cmp/new_phil_chalmers.html

Crane, T., *The Mechanical Mind* (2nd ed.), Routledge, 2003.

McGinn, C., "The Matrix of Dreams," http://whatisthematrix.warnerbros.com/rl_cmp/new_phil_mcginn.html

Putnam, H., *Reason, Truth and History*, Cambridge University Press, 1981.

Stich, S. P. & T. Warfield(ed.), *Mental Representation: A Reader*, Blackwell, 1994.

Vasiliou, I., "Reality, What Matters in The Matrix," http://whatisthematrix.warnerbros.com/rl_cmp/new_phil_chalmers.html

은유와 가상 현실*

정현규

1. 들어가는 말

흑백은 고상하게 여기지만 화려한 색은 여성적이거나 원시적이라고 무시하는 오랜 풍조가 있다. 색은 자연의 하위 형태들의 고유한 특징이기 때문에, "색이 드로잉을 희생시키고 우위를 점하는 것은 상대적인 것이 절대적인 것의 권력을 빼앗는 것이며 시시각각 흐르는 현상이 영원한 형상을, 육체적 인상이 영혼의 제국을 빼앗는"(바츨러, 2002 : 55)다는 것이다. 아리스토텔레스의 색에 대한 평가 역시 위의 편견과 궤를 같이한다. "아무리 아름다운 색채라도 아무렇게나 칠한 것은 흑백의 초상화만큼도 쾌감을 주지 못할 것이다"(아리스토텔레스, 1997 : 51). 당시로서는 아주 보편적인 사고를 했던 괴테 역시 이러한 편견에서 완전히 자유롭지는 못

* 이 글은 『카프카 연구』 제22집(2009)에 실린 논문을 수정 · 보완한 것이다.

했다. "야만적인 민족, 교양 없는 사람들 그리고 아이들은 선명한 색을 특히 좋아하며, 동물은 특정한 색을 보면 격분하게 되고, 교양 있는 사람들은 의복이나 다른 주변 환경에서 선명한 색을 회피하며 대개의 경우 자기 주위로부터 그것을 멀리하려고 시도한다"(괴테, 2004 : 84)고 말하고 있으니 말이다. 여기서 도출되는 결론은 이렇다. "흰색은 깨끗하고 분명하며 건강하고 도덕적이며 이성적이고 정통적이다"(바츨러, 2002 : 91). 반면 "색은 위험하다. 그것은 일종의 마약이고 의식 상실이며 일종의 눈멂이다. …… 색은 초점 상실, 정체 상실, 자아 상실을 요구한다. 그것은 또한 이성을 잃는 것, 일종의 정신착란, 일종의 광기다"(바츨러, 2002 : 99).

문자는 고차원적이고 구술은 저차원적이며, 추상은 유럽적이고 은유는 아시아적이라며 후자를 무시하는 풍조 역시 오래되었다. 은유는 생활 밀착형 구술 문화에서는 환영받는 존재였던 반면, 지난 세기까지 수천 년간 이어져 온 문자 시대의 추상성이 지배하는 곳에서 은유는 저급한 인식 능력을 위한 어쩔 수 없는 보조 수단일 뿐이었다. 은유란 "과장된 비유적 성격을 가진 아시아적 태도"(키케로)이거나, "어떤 단어를 맞는 것에서 맞지 않는 것으로 전이하는 것"(아우구스티누스), "증거로 채택할 수 없는 것"(아퀴나스), "여자나 시인들의 논거"(디드로), "오성의 능력이 부족한 사람들에게 진리를 전하기 위한 부수적인 수단"(겔러트Christian Gellert) 정도로 인식되었던 것이다.

서구 중심주의적 혹은 남성 중심주의적 사고는 다양한 방향으로 편견을 만들어 냈는데, 위와 같은 사고 방식 역시 이의 일환이다. 불온하고 위험하거나, 하찮아서 별 볼일 없거나, 이것이 후자에 내려진 평가의 단면이다. 이처럼 색과 형상/은유에 대한 편견은 인종적이며 성적인 동시에, 도덕적이며 사회적인 양상을 띤다. 그렇다면 '구텐베르크 은하계'의 종말이 선언된 현 시대에 은유는 어떠한 평가를 받고 있으며, 그 가능성은 무엇일까?

2. 매체와 은유

디지털 매체 시대의 은유를 논하기에 앞서 그보다 앞선 시대의 은유에 대한 태도를 먼저 살펴보자. 이처럼 통시적인 서술이 의미 있는 이유는 구술 문화 속의 은유가 가지는 특성과, 문자 문화 속에서 은유가 가지는 특성이 영상 매체의 시대에 살고 있는 우리에게 여전히 유효한 지점을 가지고 있기 때문이다.

매체사를 살펴볼 때 시대를 나누는 커다란 변화는 구술 문화와 문자 문화 그리고 전자 매체에 의한 영상 문화로 특징지어진다.[1] 물론 각 시대는 칼로 벤 듯 명확하게 구분되는 어떤 경계를 가지는 것은 아니다. 구술 문화는 문자 문화 속에, 문자 문화는 영상 문화 속에, 또 구술 문화는 다시 영상 문화 속에 겹치면서 서로 영향을 끼쳤고 여전히 끼치고 있다. 이로 인해 각각의 문화가 구축한 의식 구조는 심각한 갈등을 겪기도 하고 서로에게 영향을 미치기도 한다.

아래에서는 다만 각각의 문화가 가지고 있는 본질적 특성에 한정할 수 있는 범위 내에서 시대 구분을 사용한다. 공교롭게도 이러한 구술 문화, 문자 문화, 전자 문화의 시대 구분은 은유에 대한 태도와 많은 점에서 맞물려 있다.

1 이에 대해서는 월터 옹의 『구술 문화와 문자 문화』(문예출판사, 2006) 참조.

구술 문화와 은유

월터 옹Walter Ong은 그의 주저 『구술 문화와 문자 문화』에서 구술 문화의 특성을 다음과 같이 열거한다.

1) 종속적이라기보다는 첨가적이다.
2) 분석적이라기보다는 집합적이다.
3) 장황하거나 다변적이다.
4) 보수적이거나 전통적이다.
5) 인간의 생활 세계에 밀착된다.
6) 논쟁적인 어조가 강하다.
7) 객관적 거리 유지보다는 감정이입적 혹은 참여적이다.
8) 항상성이 있다.
9) 추상적이라기보다는 상황 의존적이다.

이러한 분석에 따르면 쓰기는 "생활 경험으로부터 일정한 거리를 두고서 지식을 구조화"하는 반면, 구술 문화는 "그 세련된 분석적인 카테고리가 결여되어 있어서, 그 모든 지식을 인간 생활 세계에 다소라도 밀접하게 관련시키는 방식으로 개념화하고 언어화하지 않을 수 없다"(옹, 2006 : 69). 후자의 경우 추상적인 기술記述은 인간 행동에 필요한 특정 지시나 혹은 특정 행위에 대한 설명을 제공해 주는 이야기에 파묻힌다. 문자 문화에서 어떤 것을 지시할 때 알파벳 명칭을 우선하는 것과 달리, 구술 문화에서는 회화적인 디자인 내지는 도상을 우선시한다.

클로드 레비스트로스Claude Levi-Strauss는 그의 역작 『야생의 사고』에서 이러한 시각을 더욱 구체화한다. 그의 인류학적 서술에 따르면 구술 문화,

혹은 야생적 사고에서 은유는 이들의 사고 과정을 규정하는 중요한 도구이며, 그 중에서도 토템은 이러한 은유적 사고를 표현하는 세계상이다(Gozzi, 2001: 49).

> '토템'형의 사고와 신앙이 특별히 주목되는 것은 그것을 형성하거나 차용한 사회에서 그것이 '부호'가 되고 개념 체계의 형태를 띠게 되는바, 그로써 각 수준에 속하는 메시지뿐만 아니라 나아가서는 언뜻 보기에 서로 무관한 메시지들, 즉 인간 사이의 관계인 문화나 사회, 또는 인간과 자연의 문제로 간주되는 기술적 · 경제적 현상의 그 어느 한쪽에만 속하는 듯한 메시지 사이에도 변환이 가능해지기 때문이다. 자연과 문화 사이의 이와 같은 중재는 토템적 조작 매체의 변별 기능의 하나인데 …… 토테미즘은 무엇보다 자연과 문화 사이의 대립을 초월하는 수단 혹은 희망인 것이다(레비스트로스, 2003: 158 이하).

토테미즘은 동물과 식물, 동식물과 인간 사이에 존재하는 유사성과 배제의 논리를 기초로 하여 세계를 구조짓고 변별성을 부여하는 것이다. 다른 말로 하자면 야생의 사고는 "공준公準과 공리公理의 체계로서, '타자他者'를 우리의 용어로 해석할 수 있도록 해 주는 코드를 창조한다"(Wallemacq, 1998: 595).

이러한 구술 문화의 특징은 문자 문화 시대에도 완전히 소멸되지 않고 살아남는다. 특히 연행이 중요한 연극에서 은유는 '생생함'을 전달하기 위한 주요한 수단이 된다.

> 은유의 한 기능은 '연극적'이었으며(구술적인 성격이 우세했던 문화에서는 당연한 일), 그 시대의 뛰어난 운문의 대부분에서 '말하는' 목소리가 들

렸고, 심지어는 그 시대의 가장 위대한 시적인 전달 수단인 연극으로 일차적으로 꾸며지지 않은 운문에서조차도 그랬다. 요컨대 엘리자베스 시대의 은유들은 말을 했고, 응답을 요청했다(혹스, 1983: 31).

구술 문화의 '감정이입적이고 참여적인 특성'은 이렇게 해서 문자 문화 시대에 명맥을 유지할 수 있었다.

문자 문화와 은유

옹의 표현을 빌리자면 쓰기와 인쇄 그리고 컴퓨터는 모두 말을 기술화하기 위한 방식이란 점에 공통성이 있다. 이 방식들은 "끊임없이 움직이고 있는 소리를 정지된 공간으로 환원하고, 소리로 된 말 그 혼자만이 존재할 수 있는 살아 있는 현재로부터 그 말을 분리시키는"(옹, 2006: 129) 역할을 한다. 물론 문자는 이처럼 살아 있는 소리를 사물화시킨다는 점에서 죽음과 관련되는 측면이 있긴 해도, 글쓰기의 시각적인 기록은 말하기보다 훨씬 정교한 구조나 지시 체계를 산출하며, 이렇게 이룩된 정교함은 구술적인 발화가 지니는 잠재력으로는 도저히 이룰 수 없는 것이다. 게다가 분명한 경험적 패러다임의 변화도 일어나는데, 말하기의 청각적 체험은 새로운 감각 체험, 즉 시각적 체험으로 변화하는 것이다. 문자 문화 시대에는 말로 한 발언보다는 쓰여진 텍스트를 더 좋아하고, 말의 구술적인 실체보다 글의 시각적인 추상 개념을 더 좋아하게 되었다. 결국 "새로운 문예부흥기의 인쇄술은 살아 있는 언어가 거부당한 영속성의 개념을 점차적으로 부여받았다"(혹스, 1983: 38).

이러한 문자 문화 시대에 은유를 바라보는 시각에 단초를 제공했던 대표적인 인물로는 아리스토텔레스를 들 수 있다. 그의 은유에 대한 견해는 문자 문화의 입장을 대변하는 것이라고까지 말할 수 있다. 그가 언어 예술을 논리학, 수사학, 시학의 뚜렷한 범주로 나누고, 시학의 언어는 논리학이나 수사학의 언어와 판이하게 다르다고 할 때, 그리고 은유를 시학의 중심적 언어 사용 방식이라고 하며 은유의 일탈적 성격을 강조할 때, 그는 문자의 추상적 성격을 옹호하는 입장에 서 있는 것이다. 그에게 은유는 '언어에 대한 일종의 부가적인 여분'이며 '육류에 대한 조미료' 정도다. 흥미로운 것은 아리스토텔레스의 이러한 미학 체계는 플라톤이 마련해 놓은 철학과 수사학 사이의 대립에서 영향을 받아, 선과 색의 대립－디자인과 컬러의 대립－에까지 이어지고 있다는 점이다. 사실 은유를 '팔레트의 그림물감'이나 '채색 유리'로 보는 근대의 시각 역시 이의 연장이라 할 수 있다. 여기에는 로고스 중심주의에 입각한 서구 인식론의 이원론적 세계관이 중요한 역할을 했다. 유일한 진리를 상정하고 이에 따라 모든 명제를 참 혹은 거짓으로 규정짓는 형식 논리로 환원시키는 인식론에서는, "모호하고 근사한 표현일 뿐인 이미지－특히 상징적 이미지－는 평가 절하되고 억압"(유평근 · 진형준, 2005 : 107)받는 동시에 '영혼에 대한 범죄' 취급을 받을 수밖에 없었다.

이러한 경향을 한층 강화시킨 것이 산업화와 과학의 발달로 인한 논리화로서, 이 시기의 객관주의와 논리성 그리고 추상성을 극대화한 것이 과학과 수數다. 로만 야콥슨Roman O. Jakobson에 따르면 수는 극단적인 형태의 환유다. 그의 '두 개의 축 이론'에 따르면 은유와 환유는 유사성과 계속성이라는 연상심리학적 원칙에 의존하는데, 은유가 시적인 것, 상징주의, 소리와 의미의 시적 분리와 한 축을 형성한다면, 환유는 실질적인 것, 사실주의, 소리와 의미의 일상적 · 산문적 결합과 한 축을 형성한다(Haverkamp, 1996 : 13).

그뿐만 아니라 은유가 '장식적인 남용'으로 비하되는 데에는 다음과 같은 종교적 정황이 함께 작용했다. 유럽의 종교 지도가 점차로 청교도적 색채를 띠게 되면서 가톨릭의 화려한 장식은 뒤로 물러나고 청교도식 '단순한 문체plain style'가 주도권을 쥐게 된다. "허식적인 모호한 설교는 '창문의 빛을 막아내는 채색 유리'와 같다"(혹스, 1983: 42)는 리처드 백스터Richard Baxter(1615-1691)의 말은 이러한 경향을 단적으로 보여 준다.

전자 매체와 은유

'구텐베르크 은하계'의 종말을 초래한 전자 매체의 등장은 구술 문화에서 문자 문화로 넘어가는 과정에서 그랬던 것과 마찬가지로 우리의 인지 방식과 의식 구조를 바꾼다. 텍스트에 의해 형성된 사고 방식, 즉 기하학적인 도형, 추상적인 카테고리에 의한 분류, 형식논리적인 추론, 절차, 정의 등의 항목은 점차 설 자리를 잃고 있다. 반면 전자 매체는 물리적으로 분리되어 있는 송신자와 수신자의 간격을 좁혀 수신자로 하여금 참여의 감각을 창조하도록 유도한다. '상호작용'이라는 개념어가 중요한 키워드가 되고 있는 것이다. 이 말을 피에르 레비Pierre Lévy의 말을 빌려 다시 표현하면 다음과 같다. "디지털은 미디어의 기록 및 전파 능력을 고스란히 간직하면서, 신체적 기술의 문맥에 대한 감수성을 되찾는다"(레비, 2002: 71).

이렇게 보면 전자 매체의 소통 형태는 구술 문화의 소통 형태를 다시 수용하는 것처럼 보인다. 다만 이러한 수용과 상호 소통은 구술적 소통보다 풍부하고 구조적으로도 다양하다. 옹은 이러한 전자 매체 시대의 구술성을 "이차적 구술성"(옹, 2006: 204) 혹은 "문자적 구술성"이라 부른다. 실제로 전자 매체 시대에 시학과 리듬, 대중 음악에서의 어구 반복 등은 구술적 교육 방식에서 자주 사용되는 반복 어구와 유사하며, 이미지에 호소하는 기억술 역시 전자 매체 시대에 전성기를 구가하고 있다.

하지만 이러한 전통은 문자적 특성과 개념적으로 혼합되면서 새로운 구조를 생산해 낸다. 따라서 "이 구술성은 그 본질에서는 한층 의도적이고 스스로를 의식하는 구술성이며, 쓰기와 인쇄의 사용에 끊임없이 기초를 두고 있는 구술성이다. 쓰기와 인쇄는 이 구술성의 요구를 제조하고 기능을 발휘하는 데는 물론이고 그것을 사용하기 위해서도 없어서는 안 되는 것이다"(옹, 2006 : 206).

3. 은유로서의 가상 현실

앞으로의 영상 매체가 레프 마노비치Lev Manovich가 주장한 대로 상호작용에 기반을 둔 영화의 방향으로 나아갈지, 제프리 쇼Jeffrey Shaw가 주장한 대로 비디오 게임 형식으로 나아갈지에 대해서는 의견이 분분하다. 하지만 그것이 어느 방향이든지 다음과 같은 한 가지 사실은 분명하다. 미래의 매체는 가상 현실 혹은 가상 공간에 대한 논의와 분리될 수 없을 것이라는 점이다.

마이클 하임Michale Heim의 견해에 따르면 이 개념에는 대략 일곱 가지의 방향성이 존재한다. '시뮬레이션', '상호작용', '인공성', '몰입', '원격 현전', '온몸 몰입', '망으로 연결된 커뮤니케이션'[2] 등이 그것이다. 따라서 현 상황에서 은유를 논하기 위해서는 이러한 키워드들이 함께 작동하는 은유의 방식을 찾는 것이 주요 과제가 될 것이다.

2 이에 대한 자세한 내용은 마이클 하임, 『가상 현실의 철학적 의미』, 책세상, 1997, 182쪽 이하 참조.

개념 혼합과 일탈로서의 은유

조지 레이코프George Lakoff와 마크 존슨Mark Johnson은 『삶으로서의 은유』에서, 굳이 예술적인 예를 들지 않더라도 우리의 모든 일상이 은유로 가득 차 있다는 것을 보여 준다. 물론 이렇게 일상화된 은유의 대부분은 언젠가 새로 만들어졌던 것들이고, 세월이 지나면서 참신성을 잃는 대신 일상어의 일부분이 되었다. 하지만 이렇게 은유가 만들어지는 순간을 포착한다면 우리는 은유의 주된 용법이 "언어를 '신장하는' 것이며 언어는 현실인 고로, 현실을 확장하는 것"(혹스, 1983 : 88)이라는 점을 알 수 있다. 고전적 수사학에서의 은유이든, 인지언어학적 은유이든, 혹은 영화학적 은유이든 가장 은유다운 은유의 메커니즘은 유사성과 이질성이 공존하며 '개념적 혼합'을 이룬다는 점이다. 이러한 혼합에서는 둘 혹은 그 이상의 영역이 포함되며, 이는 단순히 한 영역에서 다른 영역으로의 투사가 아니라, 개별적인 개념적 공간에서 혼합된다. 이때 각각의 영역이 지닌 측면이 교집합적으로 만나면서 창발적인 자체 구조가 생겨나는 것이다.

우리가 현재 일상적으로 접하는 컴퓨터 가상 공간은 사실상 실체를 명확히 할 수 없는 0과 1의 조합일 뿐이어서 이러한 기계어와 대화하는 것은 불가능하기 때문에, 우리는 적극적으로 은유를 활용한다. 앨런 케이Alan C. Kay가 고안한 데스크톱 은유가 의도한 바가 바로 그런 것이다.

> 실생활에서 파일 캐비닛을 정리하는 능력은 디지털 파일을 정리하는 데에 도움이 될 것이고, 휴지통의 용도를 알고 있다면 파일을 지우는 데에 도움이 될 것이다. 메타포는 사용자의 경험을 더 직관적인 것으로 만들고, 재미있고 생동감 있는 그래픽 메타포들은 컴퓨터 사용을 덜 두렵게 만들었다. 책상에 앉아 종이를 다룰 줄 아는 사람이라면 컴퓨터라는 새로운 기계 역시 쉽게 사

용할 수 있다(존슨, 2003: 62).

따라서 가상 공간에서 일어나는 일들에 대해 이해할 수 있도록 해 주는 것이 이러한 은유적 작업의 목표가 된다. 이처럼 가상 공간은 우리가 인지 가능하거나 심리적으로 투사할 수 있는 어떤 지점을 현실에 가지면서 이를 확장한다는 점에서 은유적인 속성을 가지고 있다. 인터넷으로 연결된 정보망을 '정보 고속도로'로 표현하는 것은, 끝없이 얽혀 있는 정보망이 우리에게 신속한 정보 유통을 가능하게 해 준다는 은유에 다름아니다. '컴퓨터 바이러스'라는 표현 역시 이러한 은유에 속한다. 우리는 이것의 실체를 볼 수도 없고 만질 수도 없지만, 이 은유를 통해 이것이 컴퓨터 프로그램에 해로운 어떤 요소라는 점을 분명히 할 수 있다. '컴퓨터 바이러스는 해로운 병원균'이라는 은유는 "독특한 유형의 설명력"(레이코프 · 존슨, 2006: 74)을 가지며, 아무도 실제로 이해하지 못하는 복잡한 손실과 경제적 여파 그리고 우리가 왜 그러한 손실을 입고 있는지까지도 정합적으로 제시해 준다. 이러한 은유들 역시 일종의 '개념적 혼합'이 일어나는 은유인데, 그 이유는 "컴퓨터 네트워크에 대한 인식을 물리적 공간에 대한 인식과 혼합하며, 이 둘의 결합이면서 그 자체로 독특한 새로운 속성을 가진 무엇인가를 산출"(Gozzi, 1999: 58)하기 때문이다.

이러한 견해를 더욱 극단적으로 밀고 나가면 언어의 일탈적 기능이 강조된다. 이 경우 관련된 요소들 사이에는 단순한 비교나 유추가 문제가 되는 것이 아니라, "비유적으로 암시하는 바에 대한 그 자신의 경험 속에서 하나의 상상적인 '완성'을 이루도록 강요된다"(혹스, 1983: 101). 은유의 일탈성을 이해하기 위해서는 관찰자 혹은 참여자의 적극적인 상상력이 요구된다는 뜻이다. 일탈이론가들은 이를 설명하기 위해 '전경화前景化, foregrounding'란 개념을 사용하는데, 어떤 텍스트의 규범적 언어 자질이 은유가 작동하는 '배경'이 된다면, '전경화'란 일탈의 언어학적 혹은 다른 형태들에 의해 수용자에게 일어나는 효과를 가리킨다. "문학적이든 아니든, 텍스트들에 적용된 해석의 규범적 처리들에 더해, 전경화는 독자에 의한 상상적 해석의 행위를 요청한다. 어떤 비규범성이 우리의 주목을 끌 때, 우리는 그것의 의미를 이해하려고 노력한다. 우리는, 의식적이든 무의식적이든, 왜 이 비규범성이 존재하는가를 이해하기 위해 우리의 상상력을 이용"(리파테르 · 레빈 · 리이치, 2000 : 152)하게 되는 것이다.

여기서 도출할 수 있는 은유의 가능성은, 은유의 내적 형성 과정이 아니라 은유 외적인 참여자의 존재에 주목하고 있다는 점이다. 이 지점으로부터, '인생은 게임'이라는 은유 속에 몰입해 일탈된 새로운 자아를 체험하려는 태도는 그리 멀지 않다. 수많은 컴퓨터 게임은 이러한 상상력을 이용해 가상의 공간에서 스스로를 다른 존재로 적극적으로 표현하는 것을 전제한다. 사용자들은 나 아닌 나를 창조하고 경험하기 위해 그곳에 몰입하며, 이곳에서 '나'는 일상의 나를 벗어난 존재로서 새로운 존재감을 부여받고 '게임의 법칙'을 새로이 습득하는 것이다. 그리고 이렇게 습득된 규칙은 역으로 현실을 다르게 바라볼 수 있는 관점을 제공한다.

가상 공간과 은유 그리고 예술

'가상'이라는 개념이 언급되는 순간 벌써 플라톤적 실재론의 전통이 연상되며 그에 따르는 온갖 논쟁이 딸려 나오는 것이 사실이지만, 여기서는 가상 공간이 예술적 인간인 우리가 본질적으로 가지고 있는 능력인 은유와 그것이 작동하는 방식과 연결되는 지점에만 주목하도록 하자. 이런 문제 의식이 먼저 부딪치는 것은 다음과 같은 의문이다. 가상 현실은 은유라기보다는 오히려 직유가 아닐까? 왜냐하면 "가상 공간은 우리로 하여금 그 속의 사물들을 마치 우리가 직접 물리적 또는 자연적 실재들을 다루고 있는 것처럼"(하임, 1997 : 212) 느끼게 만드는 것을 일차적 목표로 삼고 있는 것처럼 보이기 때문이다. 어떤 사물 혹은 대상이 '마치 ~인 것처럼' 말이다. 실제로 현재 체험할 수 있는 여러 가상 공간 작업은 현실과 완벽한 일대일 대응을 목표로 한다. 자동차나 비행기 조작 시뮬레이션, 혹은 가상 박물관이나 가상 미술관은 마치 실제 자동차나 비행기, 혹은 실제의 박물관이나 미술관처럼 보이는 것을 일차적 목표로 삼고 있는 것이다.

하지만 이는 마치 언어에 의사 전달 기능만을 인정하는 것과 마찬가지로 가상 현실이 가진 가능성을 제한한다는 점이 금방 드러난다. 일상적 현실과 다른 어떤 것, 혹은 현실보다 더 나은 어떤 것을 체험하거나 실현할 수 있는 창조적인 영역을 가상 현실에서 찾는 예술적 체험이 여기에는 빠져 있기 때문이다. 물론 위에서 언급한 '정보 고속도로'나 '컴퓨터 바이러스'처럼 가상 공간에 쓰이고 있는 은유는 그 자체로 어느 정도 창조적인 면을 보유하고 있다. 하지만 그것은 모든 은유가 가지고 있는 기능, 즉 새로운 것을 만들어 내는 능력에 기인한 것이지 그 자체로 예술성을 담보한 것은 아니다. 이러한 은유는 현실에서 익숙한 어떤 것을, 우리가 알지 못하거나 알 수 없는 어떤 대상에 적용해 이해 가능한 것으로 만드는 것을 주요 업무로 한다.

따라서 이 글에서 주장하는 것은, 모든 가상 공간이 은유라는 것은 아니다. 오히려 가상 공간은, 아니 더 정확히 말해 의미 있는 가상 공간은 현실의 은유, 그것도 최고도의 은유여야 한다고 주장하는 것이다. 하임은 이러한 가능성에 대해 다음과 같이 말하고 있다.

> 가상 현실의 본질은 궁극적으로 기술 분야에 자리하는 것이 아니라 예술

의 영역에, 그것도 최상의 예술 영역에 놓여 있을 것이다. 가상 현실의 궁극적인 약속은 통제나 탈출, 또는 오락이나 통신을 위한 쓰임새보다는 실재에 대한 우리의 자각을 변형시키고 일깨우는 일일 것이다(하임, 1997 : 201).

그에 따르면 가상 현실은 "세계를 반복하는 일이 아니라 상상력을 촉발시키는 일을 해야 한다. 가상 현실을 통해 우리는 반성의 자리를 마련할 수 있는"(하임, 1997 : 218) 것이다.[3]

재현적 기술技術로서의 영화는, 가상 현실의 전前 단계를 형성한다고 할 수 있을 정도로 가상 공간과 밀접한 관계를 맺고 있기 때문에 영화의 은유로부터 논의를 시작하는 것도 의미가 없지는 않다. 언어적 은유와 비교할 때 영화적 은유의 특이성이 발견되는 곳은, 장면의 연속 혹은 병렬적 구성 속에서 몽타주 기법이 적극 활용된다는 점이다. 가령 전통적 영화 이론에서 영화적 은유의 전범으로 거듭 인용되는 찰리 채플린Charles S. Chaplin의 〈모던 타임스〉(1936)에서는, 양떼 무리와 지하철 입구를 가득 채운 군중의 이미지를 연속적으로 보여 줌으로써 둘 사이의 유사성을 유추하도록 만든다. 양떼는 군중의 은유인 것이다.[4]

하지만 우리의 논의에서 이보다 더욱 중요한 것은 영화와 현실의 은유 관계다. 영화의 현실 은유 가능성에 대한 단초는 세르게이 에이젠슈타인Sergei M. Eizenshtein에게서 찾을 수 있는데, 공교롭게도 그의 은유 논의는

3 최근에 가상 현실을 다룬 대중적 영화들, 예를 들어 〈토탈 리콜〉이나 〈엑시스텐즈〉 그리고 〈매트릭스〉 등과 같은 영화는 세계의 전면적인 가상화가 가져올 디스토피아에 대해 경고하고 있다. 이러한 '세계의 반복'에 대한 두려움은, 심리적인 측면에서 볼 때 '도플갱어', 즉 '분신'에 대한 두려움과 일맥 상통하는 지점이 있다.

4 영화 내적으로 작동하는 은유의 여러 범주에 대해서는 Trevor Whittock, *Metaphor and Film*, Cambridge University Press, 1990 참조.

가상 공간이라는 은유를 언급하기 위해 꼭 필요한 중간 단계를 형성하고 있다. 예술의 신화적 전통을 강조하는 에이젠슈타인의 영화적 은유는 '온몸 몰입'이나 '상호작용'과 같은 가상 공간의 특성을 선취하고 있는 것이다. 그에게 "예술이란 심리면에서 초기의 사고 형태로 인위적으로 퇴행한 것이라는 마약, 알코올, 샤머니즘, 종교, 그 밖에 임의의 형태와 동일한 현상"(에이젠슈타인, 1990: 285)이다. 에이젠슈타인은 감각적 · 전논리적 사고의 특성과 현대 사회의 '예술적 기법' 사이에 존재하는 공통점에 대해 다음과 같이 적고 있다.

> 감각적 · 전논리적 사고는 고도의 사회적 · 문화적 발달 수준에 달한 민족에게는 내(적)언어의 형태로 유지되는 데 대해 문화적 발달의 여명기의 인류에게는 그것이 동시에 행동 일반의 규범이 되어 있습니다. 즉, 감각적 사고가 전개될 때의 법칙성이 그들에게는 '일상 생활의 논리'와 똑같은 것이 되어 있습니다. 이 법칙성을 따라 그들의 행동 규범, 의례, 관습, 언어, 의견 등이 나옵니다. 이처럼 민속학과 발달의 여명기에 있는 사회에서 오늘날에도 볼 수 있는 행동 규범 형태의 끝없이 떠올릴 수 있는 보고에 눈을 돌림으로써 그들에게 아직 행동과 일상적 상식의 규범이 되어 있는 것이야말로 우리의 예술 작품에서 '예술적 기법'과 '형식화의 기술'로서 쓰이는 것 외에 아무것도 아님을 확실히 알 수 있을 것입니다(에이젠슈타인, 1990: 270).

그가 말하는 예술적 기법과 형식화의 기술이란 다름아니라 '영상'과 '은유'다. 왜냐하면 바로 "형식의 창조의 기초에는 감각적이고 이미지적인 사고가 가로놓여"(에이젠슈타인, 1990: 269) 있기 때문이다.

신화학을 예로 들면 주지하는 바와 같이 일정 단계에서의 신화학은 오로지 영상적 · 시적 언어로 서술된 현상을 취급하는 학문이 되어 있습니다. 우리가 기껏해야 우화적인 소재로밖에 간주하지 않은 모든 신화상이 어느 단계에서는 세계 인식의 영상군이 되어 있는 것입니다. 그 후 과학은 영상에 의한 서술에서 개념에 의한 서술로 옮겨 갑니다만 이전의 의인화되어 있던 신화학적 존재 기호는 연극적 영상, 문학적 은유 등이 되어 계속 살아 있습니다(에이젠슈타인, 1990 : 265).

월터 옹이 구술성과 전자 매체의 만남('이차적 구술성')을 시사하고 있는 것처럼, 에이젠슈타인 역시 감각적이고 전논리적인 사고와 영화의 만남을 언급하고 있다. 이들이 염두에 두고 있는 문자 문화 이전의 세계 인식 태도는, 레비스트로스가 다룬 토테미즘의 은유적 세계 인식으로 수렴시킬 수 있다. 그의 은유 이해가 의미 있는 지점은, 단순한 이미지적 사고가 아니라 상호작용이 문제가 되는 은유를 토테미즘에서 보고 있기 때문이다. 레비스트로스는 "토테미즘은 무엇보다 자연과 문화 사이의 대립을 초월하는 수단 혹은 희망"(레비스트로스, 2003: 158-159)이라고 말하고 있는데, 같은 메커니즘을 적용하자면 가상 현실에서 토테미즘적 사고라 함은 현실과 가상의 대립을 초월하는 수단 혹은 희망이라고 할 수도 있을 것이다. 최첨단 디지털 기술과 토테미즘이라는 원시적 사고를 결합하는 것은 아주 생소한 조합이라 하지 않을 수 없다. 하지만 문자적/과학적 사고와 구술적/주술적/은유적 사고가 공존해야 한다고 주장하는 레비스트로스의 말을 다시 들어보자.

주술적 사고는 하나의 발단이나 기초, 초안, 아직 구체화되지 않은 전체의 한 부분으로 인식되어서는 안 된다. 그것은 훌륭히 구축된 하나의 체계를 이루고 있으며 이러한 점에서 과학 체계와는 별개의 것이다. 이 양자를 한데

묶는 것은 형식의 유사성이며 그것으로써 주술은 과학의 은유적 표현이 된다. 따라서 주술과 과학을 대립시키지 말고, 양자를 지식 습득의 두 가지 병행하는 양식으로 받아들이는 것이 나을 것이다(레비스트로스, 2003: 65-66).

그에 따르면 야생의 사고는 추상이 아니라 '구체의 논리'로 표현되는 사고이며, 문명인의 사고와 대립되는 것이 아니고 문명인의 사고의 일부이자 인간 사고의 보편적인 특질이다. 이는 무엇보다 예술 활동에서 그 정점에 달한다. 레비스트로스가 예술이 과학적 인식과 신화적 또는 주술적 사고의 중간 지점에 위치하고 있다고 하면서도, 과학적 방법을 환유적이라 하고 예술의 방법이 은유적이라 할 때, 또 그가 예술가란 '손재주꾼 bricoleur'[5]의 연장선상에 서 있는 사람이라고 말할 때, 그는 문화의 가장 하위 집합과 대화하며 새로운 재료가 주어질 때마다 임시방편으로 새로운 구조를 짜내야만 하는 원초적 경험 구성의 가능성에 대해 말하고 있는 것이다. 손재주꾼이 "사물로 '이야기할 뿐' 아니라 …… 사물을 매개로 '이야기하는' 것"(레비스트로스, 2003: 76)처럼, 예술가의 창작 과정은 "작자가 모델이든 재료이든 사용이든 어느 하나와 대화를 하고자 애쓰는 데에 있으며 그 대화의 대상이 무엇인가에 따라서 작자는 작업을 진행하는 동안 그 지시를 따르는 것"(레비스트로스, 2003: 85)이다.

레비스트로스의 이러한 은유 이해를 통해 분명해지는 것은 이제까지 서구 인식론에 특징적이었던 '대상과의 거리두기'와 '이원론적 사고'가 해체될 수 있는 가능성이 지적되고 있다는 점이다. '대상의 지시를 따르

5 이 개념을 레비스트로스는 문명화된 엔지니어와 대조시켜 사용하고 있다. 엔지니어가 잘 구비된 도구 상자를 가지고 개념적으로 작업하는 반면, 손재주꾼은 손쉽게 주변에서 얻을 수 있는 도구와 재료를 가지고 임시방편으로 무엇인가를 만들어 낸다.

는 것', '온몸을 통해 대화하는 것' 그리고 '구술적인 역동성' 등과 같은 키워드들은 이제까지 지배적이었던 지적 영역의 재편을 논할 수 있게 하며, 게다가 '온몸 몰입'과 '상호작용', '반응하는 아이콘'이라는 새로운 매체 시대의 경험으로까지 확장될 수 있는 관점을 제공한다. 또한 토템적 표현은 어떤 체계에서 다른 체계로 이행하는 은유적 메커니즘을 가지는 체계로서 단순한 표현에만 그치지 않는다. 그것은 "기호 사이의 양립과 비양립의 규칙을 세우는 데에 만족하지 않고 행위 양식을 금지하고 명령하는 하나의 윤리적 기초가 된다"(레비스트로스, 2003 : 166). 다른 말로 하자면, 새로운 세계 이해는 새로운 윤리적 가치를 동반한다. 이것은 단순한 매체 기술의 발전으로만 보이는 현상에도 마찬가지로 적용된다. 예를 들어 상호작용을 구현하며 매체와 접촉하는 신기술인 '햅틱'이 다른 의미에서의 윤리적인 반성을 가능하게 하는 것처럼 말이다. 햅틱이 실현하고 있는 접촉의 근접성은 시각적 객체 지배에서처럼 "주체와 객체 사이의 관계에 기초를 둔 소통이라기보다는 오염시키는 소통"(Boothroyd, 2009 : 340)이며, '타자에게 노출'[6]됨으로써 스스로의 표면을 내맡기는 소통으로서 주체의 중심성을 포기하는 태도이기 때문이다.

보론

현재로서 가상 현실을 위주로 작업하고 있는 미디어아트 작가들에게서 영화처럼 폭넓고 다양한 은유를 일상에서 발견하기는 쉬운 일이 아니다. 아마도 영화가 상호작용을 더 많이 수용하는 방향으로 나아간다면 앞으로는 쉽게 겹치는 지점을 찾을 수도 있을 것이다. 미디어아트의 선도적인

6 햅틱의 윤리성에 관해서는 부스로이드(Dave Boothroyd, 2009)의 논문 참조.

인물로 여겨지고 있는 제프리 쇼는 가상 현실의 은유적 측면에 대해서도 주목할 만한 작품을 내놓고 있는데, 가령 그의 〈읽을 수 있는 도시The Legible City〉는 그의 공간 사유를 특징짓는 여러 가지 단초를 제시하고 있는 흥미로운 작품이다. 이 작품에서 그는 건물을 텍스트로 대체하고 있는데, 미디어아트의 특성상 제한된 그래픽 용량으로 재현할 수 있는 기술적 가능성 때문에 어쩔 수 없는 선택이었음에도 불구하고, 이러한 선택은 도시 공간에 대한 새로운 이해를 목표로 한다. 그의 표현, 혹은 그가 따르고 있는 상황주의 철학에 따르면 "도시는 건물이 아니라 서사, 즉 그것이 말하는 이야기"(진중권, 2009 : 187)인데, 이러한 표현은 그의 가상 공간에 대한 이해가 바로 은유라는 점을 시사한다. 그가 위와같이 규정지을 때 우리는 도시라는 공간을 이야기의 특성에 따라 재편하거나, 새로 규정짓기 때문이다. 이렇게 바라볼 때 우리는 도시의 독자, 그리고 한 걸음 더 나아가 해석자가 된다. 이때 은유를 통해 원형이 비현실적으로 보이도록 하는 새로운 현실이 창조된다. 영화와 다른 점은 참여자가 가상 공간 속에서 상호작용을 실행하고 있다는 것이다. 우리는 "이미지를 획득하기 위해 적극적으로 이미지에 개입"(심혜련, 2006 : 77)해야만 하는 것이다.

4. 나오는 말

롤랑 바르트Roland Barthes는 섹슈얼리티와 색에 대해 다음과 같이 말하고 있다. "세간의 통념은 성욕이 늘 공격적이기를 바라고 있다. 행복하고, 달콤하며, 관능적이고, 환희에 찬 성욕이라는 관념은 어떤 저작물 안에서도 찾아볼 수 없다. 대체 어디서 그것을 읽을 수 있을까? 회화 속에서다. 더 낫게 표현하자면 색채 안에서다"(바르트, 1997 : 204). 이는 우리에게도 낯설지 않은 생각이다. '색기'나 '색을 밝히'는 것이 언어적으로 연상시키는 것과 마찬가지로 색色은 섹슈얼리티와 관련되는 것이다. 이런 부정적인 뉘앙스를 제거하고 본다면 색은 잉태라고 말할 수도 있다. 이와 같은 의미에서 은유 역시 무엇인가를 낳는 것이라고 말해도 좋을까?

가상 현실의 은유, 혹은 가상 현실이라는 은유는 서구의 인식론, 실재론, 진리론에서 적극적으로 벗어나는 지점을 마련한다. 적극적으로 가상인 것, 가상이고자 하는 것에 실재론의 칼을 들이대는 것은 부당한 일이 될 것이다. 번쩍이는 LED 조명이나 홀로그램에 경탄하며 비이성적으로 끌리는 것은, 아무 실제적인 가치를 가지지 못하면서도 비합리적으로 사람들을 유혹하는 보석에 대한 우리의 태도와 비슷하다. 보석을 일종의 언어로 볼 수 있다면, "그 언어는 역설적이고 은유적이며 암시적이다. 또 그때의 언어란 언어의 형식을 갖추지 않은 언어, 인간 의식과는 전혀 다른 언어다"(바슐러, 2002: 145). 또한 보석은 덧칠해지지 않는 색 그 자체의 광채 때문에도 신비한데, "매혹적으로 빛나는 현대의 영화 스크린은 그 옛날의 반짝거리는 보석들과 등가물"(바슐러, 2002: 146)일지도 모른다. 같은 식으로 가상 현실 역시 그러한 보석의 등가물이라고 해도 좋을 것이다. 왜냐하면 위베르Henri Hubert와 모스Marcel Mauss가 적절히 묘사했듯이 주술 역시 '사고의 보석'(레비스트로스, 2003: 72 재인용)인 바, 가상 현실은 토템적 성격을 공유하며 보석처럼 투명하게 빛나기 때문이다.

참고 문헌

괴테, 『색채론』, 민음사, 2004.

레비, 피에르, 『집단지성』, 문학과지성사, 2002.

레비스트로스, 클로드,『야생의 사고』, 한길사, 2003.
레이코프, G. · 존슨, M.,『삶으로서의 은유』, 도서출판 박이정, 2006.
리파테르 · 레빈 · 리이치,『일탈문체론』, 보고사, 2000.
바르트, 롤랑,『롤랑 바르트가 쓴 롤랑 바르트』, 강, 1997.
바촐러, 데이비드,『색깔 이야기』, 아침이슬, 2002.
심혜련,『사이버스페이스 시대의 미학』, 살림, 2006.
에이젠슈타인,『이미지의 모험』, 열린책들, 1990.
옹, 월터,『구술 문화와 문자 문화』, 문예출판사, 2006.
유평근 · 진형준,『이미지』, 살림, 2005.
존슨, 스티븐,『무한상상, 인터페이스』, 현실문화연구, 2003.
진중권 (엮음),『미디어아트: 예술의 최전선』, 휴머니스트, 2009.
하임, 마이클,『가상 현실의 철학적 의미』, 책세상, 1997.
혹스, 테렌스,『은유』, 서울대학교출판부, 1983.
Boothroyd, Dave, "Touch, Time and Technics. Levinas and the Ethics of Haptic Communications," in *Theory, Culture & Society*, Vol. 26(2-3): 330-345, 2009.
Gozzi, Raymond, *The Power of Metaphor in the Age of Electronic Media*, Hamton Press, 1999.
Haverkamp, Anselm, *Theorie der Metapher*, Darmstadt, 1996.
Wallemacq, Anne, "Totem and Metaphor. The Concept of Network as a Symbolical Operator," in *Organization*, Vol. 5(4), 1998.
Whittock, Trevor, *Methphor and Film*, Cambridge University Press, 1990.

인간과 환경의 경계*

윤보석

1. 들어가는 말

구현 혹은 체화embodiment라는 개념은 인공지능 이외에도 철학의 여러 분야 그리고 더 나아가 다양한 학문 분야에서 등장한다. 현대에서의 구현주의적 전회는 "이성 중심, 정신 중심, 원리 중심, 추상주의, 환원주의, 개체주의 등의 전통에 맞서, 인간(실존)의 '신체화', '환경 구속성', '실천성', '상황화', '맥락화', '시간 구속성' 등을 강조하는 사상적 · 문화적 흐름"으로 기술되기도 한다(이기흥, 2007 : 320). 마거릿 윌슨Margaret Wilson은 구현을 다음 여섯 가지 특성으로 요약한다. 인지의 구현은 상황의존적이며, 시간의 구속을 받고, 인지 작업의 일부는 환경에 분산될 수

* 이 글은 2007년 정부(교육과학기술부)의 재원으로 한국학술진흥재단의 지원(KRF-2007-361-AL0015)을 받아 수행된 연구 업적인 「계산주의는 구현주의와 양립 가능한가: 인간과 환경의 경계에 대한 한 고찰」, 『철학연구』 제83권(2008)에 게재된 논문을 수정 · 보완한 것이다.

있으며, 환경은 인지의 한 부분이고, 인지는 행위를 위해 있으며, 오프라인 인지는 몸에 기초한다.[1] 인간의 정신을 몸과 분리시키는 데카르트적 전통과 달리 "몸의 실존적 터전으로서의 환경 혹은 역사 등도 아울러 관심의 대상으로 등극"하며, 인간이 "경제적 · 사회적 · 역사적 관계들에 의해 혹은 그 속에서 주조되는 것으로 이해"되고, "세계로부터 분리되었던 자아가 다시 세계와 통합되고 있음"이 구현주의의 주요 내용이다.

구현주의적 전회가 현재 상당히 중요하고 흥미로운 동향이라는 것은 부인하기 어렵다. 그러나 구현주의적 전회가 정확히 무엇을 의미하는지, 그 함축이 무엇인지에 대한 공통된 이해가 존재하는지는 불분명하다. 이를테면, 인지를 개체의 생태학적 환경과 독립되어 이해할 수 없다는 시각은 반드시 감각 자극과 행동 사이에 존재하는 인과적 매개를 부정하는가? 구현주의를 받아들이면 계산주의를 부정해야 하는가? 허버트 드레퓌스 Hubert Dreyfus와 같이 구현주의적 시각에서 계산주의 이론과 그것에 기초한 인공지능의 가능성을 부정한 철학자들이 있다. 그러나 구현주의와 계산주의가 양립 가능한가 아닌가 하는 하찮은 질문이 아니다. 구현주의와 계산주의가 서로 양립 가능하다고 반박하는 철학자들도 있기 때문이다.[2]

양립가능성을 따져보는 작업이 왜 필요한가? 설사 양립가능성을 보일 수 있다 해도 이것이 무슨 의미가 있는가? 이러한 질문을 던지는 사람은 혹시 구현주의와 계산주의 둘 중 어느 하나를 버릴 용의가 되어 있을지 모른다. 만일 둘 중 어느 하나를 버릴 용의가 있다면 양립 가능성을 보이

1 마거릿 윌슨Margaret Wilson이 "Six Views of Embodied Cognition"에서 이렇게 정리했다. 본문에서 이 특성들에 대한 좀 더 상세한 논의가 제시될 것이다.

2 드레퓌스는 계산주의 이론이 담고 있는 내재주의적 가정을 상세하게 생물학적 · 심리학적 · 인식론적 · 형이상학적 가정들로 세분화한다(Dreyfus, 1963: 156). 그러나 반면, 론 맥클램록Ron McClamrock 같은 철학자는 계산주의와 내재주의가 강하게 연결되어 있다고 보지 않는다(McClamrock, 1995). 이 책은 이 논문의 전체적인 성격에 많은 영향을 주었다.

는 작업이 별 의미가 없다. 그러나 만일 당신이 그 둘 중 어느 하나도 버리기를 원하지 않는다면, 양립가능성을 보이는 작업은 필수적이다. 사실 구현주의와 계산주의 어느 하나도 포기하기 어렵다. 다시 상세히 논의되겠으나 구현주의를 지지하는 논거들이 계속 제시되고 있으며, 한편 계산주의는 특히 언어의 사용과 논리적 추론 능력에 대한 가장 유력한 모델로 간주된다. 이 논문의 목적은 구현주의가 계산주의와 양립 가능할 여지가 충분히 있음을 보이는 데 있다.

논의를 시작하기 전 한 가지 지적할 사항은 구현주의는 마음과 인지의 물리적 구현을 반드시 두뇌에 국한하지 않는다는 것이다. 오히려 두뇌와 몸뿐 아니라 그 몸이 담겨 있는 넓은 환경을 다 고려한다. 예를 들어, 위에서 언급한 윌슨은 구현주의적 마음은 단순히 몸이 아니라 "세계와 상호작용하는 몸"과의 관계 속에서 이해되어야 한다고 지적한다(Wilson, 2002: 625). 두뇌와 몸에 국한하는 입장을 '구현주의'라 부를 수는 있으나, 이 글에서는 넓은 환경에 대한 고려를 필수적으로 요구하는 입장에 중점을 두도록 하겠다. 구현주의의 한 형태로 간주되는 제임스 깁슨James J. Gibson의 생태학적 지각 이론ecological of perception을 예로 들자면 시각 기제의 본질은 개체와 환경의 상호작용에 있다. 움직이는 동물의, 움직이는 머리의, 움직이는 눈이 환경에 편재한 정보를 직접 채집한다는 것이다. 이러한 생태학적 지각 이론이 통상 내적 계산 과정을 상정하는 전통적인 지각 이론과 서로 경쟁하는 것으로 간주되어 왔다. 이 글의 관심사는 그러한 경쟁 관계를 해소할 수 있느냐에 있기 때문에 이 글의 논의는 외적 구현주의에 주목할 것이다.

본문에서는 우선 복수실현성, 프레임 문제, 확장된 마음, 이 세 가지 주제를 놓고 구현주의와 계산주의의 양립불가능론의 근거가 타당한지를 고려한 후, 양립가능론을 옹호하고, 끝으로 양립가능론자들도 그들의 논제를 옹호하기 위해서는 인격의 차원과 인격 하부 차원의 구분을 심각히 받아들여야 함을 주장할 것이다.

2. 복수실현성

구현주의는 통상 인공지능 비판에서 자주 등장했다. 과연 구현주의가 반드시 인공지능의 가능성을 배제하는가?

> 흔히 제1세대 인공지능 프로젝트라고 하는 '정보처리이론' 혹은 '계산주의이론'은 마음에 대한 기호론적, 재현주의적, 선험주의적, 다중실현론적 이해와 함께 심신이원론적 마음의 이해를 추구한다. 그러나 설과 같은 이들이 하드웨어 및 외부 세계로부터 격리된 채 작동하는 프로그램 개념으로는 성공적인 인공지능이 실현될 수 없음을 지적하면서, 신체 기능이 인공지능의 한 중요한 요소로 자리잡을 수 있는 여지를 열어놓는다. 순번은 이제 드레퓌스가 이어받는다. 현상학 계열, 특히 하이데거 철학에 영향을 받고 있는 드레퓌스는 계산주의 인공지능 개념에 전제되어 있는 '표상 체계' 가설 없이도 인공지능이 신체 기능의 차원에서 가능함을 설파한다(이기홍, 2007: 326).

이 글에 따르면 구현주의자는 인공지능 자체를 반대하는 것이 아니고 계산주의 인공지능을 반대한다. 그렇다면 구현주의와 계산주의 인공지능은 상충하는가? 이에 답하기에 앞서 위에 제시된 인용문에 대해 제기될 수 있는 몇 가지 의문점을 지적해 보자. 첫째, 표상 체계의 가설 없이도 어떤 인공지능이 가능하다고 해서 표상 체계의 가설이 모든 경우에 거짓인 것은 아니다. 어떤 경우에는 표상 체계의 가설이 여전히 유효할 수 있다. 둘째, 하드웨어 및 외부 세계로부터 격리된 채 '작동하는' 프로그램이 무엇인가? 프로그램은 하드웨어와 다른 또 다른 특별난 하드웨어가 아니라 하드웨어가 어떻게 작동해야 하는지를 담고 있는 명령들의 체계다. 존 설John Searle이 계산주의 이론을 비판했을 때 그는 프로그램을 실현하고 있는 것으로 기술되는 하드웨어가 지능을 실현하지 않는다고 주장했다. 하드웨어와 격리되어 작동하는 프로그램이 지능을 가지지 않는다고 주장하지는 않았다. 다시 말하자면 형식적 · 구문론적 관계로 기술되는 한에서 컴퓨터는 지능을 예화하지 않는다는 것이다. 셋째, 프로그램에 대해 '작동'이라는 개념을 적용하는 것은 계산주의 이론과 심신이원론의 차이를 무시하는 결과를 가져온다. 그 두 이론 사이에 유사성이 있다고 해도 그 둘 사이에는 중요한 차이가 있다. 계산주의 이론은 넓게 보아 기능주의의 한 형태이며 기능주의는 심신이원론을 부정하는 유물론자들도 받아들인다. 구현주의의 입장에 서서 계산주의 이론을 비판하고자 한다면 우선 계산주의 이론을 정확히 해석한 후 그것을 비판해야 마땅하다. 계산주의 이론을 그것을 옹호하는 사람들이 명시적으로 거리를 두고자 하는 형태의 이론과 동일시한 후 그것을 비판하는 것은 정당하지 않다.

계산주의 이론 그리고 좀 더 넓게 기능주의의 핵심은 바로 복수실현성(위의 인용에서 다중실현론)에 있다. 심성의 복수실현성에 따르면 심적인 속성은 그것이 실현되는 물리적 매체로부터 추상화시킨 상위 단계에 귀속된다. 심적 속성은 특정한 물리적 매체를 요구하지 않는다. 그렇다고 해서 어떠한 물리적 매체도 필요하지 않다고 주장하는 것은 아니다. 대부분의 기능주의자들은 물리적 매체가 필요하다고 주장하며 이는 복수실현성과 상충되지 않는다. 데카르트적 심리 이론에 따르면 마음은 몸과 세계로부터 독립되어 존재한다. 따라서 만일 계산주의 이론이 데카르트적 심리 이론을 함축한다면 그것이 구현주의와 상충할 수밖에 없다. 그러나 위에서 지적한 대로 계산주의는 데카르트적 심리 이론을 함축하지 않는다.

그러나 비록 몸을 배제하지는 않으나 행동 설명이 몸의 물리적 성질로부터 추상화된다는 점에서 여전히 몸과 세계가 마음을 가지는 데 무관하게 되어 버리지 않는가? 그렇지 않다. 계산도 몸이 하는 어떤 신체적 활동 중의 하나다. 물론 지능적 행위에 대한 알고리듬을 구성할 때, 두뇌의 신경생리학적 성질을 고려하는 것이 필수적인 것은 아니다. 그런 점에서 계산은 구현/체화와 상충된다고 볼 수 있다. 그러나 왜 몸의 '물리적' 성질만 몸이 하는 일로 보아야 하나? 몸은 여러 차원에서 기술될 수 있다. 이는 몸뿐 아니라 다른 여러 복잡한 대상에도 일반적으로 적용되는 사실이며, 특수 과학의 보편적인 현상이다. 자동차의 작동에 대한 기계적인 설명도 섭씨 1,000도의 환경에서는 성립하지 않는다. 혹은 지질학자가 "곡류천의 외벽은 침식된다"라는 법칙을 제시할 때, 곡류천의 모든 물리적 변화를 다 고려하지는 않는다. 만일 곡류천의 외벽을 지방자치단체에서 철벽으로 쌓아 놓았을 경우에는 위의 법칙이 성립하지 않을 것이다. 어떤 특수 과학의 일반화는 그 하위 단계의 여러 변이를 무시하고서야 가능해진다. 만일 모든 것을 다 고려하라고 한다면 특수 과학의 유용한 그리고 실질적인 일반화는 가능하지 않을 것이다.

컴퓨터를 계산 과정으로 기술하는 방식도 마찬가지다. 컴퓨터에서 일어나는 일을 전자기적 차원에서 기술할 수 있고, LISP를 실현하는 기계로 기술될 수도 있다. 동일한 프로그램을 실행하는 여러 다른 매체들이 물리적 단계에서는 어떤 의미 있는 공통점을 가지고 있지 않을 수도 있다. 컴퓨터를 LISP을 실현하는 기계로 볼 때 '버그'가 있다고 하는 것은 전자기적 차원에서는 전혀 비정상적이지 않다(McClamrock, 1995: 17). 프로그램은 안 돌아가지만 여전히 전자기적 차원에서 기계는 정상적이다. 프로그램에 버그가 있다는 것은 컴퓨터를 물 속에 넣었을 때 발생하는 사태와 구분되어야 한다. 우리가 컴퓨터를 LISP의 프로그램을 실현하는 단계에서 볼 때에, 컴퓨터를 물 속에 넣을 때와 같은 사태는 배제한다. 만일 그런 이상화가 받아들여지지 않는다면, 우리는 중요한 일반화를 놓칠 수 있다. 컴퓨터 프로그램에 버그가 있다는 것은 어떤 이상화를 받아들였을 때만 포착될 수 있는 현상이다.

어떤 개체를 계산주의적 시각에서 본다는 것은 그 개체를 여러 단계에서 기술할 수 있다는 것이다. 이렇게 이해된 계산주의는 구현주의와 상충하지 않는다. 실제로 계산주의 이론을 대변한다고 간주되는 데이비드 마르David Marr의 구분에 따르면 계산주의 모델은 세 가지 단계를 가지고 있다. 가장 하위 단계는 물리적 단계이며, 그 위의 단계가 재현 혹은 알고리듬의 단계, 그리고 가장 상위 단계가 계산적 단계다(Marr, 1982: 특히 1장 참조). 마르가 말하는 계산적 단계에서는 개체의 인지 능력을 개체가 몸담고 있는 세계 내의 상황과의 연결 속에서 기술한다. 이 단계는 목적과 과정의 구분에서 목적에 해당된다.[3] 즉, 어떤 개체가 어떤 행동을 해야 하며 왜 해야 하는가를 고려한다. 그러한 작업이 구체적으로 어떻게 실현되는가는 알고리듬의 단계에서 제시되며, 그 알고리듬의 단계도 궁극적으로 특정한 물리적 체계에 의해 실현된다. 계산적 단계는 그것을 실현하는 하부 단계들에 대한 지식이 없더라도 기술될 수 있다. 추상적으로 그 개체가 몸담고 있는 환경에서 생존을 위해 어떤 일을 해야 할 필요가 있는지를 고려할 뿐 실제로 그 필요한 작업이 어떻게 실현되는지는 관여하지 않는다.[4]

3 노엄 촘스키Noam Chomsky의 task/performance 구분에 따르자면 task에 해당된다.

4 통상 '계산적 단계'라고 하면 마르의 두 번째 단계를 의미하는 것 같다. 그러나 마르가 계산적 단계라고 간주하는 것은 실제로 대니얼 데넷Daniel Dennett이 말하는 물리적 단계(the physical stance), 설계의 단계(the design stance), 지향적 단계(the intentional stance)의 구분에서 설계의 단계 혹은 지향적 단계와 상응한다. 이 구분에 대한 설명과 옹호를 보기 위해서는, Dennett, 1987: 특히 2장의 "True Believers" 참조. 데넷의 견해도 이 논문에 많은 영향을 주었다.

"왜 카멜레온의 피부색이 변하는가?"에 대해 설명을 한다고 해보자. 두 가지 설명이 가능하다. 첫째, 카멜레온의 피부색이 변하는 이유는 주변 환경과 구분되지 못하게 하여 적으로부터 자신을 방어하기 위함이라는 목적론적 설명이 가능하다. 둘째, 카멜레온의 피부색이 변하는 이유는 피부 아래에서 분비되는 화학적 물질의 변화 때문이라는 설명이 가능하다. 이 두 설명은 서로 경쟁하는 것 같지 않으며 오히려 상호 보완적이다.

방법론적으로 상위 단계의 자율성을 인정해야 할 필요가 있으며 계산주의가 표방하는 복수실현성은 인지/심성이 실현되는 몸과 몸의 환경을 배제하거나 무시하는 것이 아니라 결국 몸의 활동이 가지는 객관적 질서를 물리적 단계보다 더 추상적 단계에서 포착하기 위한 방법론적 전략을 반영하고 있다고 위에서 주장했다. 물론 하향적 접근top-down approach이 가지는 위험성은 존재한다. 생물체의 많은 특징이 직접 적응의 산물이라기보다는 선택된 특징의 부산물이라는 사실은 적응주의의 위험성을 잘 보여 준다. 이 위험성은 스티븐 굴드Stephen J. Gould와 리처드 르원틴Richard C. Lewontin의 '팡글로시안Panglossian' 시각에 대한 비판에서 잘 지적되어 있다. 예를 들어 다음과 같은 경우에 과연 상위 단계의 설명이 필요불가결한지에 대한 의문이 제기될 수 있다. 어떤 어미 새는 갓 부화한 자기의 새끼들을 포식 동물로부터 보호하기 위해 다음과 같은 '전략'을 쓴다. 굶주린 늑대는 어미 새와 그 새끼들을 볼 때, 어미 새가 비록 고기 양은 많겠으나 어미 새를 쫓아가지 않는다. 쉽게 잡히지 않기 때문이다. 늑대는 비록 양은 적으나 별 힘 안들이고 먹을 수 있는 새끼들에게 접근할 것이다. 그러나 만일 어미 새가 부상을 당해서 날아갈 수 없다면 훨씬 매력적인 사냥감으로 다가올 수 있다. 사실, 어미 새는 날개가 부러진 것처럼 연기를 하여 늑대를 자신의 새끼들로부터 멀어지게 유인한다. 이때, 그 어미 새에게 "늑대로 하여금 내가 날개가 부러졌다고 믿게 하자"는 의도를 부여하는 것이 매력적으로 다가올 수도 있다. 하지만 아마 그 새는 그냥 본능적으로 그렇게 행동했을 수도 있다.

그렇다면 도대체 언제 '의도'를 부여하는 설명이 적절한가? 새와 인간 사이에 언제부터 진짜 의도를 가진 개체가 등장하는가? 이러한 질문에 대답하기 어렵다는 것이 의도에 대한 과도한 환원주의적 입장에 동기를 부여할 수 있다. 즉, 상위 단계의 설명에서 도입되는 존재자들을 하위 단계의 설명에서 정당화하려는 것이다. 그러나 이것이 대니얼 데닛Daniel Dennett이 경계하는 지나친 의미의 실재론으로—믿음을 "어떤 종류의 바이러스에 감염된 것"으로 동일시하는 실재론—이르게 한다(Dennett, 1987: 14). 계산주의적 심리 이론이 바로 그러한 종류의 실재론을 옹호하는 것으로 이해된다면, 즉, 전적으로 객관적인 어떤 내적 실재의 한 부분을 기술하는 것으로 의도된다면, 계산주의는 구현주의와 상충할 수밖에 없다. 그러나 인지/마음을 세계와의 관계 속에서 이해하는 틀을 계속 유지하면서 계산주의를 받아들인다면 계산주의는 구현주의와 상충할 이유가 없다. 개체를 세계와의 연관성 속에서 볼 때 드러나는 어떤 질서를 우리가 행동적 증거만으로 결정할 수 없다고 해서 행동을 넘어서는 내적 실재에 그 질서를 위치시키는 시도는 그 시도의 목적에 반해 결국 그 질서의 실재성을 위협하게 된다. 행동적 증거를 넘어선다고 해서 모두 내적 실재에 포함되어야 한다는 필연성은 없다. 행동적 증거를 넘어서서 그 개체를 어떤 시각에서 볼 때만 드러나는 질서도 분명히 객관적인 질서일 수 있다.

3. 프레임 문제

프레임 문제는 1970년대 인공지능 연구자들을 사로잡은 심각한 문제이며, 드레퓌스와 같은 철학자들은 이 문제를 인공지능이 봉착한 막다른 골목으로 간주했다.[5] 한마디로 요약하자면 프레임 문제는 우리가 어떻게 지식을 적재적소에 활용하는지를 설명하는 문제다. 우리의 일상적 생활 패턴을 보면 다양한 일을 수행한다. 예를 들어, 요리를 하다가 전화가 와서 친구와 얘기를 하고 그리고 텔레비전의 코미디 쇼를 시청한다. 다양한 행동이 계속 연결되지만 우리는 통상 별다른 어려움 없이 하나의 행동에서 다른 행동으로 쉽게 넘어간다. 그러나 각각의 행동이 다른 지식을 필요로 하기 때문에 지식들이 효율적으로 검색되고 활용될 수 있어야 한다. 프레임 문제를 얼마나 잘 해결하느냐는 인간의 인지 능력에 대한 모델의 적합성을 테스트하는 한 기준이 된다(Hendricks, 2006).

만일 당신이 여행을 가기 위해 공항에 간다고 해보자. 그럴 경우 우선 자신의 승용차를 이용할 것인지 아니면 대중 교통을 이용할 것인지 결정해야 할 것이다. 그리고 승용차를 이용한다고 결정했을 경우 어떤 도로를 이용할 것인지 생각해야 한다. 그리고 그 도로로 가기 위해 우선 아파트 주차장에서 차를 몰고 나와야 한다. 그러기 위해서는 자동차 키를 찾아야 한다. 어떤 계획을 세우고 그것을 실행에 옮긴다. 당신이 원하는 목적을 수행하기 위해 당신은 세계에 대한 지식을 필요로 한다. 그리고 세계에 대한 지식은 원하는 목적의 달성을 보장해 주어야 한다. 그런데 여기에 다음과 같은 문제들이 발생한다.

첫째, 일상적 지식의 내용과 구조는 무엇인가? 우리는 수없이 많은 사실을 알고 있다. "교육 문제를 해결하는 것은 쉽지 않다", "많은 사람이

5 인공지능 연구자들은 민스키Marvin Minsky, 맥더모트Drew McDermott, 그리고 비판적인 철학자들은 드레퓌스Hubert Dreyfus, 설John Searle 등이다. 이들의 논문은 *Mind Design*, (ed.). John Haugeland에 실려 있다. 그리고 Zenon Pylyshyn, (ed.). *The robot's dilemma: The frame problem in artificial intelligence*에 실린 논문들을 참조할 것.

건강을 소망한다" 등을 알고 있다. 우리는 자기 집의 위치, 가구의 배치, 몇 번 버스가 학교에 가는지 등등 많은 지식을 가지고 있다. 이러한 친숙한 사실만 아는 것은 아니다. 한번도 의식해 보지 않은 사실들도 알고 있다. 이를테면, "빵 한 조각은 에베레스트 산보다 작다", "마요네즈에 칼이 접촉해도 칼이 녹지 않는다" 등도 알고 있다. 도대체 어디까지가 일상적 지식 안에 포함되는가? 얼마만큼의 지식을 인공지능이 알아야 한다고 결정할 수 없다면 인공지능을 통해 일상적인 지식을 실현할 수도 없을 것이다. 둘째, 비록 일상적 지식을 저장할 수 있다 하더라도 이 방대한 지식으로부터 관련성 있는 내용을 추출해 사용하는 것이 더 어려운 문제다. 예를 들어, "차가 오고 있으면 길을 건너지 마라"라는 명령을 수행하는 로봇을 생각해 보자. "아무 차도 오지 않음"을 증명할 수는 없다. 단지, 차가 오고 있다는 것을 증명하는 제한된 시도들이 모두 실패할 경우 길을 건너게 할 수 있을 뿐이다. "오른쪽을 보고, 왼쪽을 보라"는 명령은 수행할 수 있으나, 이것은 부족하다. 사각 지대가 있을 수 있고, 경주용 차가 어디선가 갑자기 나타날 수 있다. 과학자가 보이지 않는 자동차를 만들 확률은 어떤가? 이렇게 따지다 보면 로봇은 영원히 길을 건너지 못할 것이다. 차에 치일 아주 작은 확률은 감수해야 할 것이다. 셋째, 비록 우리가 관련성 있는 사안이 무엇이냐에 대한 지침을 마련하더라도 여전히 문제는 남아 있다. 마빈 민스키Marvin Minsky는 다음과 같이 말한다.

> 어떤 논리주의적 체계에서도 모든 공리는 필연적으로 '허용성'을 가진다. 그들은 새로운 추론을 허용한다. 새로운 공리를 첨가할 때마다 새로운 정리가 더해질 뿐 기존의 정리가 없어지지 않는다. 따라서 새로운 공리를 첨가하여 기존에 이미 도출할 수 있었던 정리를 도출하지 말라고 명령할 수 없다! 간단히 말하면, 만일 우리가 필요한 정리를 도출하기에 충분한 공리를 채택

> 하면, 우리는 너무 많은 것을 도출한다. 관련성 있는 정리가 무엇인지를 알려 주는 공리를 첨가하면, 우리는 여전히 불필요한 정리들을 도출한다(그들이 관련성이 없다는 것을 말하는 문장들과 함께)(민스키, 1981: 125).

고전적이고 단조한monotonic 논리 체계에서는 새로운 전제를 추가한다고 해서 결코 전제들로부터 도출될 수 있는 결론의 수가 감소하지 않는다. 그러나 현실적으로는 새로운 정보의 추가가 기존에 우리가 받아들였던 결론을 파기하는 결과를 가져온다. 예를 들어, 앞에서 언급되었던 지질학의 법칙("모든 곡류천의 외벽은 침식된다")에 의거해 어떤 강이 더 심하게 굽을 것이라고 예측한다고 해보자. 그러나 만일 우리가 이 강의 바깥쪽 벽이 강력한 시멘트로 두껍게 발라져 있다는 정보를 추후에 확보했다고 하자. 그럴 경우 이 강이 더 심하게 굽을 것이라는 예측은 철회된다. 이러한 상황이 일어나는 이유는 위의 지질학의 법칙이 암암리에 "모든 다른 것이 정상"이라는 가정을 포함하고 있기 때문이다. 벽이 시멘트로 발려져 있는 상황은 비정상적이다. 매달 주민들이 벽에 새로운 흙을 바르는 상황도 물론 비정상일 것이다. 이런 예외적 상황은 무한히 많을 것이다. 정확히 무엇이 그 예외적인 상황에 포함되어 있는지 우리는 모른다. 그럼에도 불구하고 그 모든 것을 우리의 당면한 목적에 핵심적인 것이 아니라고 무시해 버린다. 세계가 어느 정도는 균질하고 안정적일 것이라 가정해 버리고, 일반화를 시도한다. 만일 모든 가능한 상황을 다 고려한다면 개별 과학의 법칙은 존재할 수 없을 것이다. 그런데 기계가 우리와 같이 되려면 무엇을 무시해야 하는지 고려하지 않고 무시해 버리는 것을 배워야 한다. 다시 말하면, 명시적으로 고려하지도 않고 어떤 것을 잘 무시하는 절차를 확립해야 한다. 그러나 기계로 하여금 어떻게 무시하는 법을 가르칠 수 있나? 무시하는 법을 명시해 주면 그 법 때문에 고려해야 할 사인이 더 증가할 것이다.

다음과 같은 가상의 이야기가 이 문제를 이해하는 데 도움이 될 수 있다.[6] R1이라는 로봇이 있었는데, 그 로봇의 목표는 자신을 돌보는 것이다. 어느 날 R1은 자신이 필요로 하는 전지battery가 어느 방에 시한폭탄과 함께 있다는 것을 알게 되었다. R1은 방의 위치를 알아내어 그 전지를 구해내는 계획을 세운다. 전지는 작은 수레 위에 놓여져 있었고, 따라서 R1은 그 수레를 그 방에서 끌어내오면 되겠다고 생각했다. 그래서 R1은 계획을 실행에 옮겼고 전지는 방 밖으로 나왔다. 그러나 시한폭탄도 같이 따라 나왔다. R1은 물론 시한폭탄이 전지와 함께 수레 위에 있음을 알고 있었으나 수레를 끌어내면 시한폭탄도 함께 나온다는 것을 깨닫지 못했던 것이다. R1에게 "생각 좀 하고 행동해라"라고 말하고 싶은 상황이다. 그래서 공학자들은 자신의 행동이 어떤 함축을 가지는지를 계산하는 개선된 로봇 R1D1을 고안했다. R1D1은 위와 동일한 작업에 투입되었고, R1D1도 수레를 끌어내어야 한다는 계획을 세웠는데 그 계획을 실행에 옮기면 어떤 결과가 있을지를 생각하기 시작했다. R1D1이 "수레를 끌어내면 방의 벽 색깔이 변하지 않는다.", "수레를 끌어내면 수레바퀴가 돈다." 등의 결론을 도출하고 있는 순간 시한폭탄이 폭파해 버렸다. 유한한 시간과 능력을 고려할 때 자신의 현재 목적과 무관한 수없이 많은 함축까지도 다 추리하는 것은 무모하다. 그래서 공학자들은 관련성 있는 함축과 무관한 함축을 구분하는 R2D1을 만들어 현장에 투입했다. 그런데 이번에는 R2D1이 방에 들어갈 생각은 않고 방 밖에서 움직이지 않고 가만히 있었다. 그 이유는 함축들 중에서 유관한 것과 무관한 것을 가려내는 데 시간을 보내고 있었기 때문이다. 그러는 중에 시한폭탄이 폭파해 버렸다.

6 이 가상의 얘기는 데닛의 것이다(Dennett, 1998).

프레임 문제는 결국 우리가 어떻게 햄릿의 문제를 해결할 수 있느냐다. 어떻게 기계로 하여금 그만 생각하고 행동을 하게 만들 수 있는가? 이 문제는 통상 인공지능에서 지식 재현의 문제knowledge representation라고 말해지기도 하는데, 정보의 효율적인 사용과 검색을 가능하게 하는 정보/지식의 저장 혹은 처리 방식을 찾는 문제다. 이를테면, 민스키의 프레임이나 생크Roger Schank의 스크립트라는 개념은 어떤 특정한 상황에 대한 인간의 지식을 재현하는 단위다. 그것들은 어떤 주어진 상황의 전형적인 정보를 담고 있다. 프레임 문제가 어렵다고 해서 정보를 무시할 수는 없다. 예를 들어, 냉장고로 가서 우유를 꺼내 마신다고 하자. 물론 습관적으로 아무 생각 없이 이런 행동을 할 수 있으나 그럼에도 불구하고 보통의 경우 이러한 행동은 정보에 민감하다. 만일 누군가 장난으로 우유를 고체화시켜 놓아서 우유를 잔에 부었는데도 불구하고 우유가 나오지 않는다고 해보자. 이럴 때 우리는 당혹해 할 것이다. 당혹해 하는 이유는 어떤 상황을 기대하고 있었는데 그것이 좌절되었기 때문이다. 특정한 기대를 하기 위해서는 세계에 대한 여러 정보를 활용해야 한다. 따라서 프레임 문제는 그냥 외면할 수는 없다. 그렇기 때문에 프레임 문제가 해결될 수 없다는 전망은 바로 인공지능에 대한 회의주의로 연결된다(Dreyfus, 1981).

그러나 프레임 문제가 심각하더라도 과연 이 문제가 인공지능의 한계를 드러내는가? 이런 결론을 내리는 것은 성급하다. 왜냐하면 프레임 문제는 딱히 인공지능에 국한된 문제가 아니기 때문이다. 오히려 인간의 지식 재현 기제의 성격에 대한 현재의 이해 단계를 반영한다. 즉, 인공지능에서 대두한 프레임 문제는 좀 더 일반적인 문제의 한 유형일 뿐이다. 오히려 인공지능 연구자들은 프레임 문제를 통해 철학자들이 외면해 온 인식론의 문제를 발견했다고 볼 수 있다. 프레임 문제는 자료에 의한 이론의 미결정성 문제와 유사성이 있다. 관찰에 의해 가설들을 반박하거나 입증할 때 발생하는 한 문제는 지금까지의 모든 관찰과 부합하는 가설이 하나 이상 존재할 수 있다는 데 있다. 넬슨 굿맨Nelson Goodman의 유명한 예를 들자면, 지금까지의 관찰(모든 에메랄드는 녹색이었다)과 부합한 가설은 "모든 에메랄드는 녹색이다"다. 그러나 그 관찰은 "모든 에메랄드는 녹랑색grue이다"와도 잘 부합한다(x가 녹랑색이다 = x가 2006년 7월 17일 12시까지 조사되었고 녹색이었거나 혹은 2006년 7월 17일 12시 이후에 조사되었고 파랑색이다.) 물론 지금은 2006년 7월 17일 12시라고 가정한다. 지금까지의 관찰과 부합하는 수없이 많은 가설을 어떤 식으로든 제한할 수 없다면 귀납적 추론은 불가능하다. 어떤 상황을 분류하는 수없이 많은 방식 중 어느 것이 채택되어야 하나? 우리가 어떻게 결정을 내리는지에 대한 '원칙'들은 없다. 그렇다고 해서 우리가 결정을 내리지 않는 것은 아니다.

이와 같은 미결정성으로부터 반드시 계산주의의 부정이 도출되지는 않는다. 단지 일반적인 문제 해결의 기제를 발견한 다음 그것을 구체적인 상황에 적용하는 방식을 버리고 인지 체계를 특수한 문제 상황에 맞추어 채택된 전략들의 모음으로 간주하는 것이 적절한 교훈이라고 여겨진다. 즉, 우리의 지식을 어떤 보편적 원리의 적용으로 환원할 수 없다는 얘기일 뿐, 특정한 영역이나 내용에 따라 다른 원리와 알고리듬이 채택되고 있을 가능성까지 부정하는 것은 아니다. 프레임 문제는 구현주의를 배제하기는커녕, 인지적 과정이 어떤 프로그램을 실현하고 있는지를 알기 위해서는 세계의 구체적인 문제 상황을 고려해야 함을 보여 준다.

4. 확장된 마음

앤디 클라크Andy Clark와 찰머스David Chalmers는 '인지'가 환경에 분산되어 있을 수 있다고 주장한다. 이들의 논증은 우리가 이른바 순전히 '마음 속'으로 하는 인지적 활동의 사례와 외적 환경(자연적 혹은 인공적)에 의존하는 경우가 과연 의미 있는 차이가 있는지 물음으로써 시작한다. 예를 들어, 우리는 산수를 하기 위해 펜과 종이를 사용하고, 기억을 돕기 위해 메모를 책상 위에 붙여 놓고, 항해를 하기 위해 컴퍼스와 여러 계측기를 사용한다. 우리의 인지 활동을 돕기 위해 주변 환경의 사물을 변화시키고, 주변 환경의 변화가 다시 우리의 인지 활동에 영향을 준다. 물고기의 능숙한 헤엄 솜씨는 자신의 몸동작을 자연적으로 형성되거나 혹은 자신이 스스로 생성한 주위의 물 소용돌이와 조화시키는 데 있음이 밝혀졌다. 이러한 개체와 환경의 상호작용이 개체 · 환경 연합을 형성하며, 이 연합 전체가 인지적인 자격을 가지고 있다고 간주되어야 한다는 것이다. 물론 계산기와 같은 도구는 우리가 사용하다가 사무실에 그냥 두고 집에 가버릴 수 있으나 집에 가서도 우리의 인지 과정은 계속 진행되고 있으며, 따라서 인지 과정의 핵심은 우리의 두뇌라는 지적이 있을 수 있다. 즉, 계산기는 너무 쉽게 분리되어 버려서, 인지 과정에 우연적인 혹은 외적인 것으로 간주될 수도 있다. 그러나 미래에 어떤 컴퓨터 모듈이 우리의 두뇌에 외과적인 수술에 의해 삽입되는 일이 빈번하게 발생한다면(예를 들어, 치매 환자의 치료와 같은 의료적인 목적 때문에), 그 모듈은 그 사람의 인지 기제의 한 부분이라고 하는 것이 더 자연스러울 것 같다. 그런데 그 모듈을 몸에 부착한다고 가정해 보자. 갑자기 그 모듈이 인지 기제의 한 부분이 아니게 되는가? 왜 반드시 피부 혹은 두개골이 인지 과정의 경계가 되어야 하나?

인지 과정은 충분히 우리 몸 밖의 환경적 요소들을 포함할 수 있다는 확장된 마음의 논제는 분명 설득력이 있다. 그러나 확장된 마음의 논제가 계산주의와 상충되는지는 불분명하다. 클라크와 찰머스가 말하듯이 인지 과정 전부가 머리 안에 있는 것은 아니다. 이 말은 분명히 머리 안이 텅 비었음을 의미하지는 않으며, 머리 안에서 기본적으로 계산적 과정이 진행되고 있을 여지를 남겨 둔다. 단지 그것이 인지 과정의 전부라고 해서는 안 된다는 말이다. 확장된 마음의 논제는 계산주의와 상충한다기보다는 서로 보완적인 관계라고 볼 수 있다.

확장된 마음의 논제는 인지 과학의 방법론에도 중요한 함축을 가질 수 있다. 인지 능력의 기반을 탐구하기 위해 외부를 배제한 순전히 '내적'인 과정에 집착하지 않아야 한다. 인공지능에서도 구체적 환경에 대한 상세한 재현을 구성하지 않고 환경으로 하여금 환경 자체에 대한 정보를 담고 있게 하는 방법이 사용된다. 이는 '게으름의 미덕'과 관련이 있다. 지금 현재 세계의 여러 가능성에 대한 표상을 형성하고 그 표상을 외부로부터의 증거에 기초해 검증하는 과정을 거치지 않고 아예 세계가 흘러가는 대로 기다림으로써 많은 가능성을 세계로 하여금 배제하게 한다. 이는 내적 계산의 조합적 폭발을 방지하는 데 도움을 줄 수 있다. 생물체는 생존의 여러 문제를 해결하기 위해 주어진 환경으로부터 한 발짝 물러나서 세밀히 그리고 가능하면 객관적으로 세계를 파악한 다음 그 재현에 기반을 두고 문제 해결을 위한 행동을 계획하는 것이 아니라, 아예 주어진 환경에다 자신의 문제를 내맡김으로써 효율적으로 문제를 해결한다.

이러한 점을 아주 잘 시사해 주는 예로서 귀뚜라미의 청각 기제가 있다. 번식을 하기 위해 암컷 귀뚜라미는 다음 세 가지 일을 해야 한다. 여러 소리로 가득 찬 들판에서 (1)동종의 수컷 귀뚜라미가 내는 특정한 크기, 주파수와 리듬의 소리를 듣고, (2)수컷 귀뚜라미의 위치를 파악해서, (3)수컷을 향해 움직여 간다. 암컷 귀뚜라미가 교미를 위해 해야 할 작업을 이렇게 세분화하고 각 세분화된 작업은 더 세분화된 내부 작업으로 분석될 것이다. 이를테면, (1)은 동종의 수컷 귀뚜라미가 내는 소리를 크기, 주파수, 리듬, 등 각 변수를 재현하는 요소로 분석해 그 요소들이 어떤 배합을 가지는지를 계산해 수컷 귀뚜라미의 소리임을 파악하는 계산 과정으로 세분화될 것이다. (1)의 작업이 완결되면 그 소리의 방향을 어떤 축을 중심으로 계산한 다음 이를 다리의 운동을 조절하는 신호와 연결할 것이다. 따라서 (1)은 (2)와 (3)의 작업과 외부적으로 연결되나 각자 내부적으로는 독립된 작업이다. 이러한 접근은 기존 인공지능에서의 사고 방식에 따르면 너무나 자연스럽다. 그러나 실제 귀뚜라미의 청각 기제는 너무나 다른 방식으로 운용된다(Clark, 2001 : Chapter 6 참조).

우선 귀뚜라미의 귀는 앞다리의 끝에 달려 있는데 이 귀는 다리 속의 공간을 통해 좀 더 몸통 쪽에 붙어 있는 또 다른 구멍과 연결되어 있다. 예를 들어, 귀뚜라미의 왼쪽에서 소리가 올 때 다리 끝에 있는 귀에 음파가 먼저 도착하며, 또한 몸통 쪽의 구멍으로 입수된 음파가 관을 따라 내부로 전달되어 온다. 귀에 도달하는 각 소리는 동일한 음원을 가지고 있지만 귀에 도달하는 거리가 다르기 때문에 소리의 불일치가 일어난다. 그러나 귀뚜라미의 오른쪽 다리의 귀에 도착하는 두 소리는 불일치가 거의 없다. 이 차이가 직접적으로 왼쪽 다리의 움직임을 강화시킨다. 따라서 왼쪽에서 소리가 올 때 음향학적 성질로 인해 귀뚜라미의 몸은 왼쪽으로 움직여 가게 된다.

귀뚜라미의 청각 기제는 따라서 일반적 목적에 사용될 수 없으나 특수한 목적을 위해서는 충분히 효율적이다. 물론 일반적 목적을 위해 사용될 수 있는 청각 기제가 있다면 좋겠으나 진화의 과정은 기본적으로 그때그때 생물체가 봉착하는 문제를 가장 경제적으로 해결하는 방책들이 채택된다. 진화의 과정은 완벽성을 추구하기보다는 기회주의적인 측면을 가지고 있다. 이미 존재하는 기제들을 새로운 목적에 차용하는 것이다. 진화에 관한 이러한 시각에 따르면 복잡한 동물을 이해하는 가장 좋은 지름길은 기초적인 기능의 집합으로 분석하는 데 있지 않고, 단순하지만 구체적 환경에서 실제 어떤 작업을 수행하며 성공적으로 생존하는 독립된 개체 전체를 탐구하는 것이다.

어떤 추상화한 디자인 공간에서의 일반적 문제 해결 방식보다는 구체적 환경의 제약을 고려한 해결 방식으로의 관심의 전이는 구현주의적 인공지능의 핵심적 특징이다. 이러한 새로운 시각은 장점이 있다. 몸과 환경의 구체적인 성질에 의한 제약을 무시할 때 발생하는 계산적인 부담이 감소해, 인공지능이 봉착했던 만성적인 문제들을 해결하기 위한 단초를 제공해 줄 수 있다. "세계 자체가 세계에 대한 모델이다"라는 모토는 이러한 인공지능의 새로운 동향을 반영한다. 귀뚜라미가 존재하는 물리적 환경과 몸의 음향적 · 물리적 속성은 환경의 우연적인 조건이다. 이러한 우연적인 조건이 귀뚜라미의 생존 문제 해결에 직접적으로 도입된다. 즉, 귀뚜라미의 청각 기제는 수컷 귀뚜라미의 소리와 위치에 대한 내적 재현을 형성하지 않으며 그 재현에 기초한 중앙 통제가 없다.

그러나 이러한 구현주의적 경향이 과연 내적 재현에 대한 극단적 반反재현주의를 정당화해 주는지는 불분명하다. 왜냐하면 내적 재현은 귀뚜라미의 경우와 달리 좀 더 '고차원적' 행위를 설명해 주기 위해 도입되었기 때문이다. 애당초 의도되었던 설명 대상에 대해 내적 재현을 도입하지 않는 대안적 설명이 존재한다면 이는 내적 재현에 대한 강력한 비판이 될 것이다. 그러나 내적 재현에 의해 설명되는 것으로 간주되지도 않았던 행동들에 대해 내적 재현이 필요하지 않다는 것이 밝혀졌다면 이 사실이 내적 재현 일반에 대한 도전이 되기에 충분치 않다. 내적 재현이 필요하다고 간주되었던 행동은 굉장히 복잡하고 무질서한 근접 원인에도 불구하고 체계적이고 통합된 반응을 보이는 경우들이다. 이것이 애당초 제논 필리쉰Zenon W. Pylyshyn이 지적하는 대로 인지주의가 행동주의에 대한 반발했던 이유다.

> 최소한 인간의 일부 행위가 이성적이라는 견해가 타당하다면, 인간 행위의 질서는 내가 인지적 혹은 지향적 용어들이라고 불렀던 그러한 용어들에 의해서만 기술될 수 있다. 외적 조건과 행동들이 법칙에 의해 연결되어 있을 뿐 아니라 믿음 그리고 사유 과정에 의해 매개된다. 행동의 자극 독립성이 바로 행동주의의 아킬레스건이다(Pylyshyn, 1987).

행동주의의 근본적인 문제점은 행동이 자극이 아니라 그 자극을 어떻게 이해하느냐 혹은 어떻게 기술하느냐에 따라 결정된다는 점이다. 어떤 자극을 놓고 그것이 어떤 반응을 촉발할지를 묻는 것은 어리석은 질문이다. 그 자극이 어떻게 받아들여지나에 의존하기 때문이다. 따라서 엄청나게 다양한 자극이 동일한 행동을 초래할 수 있다. 인지주의는 자극과 반응 사이에 자극과 반응을 인과적으로 매개하는 독립된 내적 과정을 상정한다. 사실 구현주의자들 또한 인지주의가 배격하는 행동주의와 거리를 두고자 한다. 드레퓌스는 지식보다 기술을 강조하면서, 여러 모양의 의자에 앉고 일어서는 것과 같은 기술은 행동주의적으로 이해되지 않아야 한다고 주장한다(Dreyfus, 1981 : 254). 그렇다면 인지주의와 구현주의는 행동주의를 배격한다는 점에서 중요한 공통점이 있다.

5. 양립가능론을 향해

> 〈구현주의〉 인지 과정은 본질적으로 세계와의 연관성에서 이해되어야 한다.

인지 과정은 그것이 진화한 구체적인 외적 환경과 독립되어 온전히 기술될 수 없다.

〈내재주의〉 구현주의의 부정

〈계산주의 이론〉 인지 과정은 형식적 기호 조작으로 기술될 수 있다.

이와같이 용어를 정의할 때, 드레퓌스는 기본적으로 다음과 같은 방식에 의해 계산주의 이론에 대한 비판을 제기한다.

계산주의 이론은 내재주의를 함축한다.
내재주의는 잘못되었다.
따라서 계산주의 이론은 잘못되었다.

그리고 존 설John Searle은 비록 계산주의 이론은 비판하지만 계산주의 이론이 가정하고 있다고 그가 생각하는 내재주의는 받아들인다. 설은 "우리는 실제로 통 속의 뇌이기 때문에, 우리가 가진 모든 믿음이 통 속의 뇌인 존재에게 가능하다"고 말한다(Searle, 1983 : 230). 당신 앞의 사과에서 반사된 빛이 동공을 통과해 망막에 상을 형성하고 그 자극이 시신경을 따라 두뇌의 시각 정보 처리 부위에 전달되면 놀랍게도 우리는 "사과를 보는 경험"을 한다. 물론 그 경험은 우리에게 "사과가 있다"는 믿음을 촉발한다. 설이 받아들이는 내재주의에 따르면 사과가 당신의 시각 경험을 촉발하기는 하나 시각 경험을 구성하지는 않는다. 사과는 없지만 동일한 자극이 시신경을 따라 두뇌의 시각 정보 처리 부위에 전달될 때 설은 당신이 사과가 있어서 가지는 경험과 동일한 경험을 가질 것이라고 말할 것이다. 이것이 바로 사과를 보는 경험에서 사과는 본질적이지 않음을 말하는 것이고, 따라서 경험에 대한 구현주의를 부정하는 것이다.

한편, 제리 포더Jerry Fodor는 내재주의를 받아들이지만—"세계의 모습이 현재와 상당히 다르다고 해도 사람의 경험(그리고 사람의 믿음)은 여전히 동일할 수 있다"—계산주의 이론을 옹호한다(Fodor, 1981 : 229). 포더는 계산주의 심리 이론이 믿음, 욕구 등의 의미적 심적 상태를 과학적으로 그리고 형이상학적으로 정당화한다고 주장한다. 일상적으로 우리가 느슨하고 피상적으로 이해하고 있는 마음이라는 내적 실체에 대해 계산주의 심리 이론이 좀 더 깊은 분석과 이해를 제공한다는 것이다. 어떻게 마음의 인과 과정이 의미론적으로 정합적일 수 있는가? 혹은 다르게 표현하면, 어떻게 이성이 기계적으로 가능한가?(Fodor, 1987 : 20) 이 질문에 대한 과학적으로 존중받을 수 있는 최초의 대답이 바로 계산기라고 본다. 계산주의 심리 이론은 우리의 행동 설명을 위해 믿음과 욕구를 보존할 수 있게 하고, 그들을 물리적 우주에 위치시키게 해 준다.

우리는 여기서 최소한 세 개의 다른 입장을 구분할 수 있다. 첫째는 구현주의를 받아들이고 따라서 계산주의를 거부하는 입장이며(드레퓌스), 둘째는 구현주의를 부정하며 계산주의 또한 부정하는 입장이고(설), 셋째는 구현주의를 부정하나 계산주의는 옹호하는 입장(포더)이다. 그러나 이들이 공통적으로 받아들이는 전제가 바로 위 논증의 첫 번째 전제다(McClamrock, 1995 : 2). 만일 구현주의를 내재주의에 대한 반발로 보고, 정보처리이론 혹은 계산주의 인지이론이 내재주의를 함축한다고 한다면, 구현주의는 계산주의 이론과 상충된다. 그러나 만일 계산주의가 내재주의를 함축하지 않는다면 구현주의자들이 반드시 계산주의를 거부해야 할 이유가 없다. 과연 인지 활동의 본질은 세계와 독립되어 완벽히 기술될 수 있다는 믿음이 과연 계산주의에 본질적인가? 그렇다고 보아야 한다고 제시된 이유가 다 논란의 여지가 많음을 위에서 살펴보았다. 이 논의가 설득력이 있다면 구현주의를 받아들이면서 또한 계산주의를 유지하는 양립론의 가능성이 열리게 된다. 실제로 스티븐 핑커Steven Pinker의 입장이 이에 해당되는 것 같다.

포더와 마찬가지로 핑커는 계산주의가 인간의 지능을 설명하기 위해 필요불가결하다고 본다(Pinker, 1997: 25). 그러나 포더와 달리 핑커는 계산주의 모델과 진화론적 적응주의와의 융합의 가능성을 받아들인다. 이는 구현주의와 계산주의를 조화하려는 한 시도로 간주될 수 있다. 진화는 고정된 반사 운동이나 우매한 본능을 설명할 수 있을 뿐 마음과 지능은 진화의 설명 영역 밖에 놓여 있으며 문화가 인간의 복잡하고 유연한 지능적 행동을 설명한다는 전통적 견해에 반해, 핑커는 만일 진화가 동물에게 계산 능력을 가지게 했다면 사정이 많이 달라진다고 주장한다. 계산주의는 인간의 지능이 어떻게 진화의 산물이 될 수 있음을 설명해 준다. 반면에, 진화론적 고려는 현재 우리가 가지고 있는 정보 처리 기제의 성격을 규명할 수 있게 해 준다. 물론 현재 인지 체계가 지금 현재 환경에서 봉착하는 문제를 해결하기 위한 것으로 보지는 않는다. 현재의 인지 체계를 과거의 문제 상황을 해결하려는 적응의 결과물로 보는 것이다. 인간의 두뇌에 실현되어 있는 프로그램의 성격을 규명하기 위해서는 역공학적reverse engineering으로 인간의 인지 체계가 진화된 과거 선조의 상황(특히, 홍적세 수렵 시대)을 고려한다. 과연 진화론적 계산주의 이론이 궁극적으로 성공할지는 이 글의 핵심적 관심사가 아니다. 단지 계산주의 이론이 인지 과정을 좀 더 넓은 환경 관계 속에서 고려하는 시각과 양립 가능함을 보이고자 했다.

지금까지 필자는 양립가능론을 옹호해 왔는데, 한편으로 양립가능론을 받아들일 경우 반드시 청산되어야 할 유산이 있다고 생각한다. 4절 마지막에서 필자는 구현주의자와 인지주의자 모두 자신의 입장을 행동주의와 대립되게 규정한다는 점에서 공통점이 있다고 지적했다. 그러나 이 공통점은 사실 피상적인 공통점에 불과하다. 드레퓌스가 기술skill을 행동주의적으로 보지 않아야 한다고 했을 때 그 이유는 기술이 어떤 요소와 그 요소를 배열하는 규칙으로 환원되지 않는 전체주의적 특성을 가지고 있기 때문이라고 한다. 여기서 드레퓌스가 거리를 두고자 하는 행동주의는 환원적 행동주의라고 보여진다. 즉, 심적인 개념을 비심적인 행동 개념으로만 정의하고자 했던 환원적 행동주의자들이 필요로 하는 중립적 성격의 행동 개념(심적인 것에 대한 개념이 없는 사람도 알아볼 수 있는 종류의 행동, 몸동작 혹은 소음)을 비판하고 있는 것이다. 그러나 이런 점에서 사실 인지주의는 환원적 행동주의와 더 가깝다. 환원적 행동주의자의 행동 개념을 고정한 후, 인지주의자는 그러한 행동을 초월하는 모든 내적 상태를 거부한 행동주의를 비판하면서 단지 행동의 성향으로 분석될 수 없는, 자극과 반응을 매개하는 독립적 인과 매체로서의 내적 실체를 주장한다. 행동주의를 극복하기 위한 한 대안으로, 즉 내적 인과 역학에 대한 실재론으로서 계산주의 혹은 인지주의가 채택되었다면 결국 계산주의는 구현주의에서 멀어지게 된다. 따라서 구현주의자가 계산주의를 비판함은 자연스럽다.

그러나 위의 지적이 역사적으로 올바른 지적이라고 하더라도 과연 인지주의가 환원적 행동주의의 행동 개념을 반드시 계승해야만 하는지는 불분명하다. 심적인 것이 행동의 총합을 넘어서는 것이라고 해도, 그렇다고 해서 그 행동이라는 것이 심적인 것이 일체 배제된 것이라고 가정할 아무런 이유도 없다. 즉, 우리가 믿음과 의도 등을 부여해 서로의 행동을 설명하고 이해할 때, 그 행동이라는 것이 심적인 것에 대한 아무런 개념이 없는 사람도 파악할 수 있는 어떤 중립적인 자료라고 볼 이유가 있는가? 우리가 행동적 증거에 기반을 두고 어떤 심성의 존재에 대한 추론을 하고 따라서 우리가 심성의 존재에 대한 잘못된 판단을 내릴 개연성이 항시 존재한다 해도, 심성에 관심을 가지는 이유가 어떤 중립적인 의미로서의 행동(동작과 소음)을 설명하고자 하기 때문인 것은 아니다. 어떤 아버지가 약국으로 달려가고 있는 행동을 설명하기 위해 우리는 그 아버지에게 "아이가 감기에 걸렸고 감기 두통을 낫게 하기 위한 약을 약국에 구입할 수 있다는 믿음"을 부여할 수 있다. 이때 우리가 설명하고자 하는 대상은 그의 근육과 뼈가 수축하고 이완하는 패턴이 아니다. 왜 그가 약국에 달려갔느냐다.

양립가능론을 위해서는 환원적 행동주의가 가정하고 인지주의가 계승한 행동 개념을 재고해야 한다. 행동주의는 자극과 반응의 사이에 놓인 이른바 내적인 심적 상태를 블랙 박스로 간주하고, 그러한 내적 상태는 심리적 설명에 도입되지 않아야 한다는 방법론적 요구를 포함한다. 그러나 그러한 설정은 심적 상태에 대한 실재론자로 하여금 자극과 반응을 경계boundary로 하여 그 내부에 심적 실체를 위치시킬 것을 강요한다. 이 독립적 내적 인과의 역학이 형식화된 알고리듬을 실현하는 것으로 간주한다면 계산주의적 마음은 당연히 외적 세계와 단절하게 되며, 이는 구현주의자들이 심판대에 오르게 된다. 그러나 자극과 반응을 경계로 하여 내적인 마음과 외적인 세계를 분리하는 구도 자체를 거부한다면 계산주의는 구현주의적 사고와 반드시 충돌을 일으킬 이유가 없다.[7]

구현주의와 계산주의를 조화시킬 가장 유망한 방법은 세계와의 연관성 속에서 인간을 기술하는 인격 단계와 심적 개념을 도입하지 않고 기술될 수 있는 인격 하부 단계의 자율성을 유지하는 것이다. 우리가 두뇌를 계

7 지각과 행동을 이러한 자극과 반응으로 간주하고 마음을 그 사이에 샌드위치와 같이 보는 견해를 수전 헐리Susan Hurley는 "The Input-Output Picture"이라고 부르며 이 견해 자체를 다양한 각도에서 비판한다(Hurley, 1998).

산적 과정으로 혹은 정보 처리 과정으로 기술할 때 내적 재현이 상정되어야 한다. 계산은 분절된 기호(0과 1의 조합)에 정의된 통사론적 과정이기 때문이다. 또한 우리는 계산 과정을 넓게 보아 특정한 환경에서 그 개체가 어떤 목적을 달성하기 위해 수행하는 것으로 간주하고자 한다. 이 두 마리의 토끼를 다 잡기 위해서는 이 두 측면의 자율성을 인정해야 한다. 그러나 포더는 인격의 단계를 인격 하부의 단계로 환원하려고 한다. 그는 지향적 설명에 등장하는 명제 태도를 다음과 같이 분석한다.

X는 P를 믿는다 = X는 S를 믿고*, S는 P를 의미한다.

여기서 S는 사고의 언어의 한 문장이며, 믿음*은 그러한 문장에 정의된 계산적 관계다. 명제 태도가 명제 내용을 본질적으로 가진다면, 위의 분석에 따르면 S가 명제 내용을 본질적으로 가져야 한다. 왜냐하면, 믿음의 명제 내용이 결국 S의 명제 내용으로 분석되기 때문에, S의 명제 내용이 더 근본적이어야 한다. 사실 포더는 만일 본래적 지향성이 있다면, 이는 사고의 언어에 우선적으로 실현되어야 한다고 주장한다. 지향적 설명이 진정한 의미에서 인과적인 효력을 가지기 위해서는 두뇌의 국지적인 단위에 의해 매개되어야 한다는 믿음을 반영하고 있다. 그러나 이는 두 가지 측면에서 문제성이 있다. 우선 지향적 설명이 가능하기 위해 어떤 하부 단계의 기제가 있어야 한다고 인정하더라도 그 기제가 반드시 개체의 몸 내부에 국한되어 있어야 할 이유가 없다. 더 넓은 개체 환경의 융합이 지향적 설명의 인과적 기반을 구성할 수 있다. 포더의 견해가 가지는 두 번째 문제점은 과학의 방법론적 고려와 너무 거리가 있다는 점이다. 계산주의적 과정의 세부를 알기 위해 우리는 그 개체가 주어진 환경에서 어떻게 살아가는지를 우선 고려한다. 하향적 접근이 과도하게 사용되었을 경우

발생하는 위험이 존재하나 그렇다고 해서 하향적 접근을 완전히 배제해 버릴 수는 없다. 오히려 인격 하부 단계의 어떤 과정이 인격의 단계의 활동을 가능케 하는 데 유관한지를 알기 위해서도 하향적 접근은 필요불가결하다. 그러기 위해서는 인격의 단계에 자율성을 부여해야 한다. 애당초 세계 내에 존재하는 대상으로서의 인격에 부여하는 질서와 설명을 그러한 질서와 설명이 요구하지 않는 틀 안에서 재해석함으로써 인격의 차원을 인격 하부의 차원과 경쟁하게 만든 데 포더의 잘못이 있다.

인격의 단계에서는 개체와 세계의 교류는 직접적이다. 인격의 단계에서는 개체와 환경이 만나는 피부나 두개골이 유효한 경계가 될 수 없다. 이는 내적 실재를 무시하는 것이 아니다. 단지 사람의 몸 속에서 일어나는 일이 무관하다는 말이다. 오히려 진정한 의미의 '내적 실재'란 우리가 서로를 하나의 인격으로 혹은 좀 더 정확히 세계에 대해 어떤 시각과 태도를 가진 개체로 간주함으로써 파악되는 실재다. 이러한 의미의 내적 실재는 세계를 본질적으로 포함해야 한다.

6. 나오는 말

지금까지 구현주의와 계산주의의 양립가능성을 옹호했는데 마지막으로 한 가지 지적할 사항은 이러한 시도가 반드시 계산주의 자체를 옹호하는 것은 아니라는 점이다. 계산주의가 옳은지 아닌지는 경험적인 문제다. 계산주의에 따르면, 당신이 테니스 서브 공을 받아칠 때 다음과 같은 일이 일어난다. 공에서 반사된 빛이 망막을 자극해 이것이 신경 신호로 전환되고 신경 신호가 두뇌에 전달되어 공의 위치와 속도 그리고 각도에 대한 표상이 형성된다. 이 표상은 배경 지식과 함께 행동 조절 영역에 전달되어 하고자 하는 작업에 대한 표상과 함께 적절한 행동을 산출한다. 이러한 선형적인 구조와 달리 인지에 대한 좀 더 병렬 분산적 모델에 따르면 당신이 서브 공을 받을 때 당신의 눈과 머리, 몸이 모두 동시에 연속적으로 상호작용하면서 환경과의 조화를 형성한다.[8] 어디 한 곳에서 모든 것이 수렴하고 분산되지 않는다. 오히려 인지적 행동은 요소들 간의 상호작용의 결과 창발된 효과로 설명된다. 계산주의와 동역학적 접근이 어떤 것이 경험적으로 우월할지는 미리 결정할 수 없다. 동역학적 접근을 옹호하는 학자들도 어떤 부분은 계산주의적 시각이 더 나은 설명을 제공하고 어떤 다른 영역은 동역학적 접근이 더 우월한 설명을 제공한다고 인정한다. 단지 모든 것을 계산주의적 시각에서 설명할 수는 없다는 것이다. 지금까지의 이 글의 논의가 옳다면 계산주의자는 그것을 부인해서도 안 되고 부인할 이유도 없다.

참고 문헌

이기홍, 「현대에서의 구현주의적 전회」, 『철학연구』 2007 겨울.

Clark, Andy, *Mindware*, Oxford University Press, 2001.

Clark, Andy & D. Chalmers, "The Extended Mind," *Analysis* 58: 10-23, 1998.

Dennett, Daniel, *The Intentional Stance*, The MIT Press, 1987.

_____, "Cognitive Wheels: The Frame Problem of AI," *Brainchildren*, The

8 이러한 상호작용을 강조하는 한 예는 동역학적 접근the dynamical approach to cognition이다(Port & Tim Gelder eds., 1995: the introduction).

MIT Press, 1998.

Dreyfus, Hubert, *What Computers Can't Do*, Harper & Row, 1963.

_____, "From Micro-Worlds to Knowledge Representation: AI at Impasse," *Mind Design*, John Haugeland (ed.), 1981.

Fodor, Jerry A., *Representations*, The MIT Press, 1981.

_____, *Psychosemantics*, The MIT Press, 1987.

Haugeland, John (ed.), *Mind Design*, The MIT Press, 1981.

Hendricks, Scott, "The Frame Problem and Theories of Belief," *Philosophical Studies*, 129, 2006.

Hurley, Susan, *Consciousness in Action*, Harvard University Press, 1998.

Marr, David, *Vision*, San Francisco, W. H. Freeman, 1982.

McClamrock, Ron, *Existential Cognition*, The University of Chicago Press, 1995.

Minsky, Marvin, " A Framework for Representing Knowledge," *Mind Design*, John Haugeland (ed.), 1981.

Pylyshyn, Zenon W. (ed.), *The robot's dilemma: The frame problem in artificial intelligence*, Norward, NJ: Ablex, 1987.

Pinker, Steven, *How the Mind Works*, New York, Norton, 1997.

Port, Robert & Gelder, Tim van (eds.), *Mind as Motion*, The MIT Press, 1995.

Searle, John, *Intentionality*, Cambridge University Press, 1983.

Wilson, Margaret, " Six views of embodied cognition," *Psychonomic Bulletin and Review*, 9(4), 2002.

제3부

매체 경계의 미학

디지털 미학의 전복적 정치성 연구

김은령

1. 들어가는 말

다변화된 매체 환경 속에서 생산되는 작금의 많은 문화 생산품과 예술 작품은 전통적 미적 가치, 정확히 말하면 전통적 미적 판단의 가치를 가진 우리들을 때로 난해한 문제 앞에 서 있는 학생들처럼 당황스럽게 만들기도 하고, 그것들의 가치가 도대체 무엇인지 고민하게 만들기도 한다. 뭔지 정확히 알 수 없으나 우리가 우리의 감각들로 느끼고 받아들이는 수용 감각적 가치들이 전통적으로 논의되어 왔던 것들과는 사뭇 다른 양상으로 변화되었다는 것을 감지할 수 있다. 그러나, 그것의 실체, 물론 여기서의 실체란 것은 경험적으로 받아들여지는 수용적 감각 차원에서의 실체인데, 그것이 인간에게 어떤 양상의 감성적 변화와 정서를 주고 있는지는 전통적 미적 논의들만으로는 그리 쉽게 설명되지 않는다. 예술과 문화의 양상이 너무나 변화되어 버렸기 때문이다. 그 예술 · 문화의 존재 양상뿐만 아니라, 수용하는 방식도 새로운 기술과 매체로 인해 다변화되어 버렸기 때문이다. 이때, 디지털이라는 기술적 측면은 그 존재 양상과 수용방식에 가장 큰 변화의 요체가 되었다.

필자의 최근 연구의 화두 중 한 가지는 디지털 매체의 양상과 인간이 그 매체와의 접촉을 통해 경험하는 미학적 경험과 인간의 감수성 혹은 감각적 경험의 변화에 대한 고찰이다. 그리고 그 경험적 미적 가치의 중심에 숭고라는 것이 자리잡고 있음에 이미 주목한 바 있다(김은령, 2008 참조). 그리고 이제 필자의 관심은 디지털 매체들을 통해 전달되는 수용 감각이 인간에게 어떤 감성적 혹은 정서적 변화 내지 효과를 가지게 할 수 있는지에 대한 것으로 진행하고 있다. 또한 디지털 예술과 문화를 이야기하면서 자주 언급되는 디지털 미학이라는 것은 무엇인가? 미학은 여기서 또 무엇을 의미하는가? 그 디지털 미학은 무엇이 새로운 것인가? 등등의 질문으로 진행되고 있는 것이다. 필자는 매체 변화에 따른 감수성의 변화를 추적했던 지난 연구들에서 "표현할 수 없는 것을 표현"하는 숭고의 감성이 디지털 문화의 감각적 경험의 중심에 있음을 지적했는데, 표현할 수 없는 것을 표현하려는 욕망, 그리고 그 실천은 항상 '정치'적인 행위들과 불가분의 관계를 가지고 있음을 또한 발견할 수 있었다.

따라서 이 글은 디지털 미학에 대한 필자의 긴 연구의 여정 속에서, 디지털 미학의 정치성이라는 한 단면을 천착해 보고자 하는 의도로 시작한다. 그리고 이 연구는 정치와 미학에 대한 자크 랑시에르Jacque Rancière라는 정치철학자의 이론에서 시작한다. 랑시에르는 최근 영미 비평계에서 새롭게 주목받기 시작하고 있는데, 평등과 해방을 꿈꾸어 왔던 그는 개인들이 자신을 착취하는 구조에 대해 무지해서 해방되지 못하는 것이 아니라, 오히려 그 체제를 인식한다는 것은 이미 그 체제의 구조에 동참한 것이라고 보고 있으며, 오히려 지식의 문제나 인식의 문제가 아니라 몸이 사회에서 어느 위치에 배치되어 차지하고 있느냐 하는 감각의 문제와 연결되어 있다고 생각했다. 따라서 권력이 각 개인에게 부과한 위치를 알지 못할 때 오히려 해방이 일어날 수 있다는 역설을 주장했다. 그리고 미학이라는 것은 감각적인 것을 배분하도록 결정하는 것인데, 이 배분은 각각의 층위들로 경계선을 만듦으로써 가능하기 때문에, 미학은 "경험 형식으로 작동하는 정치의 장소이자 경계"라고 주장한다.

이러한 랑시에르의 이론을 바탕으로 디지털 미학은 어떠한 정치성을 띠고 있으며, 또 그것이 기존의 질서를 와해시킬 가능성을 어떻게 담지하고 있는 것인지, 그리고 그 가능성은 얼마나 유효한지 등에 대해 논의하는 것이 이 글의 목적이다.

2. 랑시에르의 미학과 정치

미학과 정치란 두 단어는 그리 친밀성을 가지고 있는 것으로 보이지도 않고 썩 어울릴 법한 단어도 아니다. 대체적으로 미학의 논의 대부분은 언제나 인간 개별 주체가 겪는 직접적인 느낌이나 감정 혹은 주체가 주목하는 대상의 독특하면 개별적인 양상을 다루는 반면, 정치란 것은 객관적이고 제도적인 질서 혹은 힘의 논리 등과 관련된 특성을 가지고 있다고 생각되기 때문이다. 그러나 그럼에도 불구하고 철학, 문학, 사회학 등에서 끊임없이 이 두 단어는 상호 관련성을 맺으면서 천착되고 논의되어 왔다. 그리고 그 중심에는 인간이 감지하는 미학적 감수성의 경험이라는 것이 사회 · 문화적 진공의 공간에서 일어나는 사건은 아니라는 것에 대한 공감, 그리고 미학적 경험이 아무리 개별적으로 특수한 상황에서 일어난다 하더라도 미적 경험과 정치적 실천이라는 것이 본질적으로 현실을 초극하려는 열망으로 은밀히 연결되어 있다는 것에 대한 암묵적 동의가 있기 때문이다. 그렇기 때문에 근본적으로 미학과 정치가 본디 불가분의 관계를 맺고 있다고 볼 수 있고, 미적 경험과 예술은 당대의 정치적 · 사회문화적 현실에 대한 일정한 이해와 시각을 담지하고 있다고 볼 수 있다. 필자는 이러한 미학과 정치의 관계에 대한 일반적인 논의에 대해 그리 반박하고 싶지 않다. 다분히 그러하다는 신념이 분명하기 때문이다. 그런데, "'시인의 정치성'이란 말은 어떤 시인의 의견이나, 경험이나 정치적 개입 정도를 의미하는 것이 아니며, 이런저런 텍스트의 정치적 수용이나 정치적 이해를 의미하는 것이 아니다"(Rancière, 2004b : 9)라는 랑시에르의 독특한 진술은 미학과 정치에 대한 새로운 시각으로 미학과 정치의 관계를 바라보는 단초를 제공한다. 예컨대, 랑시에르는 영국 낭만주의 시인 윌리엄 워즈워스William Wordsworth의 〈수선화〉에서 시인의 정치적 입장이 어떻게 얼마나 잘 드러나고 있는지 혹은 수선화의 정치적 무심함이 또 얼마나 잘 드러나고 있는지에 상관없이 "그 시 속의 '나'가 어떻게 혁명적 주체성의 역사와 연관되어야만 하는지"에 주목하라고 강조한다. 다시 말해 그 시 속에 담긴 정치적 메시지의 재현 여부와는 상관없이, 워즈워스 자신이 천명한 혁명적 글쓰기를 수행했는지, 즉 '나'를 통해 서정시의 해방이 이루어졌는지에 대해 주목한다. 그러나 여기서의 서정시의 해방이라는 것이 단순히 전통적 시적 법칙과 관행을 폐기하거나 흔드는 것을 의미하지 않는다. 랑시에르 서정주의를 해방시키는 것은 '나'를 글쓰기의 정치로부터 해방시키는 것, 즉 시적 장르를 구분하고, 그 각각의 법칙과 가치가 분명히 정치적이었던 그런 글쓰기의 정치로부터 '나'를 해방시키는 것을 의미한다. 랑시에르는 우리가 일반적으로 설정해 온 범주, 여기서는 장르의 구분과 경계라고 하는 그 범주들에 의문을 제기함으로써 기반 자체를 새롭게 구축하고자 하는 의도가 분명하다.

랑시에르가 의미하는 정치적이라는 것은 해석학적 입장에서 벗어나 있다. 그는 "우선 예술은 그것이 세계의 질서에 대해 전달하는 메시지와 감정 때문에 정치적인 것이 아니다. 또한 예술은 그것이 사회 구조, 갈등, 사회집단의 정체성을 재현하는 방식 때문에 정치적인 것이 아니다. 예술이 정치적인 것은 예술이 기능에 대해 두는 간격 때문이고, 예술이 만들어 내는 시간과 공간의 유형 때문이며, 예술이 이 시간을 분할하고 이 공간을 채우는 방식 때문이다. 정치는 실제로 권력의 행사와 권력을 위한 투쟁이 아니다. 그것은 특수한 공간의 구성이고, 경험의 특수한 영역의 분할이며, 공동으로 놓여 있고 공동의 결정에 속하는 대상의, 이 대상을 지칭하고 그것들에 대해 주장할 수 있는 능력이 있다고 인정된 주체의 특수한 영역의 분할이다"(Rancière, 2009: 23-24)라고 주장한다. 이러한 랑시에르의 공간과 배치 혹은 분할에 대한 주장은 예술의 자율성이란 이름 아래 영역과 경계, 그리고 위계를 만들고 공간과 시간, 주체와 대상, 권력과 대중을 분할하고 배치하면서 유지되는 경계에 대한 지적이다.

랑시에르는 위치와 배치를 교환하고 모호함과 혼동을 유발하면서 예술과 비예술의 경계선을 넘나들며 집단적으로 해방의 실천이 가능한 예술이 가능하다고 보고 있는 것이다. 그리고 이런 예술을 위한 전략적 기획으로 놀이, 목록, 만남, 신비라는 항목을 제시한다. 이런 항목들은 기존의 경계와 구획의 체제를 와해시킬 수 있는 요소가 되기 때문이다. 그는 예술의 문제를 정치와 연결시키면서 예술이 어떻게 미학적 문제와 연결될 수 있는지 보여 준다.

아리스토텔레스의 말처럼, 인간은 본디 정치적이다. 동물이 쾌락과 고통을 표시하는 목소리만을 가진데 반해 인간은 정의와 불의를 공동으로 다루는 말을 소유하고 있기 때문이다. 그러나 중요한 것은 누가 발화speech를 가지고 있고, 누가 단지 목소리voice를 가지고 있느냐 하는 문제로 귀결된다. 결국 정치는 "시간을 갖지 못한 사람들이 공동 공간의 거주자로 자리잡기에 필요한 기간을 가질 때, 자신들의 입이 고통을 표시하는 목소리뿐만 아니라 공동의 것을 발화發話하는 말을 내보낸다는 것을 증명하기 위해 필요한 시간을 가질 때 발생한다. 위치와 정체성의 이러한 배분과 재분배, 시 · 공간의, 가시적인 것과 비가시적인 것의, 소리와 발화의 전위와 재전위가 감각적인 것의 분배라는 것을 구성하게 되는 것이다" (Rancière, 2009 : 24). 다시 말해 랑시에르에게 정치와 미학은 다르지 않으며, 미학은 본질적으로 정치의 장소가 되는 것이다.

미학과 정치 사이의 관계는 정확히 말하자면, "정치의 미학과 '미학의 정치' 사이의 관계다. 즉 예술의 가시성과 행위와 형태들이 감각의 배분과 재구성에 개입하는 방식, 공간과 시간을, 주체와 대상을, 공동의 것과 독자적인 것을 배분하는 방식이다"(Rancière, 2009 : 25). 따라서 정치는 기존의 이데올로기나 지배 담론을 공격하는 것이 아니라, 그 담론 체계 자체를 와해시키고 새로운 감각적 배분이 가능한 삶의 형식을 만들어 내는 것이라고 볼 수 있다. 따라서 새로운 감각의 배분이 가능한 삶의 양식으로 필자는 디지털 미디어가 새로운 감각의 배분의 가능성을 담지한 것으로 전제하고 그것의 전복적 정치성을 가늠할 수 있다. 특히 랑시에르가 예술의 정치의 임무로 지적하고 있는 "감각적 경험의 정상적 정보들을 중지"를 통해 "공동체의 특정한 존재 양식과 연결시키는 동일한 원래의 구성"(Rancière, 2009 : 25)이 디지털 공간 속에서 가능한지를 점검함으로써 디지털 미학의 정치성을 밝혀낼 수 있을 것으로 본다.

3. 디지털 인터페이스의 미학적 양상

랑시에르는 예술의 미학적 체제 속에서 기존의 경계와 배치를 재구성하고, 집단적 해방의 실천을 기획하면서 놀이, 목록, 만남, 신비라고 하는 네 가지 전략을 제시했다. 궁극적으로 공동체의 평등을 지향하는 이런 예술은 결국 불확실한 것, 결정되지 않은 것, 뒤섞인 것들을 이용하는 것이며, 랑시에르는 주로 최근의 설치 작품의 예에서 이러한 전력을 발견해내고 있다. 그런데, 흥미로운 것은 랑시에르가 주목하고 있는 이러한 목록은 바로 디지털 인터페이스의 미학적 양상에서 가장 핵심적인 원리 혹은 전략이 되고 있다는 점이다.

놀이play

예술에서의 '매체medium'를 단순히 예술가가 갖고 작업하고 싶어하는 재료가 아니라 감각되는 환경이고, 각각의 "특수한 감각중추particular sensorium"(Rancière, 2009 : 27)로 인식하는 랑시에르는 그 환경 속에서 관객이 "자유로운 놀이free playing"(Rancière, 2009 : 28)를 할 수 있다고 본다. 그리고 이 놀이의 개념은 "인간은 놀 때만 인간 존재다Man is only fully a human being when he plays"라고 주장하는 프리드리히 폰 쉴러Friedrich von Schiller의 놀이 개념까지를 의미함으로써 "노동의 복종성the servitude of work"(Rancière, 2009 : 31)을 전복시키는 놀이의 자유를 해방적 예술의 전략으로 제시하고 있다.

칸트에 의하면, 가장 좁게 정의될 수 있는 놀이의 개념은 자기 자신 외에 다른 목적을 갖지 않는 활동이다. 즉 사물과 사람들에 대한 어떤 유효한 능력도 갖지 않으며, 실제로 이중 중지suspension의 상태라는 특성을 가지고 있다. 오성의 인지 능력의 중지, 그리고 욕망의 대상들을 강제하는 감성 능력의 중지가 그것들일 수 있다. 다시 말해, 지적으로 그리고 감성적 능력의 '자유로운 놀이'는 목적 없는 활동일 뿐만 아니라, 불활동inactivity과 동등한 활동이 될 수 있다. 놀이자가 놀이를 시작함으로써 일상적 경험에 대해 취하는 '중지'는 다른 차원의 중지와 연결하게 되어 있다. 그것은 재료에 대해 가해지는 권력에 대해, 그리고 감성에 대한 지성의 권력을 중지시키는 것이다. 이런 의미에서 놀이의 중지는 삶의 새로운 기술, 공동의 삶의 새로운 형태를 만드는 가능성을 담지한다고 할 수 있고, 정치적일 수 있다. 랑시에르가 지적하듯, 쉴러는 이미 프랑스혁명이라는 역사적 맥락 속에서, 재료에 대한 권력은 지성의 체계the class of intelligence가 감성의 체계the class of sensation 위에서 권력을 행사하는 것과 다르지 않으며, 자연의 인간men of nature 위에 문화의 인간men of culture이 권력을 행사하는 것과 동등하다고 제안했다(Rancière, 2009: 31). 랑시에르가 강조하고자 하는 것은 놀이자로서 인간의 진정성이라 할 수 있다. 그리고 21세기 현 디지털 미디어 시대에 그 가능성은 이전 시대에 비해 무한하다고 할 수 있다.

흔히 HCI를 구성하는 요소로 언급될 수 있는 브라우징browsing과 넷서핑netsurfin이라는 특징은 그 기술적 기반을 토대로, 새로운 문학의 형태와 랑시에르가 함의했던 '새로운 공동체'를 구성해 갈 수 있는 열쇠가 될 수 있다. 그리고 이것은 빌렘 플루서Vilém Flusser가 디지털 시대의 창작과 읽기의 문제를 설명하면서 제안하는 '수수께끼' 풀기 방식의 이해, '퍼즐' 맞추기와 같은 조합 게임식의 이해와 유사한 개념이다(플루서, 2002: 154-155). 기존의 읽기와 이해 방식이 '지능Intelligenz'이 '선별'해 내고 가려 냄으로써 그 의미를 유추하는 방식(플루서, 2002: 144-145)이었다면, 미래에도 유효할 새로운 방식은 퍼즐 게임을 하듯 계속해서 찾아가고, 맞추어 가는 과정 자체의 유희적 과정임을 강조한다. 이러한 플루서의 미래적 의식은 바로 그 기저에 놀이적 · 유희적 의식이 바탕이 되어 있으며, 랑시에르가 강조하는 자유로운 형태와 자유로운 놀이의 개념과 맞닿아 있다.

놀이의 개념 속에 함의되어 있는 혁명성은 작품들과 문화 상품의 결정불가능성undecidability에 근거한다(Rancière, 2009 : 53). 디지털 기술을 매개로 한 미국의 오락 산업이나 팝pop 문화의 가장 큰 특징은 놀이의 자유로운 활동이라는 점인데, 그것의 미학적 감흥이 조롱이건, 상업적 오락성에 대한 비판이건, 놀이의 긍정적 힘이건 간에, 모두가 자체의 불결정성이라는 요소를 가진다는 공통점이 있다. 랑시에르적 의미가 아닌, 일반적인 정치적 의식이 분명한 예술 작품이나 문화 상품, 그리고 독자나 관객으로 하여금 '비판적 읽기'를 하도록 유도해 왔던 대상들이 디지털 시대에 이제 다른 방식으로 관객과 독자에게 다가온다. 더 이상 그 대상들을 기호로 읽어가라고 강제하지 않는다. 기호 놀이에 대한 우리의 지각이나 해독 절차에 대해 취약함을 상기하게 되는 우리의 의식, 그리고 그 대상들이 결정 불가능을 가지고 있다고 하는 것을 상기하게 하면서 동시에 우리에게 노는 즐거움을 줄 뿐이다. 이 과정은 바로 비판적 차원에서 유희적 차원으로 넘어간 과정이 될 것이며, 이것은 플루서가 의미했던 새로운 읽기의 의식일 뿐만 아니라, 기호 해독의 관계들의 의미 과정을 '전복subvert'(Rancière, 2009 : 54)시키는 정치적이고 혁명적인 과정이 될 수 있다.

목록inventory

결정불가능성에 대한 의식은 예술적 제안들이 목록이라는 형태로 전이 되도록 한다. 랑시에르가 제안하는 이 개념은 기본적으로 세계가 이질적인 형태로 다시 재수집되는, 즉 모음의 형태로 재구성된다는 의미다. 그리고 그렇게 재구성되는 형태는 우선 "역사의 흔적들의 목록an inventory of traces of history"(Rancière, 2009: 55)인데, 관객이나 독자로 하여금 그들의 욕망에 따라 마음대로 찾아보거나 관람할 수 있는 형태를 주로 띠고 있다고 주장한다. 그리고 그러한 논리 속에서 예술가는 한 개인이 아니라 집단적 삶의 기록 보관자archivist of collective life이면서 동시에 그 분할된 능력의 증인이자 수집가collector/witness가 된다. 예술가는 지정된 공간 속에서 분산되어 있는 다양한 매체 기술을 집적해 놓는 역할을 하게 되며, 이렇게 되면 그 목록은 예술의 정치적 · 논쟁적 의미에서 사회적 · 집단적 임무를 가진 것으로 바뀌려는 경향성을 띠게도 된다.

필자가 주목하는 이러한 예술의 보관적 임무, 즉 아카이브적 임무는 이제 단순히 전시 예술의 형태로 존재하는 것이 아니라, 디지털 기술과 인터넷 기술을 매개로 하여 가장 광범위하게 시도되고 있는 디지털 실천이라는 점이다. 코덱스 형태로 존재해 왔던 문학 텍스트는 전자 텍스트화되고 그 다양한 버전들은 아카이브 형식으로 모이고 재구성되고, 또 디지털 기술을 통해, 그 텍스트들의 새로운 조합의 가능성, 새로운 매체 조합의 실험이 실제로 일어나고도 있다. 예컨대, 전 세계가 공유할 수 있는 전자 텍스트의 가이드 라인을 만들고, 그것에 의한 텍스트의 생산과 교류를 시도하는 The Text Encoding Initiative(TEI)(http://www.tei-c.org/index.xml) 등은 인코딩할 수 있고, 기계가 읽을 수 있는 텍스트를 생산해 지식과 정보의 공유의 목적을 위해 시도되고 있기도 하다.

그뿐만 아니라 2006년 이후 가속화되고 있는 UCC는 포털 사이트를 통해 아카이빙됨으로써, 일정 부분 시멘틱웹의 기능을 보여 주고 있다. 판도라 tv, 곰 tv, 아우라, 엠군, 엠엔케스트 등의 뒤를 이어 유튜브 등이 등장하면서 가공된 동영상 콘텐츠나 이미지 콘텐츠들은 각 포털 사이트에 아카이빙되어, 어느 누구나 언제 어디서나 자신의 욕망에 따라 그 목록들을 검색하고, 찾아가고 또 대화할 수 있는 가능성이 열리게 되었다. 이러한 현상은 만들어진 아카이브 목록에서 찾기만 하던 관객들이 스스로 생산자의 입장으로 돌아섬으로써 생산자와 소비자의 경계가 불확정되게 되었으며, 동시에 그 UCC들은 이제 공동체적이고 사회적인 의미를 함의한 문화 생산품이 되었다는 점이 중요하다.

만남encounter

랑시에르가 제시하는 이 만남의 의미는 실제로 초대invitation의 개념과 유사하다(Rancière, 2009: 56). 관객이나 관람자 혹은 독자들로 하여금 예상치 않았던 역할을 부여함으로써, 기존의 관계 설정이 와해되고 있음을 의미한다. 그뿐만 아니라 예술에 부여되어 있던 기존 관계성의 임무, 즉 기호들의 충만함이나 의미의 관계성을 버리는 것을 의미한다. 이런 맥락에서 예술은 단지 물건이 아니라 상황이나 만남을 창조하면 되는 것이다. 다시 말해 어떤 관계가 부재한 곳, 혹은 관계가 균열된 곳을 예술이나 문화 상품을 통해 채우면 되는 것이다.

인터넷의 네트워킹은 이런 관계성 전도와 관계 메우기의 가장 좋은 예가 될 수 있다. 컴퓨터 앞에 앉았을 때, 혹은 디지털 미디어를 활용한 예술 작품 앞에 서 있을 때, 그 사람의 역할은 정해져 있는 것이 아니다. 관객이라 이전에 규정되었던 사람은 이제 그 예술 작품의 실천에 참여해 창조자의 역할을 수행할 수도 있고, 컴퓨터 앞에 앉은 사람은 고정된 지식의 제공자 혹은 수혜자로 고정되어 있지 않다. 실시간 대화하고 교류하는 관계성을 통해 한 개인은 개인이 아니라, 집단의 일원이 되고, 다원적 발화의 주체가 되는 계기가 된다.

피에르 레비Pierre Lévy는 사이버 공간 속에서의 만남을 통해 형성되는 집단적 조직과 그 조정 방식에 주목해 집단적 발화 주체의 형성 가능성을 타진하는데, 여기서 의미 있는 점은 이 디지털 사이버 공간은 기존의 신, 신화, 위계 질서, 대표자 등으로 지칭되는 초월자의 중개mediation에 의해 사회 집단이 형성되는 것이 아니라는 점이다. 단지 내재적으로 '전자 도구'가 중재자가 되어 "수천 개의 손에 들린 전자 도구는 다양한 영상 텍스트와 활동 지도를 끊임없이 생산하고 복제하며 그 활동은 또한 수많은 시선에 의해 관찰되고 또 현재 진행 중인 토론과 공민들의 참여에 의해 구성된다"(레비, 2007: 88-91)는 것이다. 이런 집단 발화 체제는 분명 기존 질서의 강제에 대한 중지를 요구하는 것이며, 불화정적인 관계들 속에서 개인이 그 균열과 틈을 메우는 방식으로 집단화되고 있는 상황이라 할 수 있다. 그리고 이러한 만남의 요소는 분명 예술 민주주의의 요소이면서 동시에 디지털 공간 속에서 지향되는 '정치적' 민주주의의 요소가 될 수 있다.

신비mystery

현대의 문화를 이야기하면서, '우리는 의미를 잃어버렸다' 등의 진술을 흔히 들을 수 있다. 그런데 의문시되는 것은 그렇다면 그 의미 앞에 현전하는 존재 자체의 의미는 지속되는가 하는 점이다. 랑시에르는 "세상을 구성해 가는 존재와 사물들의 공동 현전co-presence의 의미 자체도 잃어버렸다"고 진단한다. 그리고 신비의 속성이 바로 그러한 상황을 "치유remedy"할 수 있다고 보고 있다(Rancière, 2009: 57). 그런데 여기서의 신비라는 것은 이질적인 요소들을 부과함으로써 단지 충격의 미적 감수성을 얻게 만드는 예술적 실천을 의미하는 것이 아니다. 그것은 현실에 대한 적대적인 의식에서 출발해 현대의 모습을 충격적으로 고발하고 보여 주고자 하는 것에 지나지 않는다.

오히려 랑시에르의 이론에서 의미 있게 추출될 수 있는 점은 그가 신비라는 항목을 통해 현대의 "이질적인 것들의 연결성the connection between heterogeneous elements"(Rancière, 2009: 58)을 강조하고 있다는 점이다. 그리고 여기서 또한 강조되는 것은 이 세상을 공통적으로 증언하는 이질적인 요소들이 '유추의 놀이'로 구성되어 있다고 하는 점이다. 즉 미적 감흥을 얻는다는 것은 단지 이질적인 것들의 충격을 받는 것도 아니며, 이질적으로 보이나 그 속에 함의되어 있는 공통의 요소, 서로 연결될 수 있는 지점들을 유희적으로 연결시켜 나가는 것이라 볼 수 있다.

오늘날의 문화를 진단할 때, 복잡한 것들이 섞여 있는 존재 상태임을 강조한다. 그리고 불확정적 요소들이 그 자체로 파편적으로 존재함을 강조하기도 한다. 그러나 이제 강조되어야 할 것은 그 이질적 요소의 존재성이 아니라 이질적 요소들의 동류성을 유희적으로 찾아가는 과정이어야 한다. 장뤽 고다르Jean-Luc Godard에게 카르멘의 장미, 베토벤의 4중주, 버지니아 울프Virginia Woolf의 『파도』를 상징적으로 병치시키는 것은 그것의 이질적 표면에도 불구하고 동류적인 성질이 있기 때문이다. 랑시에르는 최근의 예술 작품들이, 친숙한 것과 낯선 것 사이의, 그리고 실재와 상징 사이의 불분명한 경계에 대한 완전한 다른 방향으로의 관심으로 미끄러져 가고 있음을 지적한다(Rancière, 2009: 57). 보이는 층위와 다른 층위에서 유희적 관계맺기를 통해서만 연결될 수 있는 은유적 관계성이 상징적으로 보여지고 있음을 포착한 것이다. 랑시에르에게 예술 작품은 의미의 모호성이나 불확정성이라는 방향으로 이행하고 있는 것이 아니라, 관객의 참여와 유희적 이해를 통해 결정불가능성이 구성되고 있고 그것이 심지어 또 다른 상징주의의 형태로 볼 수 있다는 인식인 것이다.

이러한 랑시에르의 개념에서 필자는 디지털 미학적 특징을 두 가지로 유추해 볼 수 있다. 우선 첫 번째로 그러한 상징주의의 유희성은 디지털 미디어 문화의 큰 부분을 차지하는 게임의 상징성, 그리고 아바타의 상징성과 관계된다. 그리고 두 번째는 섞여 있는 것으로 보이는 존재 상태에 대한 기술적 측면의 연구를 통해, 그것이 단순한 믹스mix의 상태인지 혹은 이질적으로 보이나 동질적인 요소들의 긴밀한 연결로 인해 컨버징되어 있는 상태인지에 대한 기술적 특징이다.

우선 첫 번째 요소에 대한 연구는 수많은 게임의 캐릭터들의 상징성과 그 내러티브 전개의 놀이적 유희성을 고찰하는 개별적 연구를 수반해야 하며, 두 번째로 컨버전스에 대한 기술적 차원의 연구를 통해 그 미학적 특징을 기술적 설명으로 풍요롭게 이해하는 것이 요구된다. 이 글에서는 그 개별적 논의들의 차원까지 나아갈 수 없지만, 왜 오늘날 디지털 미디어를 이해하면서 상징주의와 은유가 거론되어야만 하는지에 대한 향후 연구는 계속 진행될 것이며, 기술적 차원에서의 컨버전스 연구 또한 진행되어야 할 것이다. 이 글에서는 랑시에르의 '정치' 개념을 통해 디지털 미학을 바라보는 틀을 제시하는 것을 그 작은 목적으로 하고 있으므로, 개별적 논의는 향후 진행될 연구 과제로 남긴다.

4. 디지털 미학의 정치성과 그 전복적 가능성

랑시에르는 해방의 예술을 위해 전략적으로 놀이, 목록, 만남, 신비라는 개념을 제시했다. 그 이유는 고정되고 권력에 의해 분할 체계를 거부하고, 불확정적이거나 결정불가능적인 것, 뒤섞인 것들을 이용해 정치성을 띠게 하는 것이었다. 그리고 그는 원천적으로 "각각의 몫과 위치를 규정하는 경계 설정을 보여 주는 체계를 감각의 배분이라고 부르고" (Rancière, 2004b: 12) 이런 감각의 배분은 몫을 결정함과 동시에 배타성을 결정하게 된다고 주장하면서, 그런 경계들로 인해 존재하게 되는 "수직적 관계를 전제하지 않는 평등주의적 혹은 무정부주의적인" (Rancière, 2004b: 60) 미학 이론과 정치적 입장을 견지하고 있다.

그런데 이러한 미학적 요소를 가장 극명하게 표출해 낼 수 있는 가능성이 있는 공간이 바로 디지털 미디어 공간이다. "기계 예술은 '기계' 예술로서 결국 예술 패러다임의 변화, 그리고 예술과 그 주제들의 새로운 관계를 초래할 것이다. 이 제안은 모더니즘의 주요 테제 가운데 하나인, 예술의 차이를 그 기술적 조건의 차이 또는 그 특유한 매체 또는 소재의 차이에 연결시키는 테제를 참조하게 한다"(Rancière, 2004b: 31). 기계를 매개로 한, 특히 디지털 기술을 매개로 한 예술이 랑시에르가 언급하는 평등이라는 지향을 향하고 있을 수 있는 기본적인 조건은 예술의 매개가 바로 기계라는 점 때문이다. 기존에는 보이지 않았던 요소와 사람들을 가시적으로 보이게 할 수 있는 공간이 되었고, 그들의 집단적 주체를 형성할 수 있는 조건도 부여될 수 있기 때문이다.

물론 이러한 평등을 위해 랑시에르는 다음과 같은 조건을 제시한다.

> "기계 예술이 대중에게, 좀 더 정확히 말해 익명의 개인에게 가시성을 줄 수 있기 위해서는 그것들을 우선 예술로서 인정해야 한다. 다시 말해 복제 또는 보급 기술과 다른 것으로 실행되고 인정되어야 한다. 따라서 누구에게라도 가시성을 주는 것, 그리고 사진과 영화가 예술일 수 있게 하는 것은 바로 동일한 원리다. 우리는 정식을 뒤집을 수도 있다. 그러한 주제의 기록이 하나의 예술일 수 있다는 것은 바로 익명인이 예술의 주제가 되었기 때문이

다. 익명적인 것이 예술일 수 있을 뿐만 아니라 어떤 특유한 아름다움의 운반자이기도 하다는 것, 그것은 예술의 미학적 체제의 고유한 특징이다" (Rancière, 2004b: 32).

랑시에르의 주장은 아직 디지털 미디어라기보다는 사진이나 영화를 생산하는 기계에 머물고 있으나, 중요한 점은 그가 대중의, 혹은 익명인을 언급하고 있다는 점이다. 기존의 체제에서 익명으로 존재했던 개인에게 참여의 공간과 시간을 부여할 수 있다는 점이다. 그리고 그러한 참여가 가장 활발하게 가시적으로 가능한 공간이 바로 디지털 미디어 공간이 될 수 있다.

예술에서 기존 매체의 체제가 붕괴되고, 재현의 체제가 붕괴되고, 주제의 상황과 품격에 따라 그 표현 양식이 결정되는 체제가 붕괴되는 것은 기존의 질서를 와해하고, 기존에 부과되었던 위치와 지위의 재배치와 분배가 가능하게 되었음을 의미한다. 디지털 미디어 공간에서 각 개인의 위치는 그 어떤 공간에서보다 평등할 수 있는 전제 가능성을 가지고 있다. 디지털 미디어는 3차원의 사이버 공간을 제공하고 사용자는 미디어 이용에서 다양한 이용과 충족을 제공받는다. 예컨대 오락, 정보, 사회적 관계 등에 관한 실제적인 욕망을 채울 수 있고, 대리자를 통한 간접 경험 또는 대리 만족을 통해 욕망을 채울 수 있다. 이러한 공간에서 기존의 질서 체제는 무효화된다. 새로이 만들어진 체제는 그 체제의 새로운 질서 속에서 기존의 위치가 재배치되기 때문이다.

디지털 미디어는 그 자체가 가진 유희적 요소, 아카이브적 요소, 새로운 만남과 관계 형성의 가능성, 그리고 이질적으로 보이는 요소 속에 내재된 동질적 요소들의 연결성 등의 속성이 랑시에르가 제시하는 놀이, 목록, 만남, 신비의 요소와 잘 부합함으로써, 그 자체적으로 '정치성'을 내재하고 있다고 할 수 있다. 그렇다면, 디지털 미디어는 평등의 목적지를 향한 유일의, 혹은 완벽한 매개 요소가 될 수 있는가? 물론 앞에서 언급한 바와 같이, 디지털 미학은 물론 정치적일 수 있다. 그러나 문제는 랑시에르가 언급한 바와 같이, 기계 예술이 완벽히 기존의 예술 체제에서 벗어날 수 없는 점 또한 있고, 그것을 간과할 수 없다는 점이다.

예컨대, 익명으로 존재하던 관객이 새로운 기계를 매개로 그 위치가 '부상promotioin'할 수 있는데, 이때, 기존의 체계를 와해시키고 새로운 미적 체계를 만들어 가는 것이 분명한 반면, 기존의 질서, 특히 경제적 질서가 완벽히 와해될 수 있느냐 하는 문제가 여전히 남게 된다. 온라인 게임을 통해 새로운 만남의 관계가 형성되고, 기존의 위계 질서가 와해되는 측면이 있으나, 또한 그 게임을 지속하기 위해 필요한 경제적 요구는 자본 질서 밖에 놓여 있지 않기 때문이다. 따라서 완벽한 평등을 위해서는 디지털 미디어가 가진 이런 문제적 속성을 어떻게 바라볼 것이며, 해결할 것인지에 대한 논의가 계속되어야 할 것이다.

5. 나오는 말

복잡하고 난해한 랑시에르의 이론에서 단초를 얻어, 디지털 매체를 통해 생산, 유통되는 예술 혹은 문화 현상들의 미적 감수성에서, 그 자체가 가진 전복적 정치성의 의미와 그 가능성을 타진하는 작업을 시도하는 것이 이 글의 목적이었다. 그 과정에서 다시 한 번 정치 혹은 정치성의 의미가 어떻게 규정될 수 있는지, 그리고 미학이라는 의미가 무엇인지에 대한 질문과 해답을 추적해 보았다. 랑시에르의 예술의 정치 혹은 미학의 정치성이란 의미는 예술 작품 속에서 어떤 이데올로기를 비판하거나 옹호하는 것을 의미하지 않는다. 예술이 역사적으로 윤리적 체제, 재현 체제, 미학적 체제라는 식별 체제 내에서 논의되고 이해되었다고 랑시에르는 전제하고, 앞의 두 체제가 사람들이 몸으로 느끼는 감각적인 것을 배분하는 체제라면, 마지막 미학적 체제가 그 배분을 깨뜨릴 수 있는 것으로 본다. 즉 감각의 배분을 가능하게 하는 경계나 분할을 거부하는 것이 바로 미학적 체계라는 것이다. 이러한 예술적 해방을 통해 그것이 사회적 · 정치적 평등으로 진행될 수 있다는 것이 랑시에르의 신념이다.

그런데 이러한 그의 신념이 가장 잘 반영될 수 있는 것이 바로 디지털 기술을 매개로 존재하는 오늘날의 디지털 미디어 문화라고 할 수 있다. 필자가 특히 주목했던 사항은 랑시에르가 해방적 예술의 전략으로 제시한 네 가지 요소, 즉 놀이, 목록, 만남, 신비란 요소가 특히 미디어 예술이나 문화 상품들 그리고 인터넷 상의 행위들과 연결될 수 있다는 점이다. 각 요소의 내재적 전복성으로 인해, 디지털 미학은 내재적으로 전복적 정치성을 띨 수밖에 없는 것이다. 물론 그 전복 가능성의 정도나, 또 다른 질서의 개입 등이 예견되는 상황이긴 하지만, 디지털 매체는 기존의 그 어떤 매체보다도 랑시에르가 지향한 그 평등과 해방을 위한 적절한 매체가 될 조건을 갖추었다고 할 수 있다.

그러나 인터넷이나 디지털 미디어를 활용한 인간의 다양한 각 개별 활동이 어떻게 그 네 가지 전략과 각각 연결될 수 있는지에 대한 연구는 구체적인 사례 연구를 통해 진행되어야 하며, 디지털 미디어에도 부과되고 있는 자본주의 질서 체제의 개입 여부는 또 다른 연구 과제로 남아 있는 것 또한 사실이다. 다만, 디지털 미학이 내재하고 있는 전복적 정치성이라는 것이, 단지 기존의 것을 거부하는 새로운 것이기 때문이라는 단순한 논리가 아니라, 랑시에르라고 하는 정치철학자의 미학 논리를 근거를 디지털 미학을 다시 점검함으로써 디지털 미학의 이론적 토대를 좀 더 풍성하게 했다는 데에 이 연구의 작은 의미를 부여하고 싶다.

참고 문헌

김은령, 「매체 변화에 따른 미학적 경험과 감수성의 변화 고찰: 버크와 료타르의 '숭고'를 중심으로」, 『영어영문학연구』 제50권 2호, 2008.

레비, 피에르, 『집단지성』, 권수경 옮김, 서울: 문학과지성사, 2007.

플루서, 빌렘, 『디지털 시대의 글쓰기: 글쓰기의 미래는 있는가』, 윤종석 옮김, 서울: 문예출판사, 2002.

Cubitt, Sean, *Digital Aesthetics*, London: SAGE Publications, 1998.

Jenkins, Henry, *Fans, Bloggers, and Gamers*, New York: New York University Press, 2006.

Rancière, Jacque, *The Flesh of Words: The Politics of Writing*, Trans. by Charlotte Mandell, Stanford: Stanford University Press, 2004a.

______, *The Politics of Aesthetics*, Trans. by Gabriel Rockhill, New York: Continuum, 2004b.

______, *Aesthetics and Its Discontents*, Trans. by Steven Corcoran, Cambridge: Polity Press, 2009.

디지털 사진의 미학적 특성 연구*

천현순

1. 들어가는 말

우리가 살아가고 있는 21세기는 디지털 시대로 정의될 수 있다. 15세기 인쇄술의 발명, 19세기 사진의 등장, 20세기 영화의 탄생 등에서 알 수 있듯이 새로운 미디어의 등장은 사회문화의 기반은 물론 더 나아가 우리의 의식 구조까지도 변화시키고 있음을 알 수 있다. 1990년대부터 본격화되기 시작한 디지털 기술은 오늘날 우리 문화를 형성하는 데 중요한 역할을 하고 있으며, 이는 또한 커뮤니케이션 산업에도 막대한 영향을 미치고 있다.

오늘날 디지털 기술은 영화와 텔레비전에서뿐만 아니라 사진에도 예외없이 적용된다. 디지털 기술이 사진에 적용됨으로써 나타난 가장 특징적

* 이 글은 『독일언어문학』 제44집(2009년 6월)에 게재된 논문을 수정 · 보완한 것이다.

인 현상은 전통 사진과는 다르게 더 이상 화학적인 반응을 통해 이미지가 포착되는 것이 아니라, 비트(0과 1로 정보를 표현하는 수단)의 방식을 통해 이미지가 구현된다는 것이다(볼터 · 그루신, 2006 : 130). 이로 인해 나타나기 시작한 문제는 디지털 기술의 도입으로 생성된 이러한 새로운 형태의 이미지를 어떻게 정의해야 하며, 또 전통 사진과 어떻게 구별해야 할 것인가라는 점이다. 디지털 카메라로 포착된 이미지는 사진인가 컴퓨터 그래픽인가? 혹은 이미지가 전통적인 사진으로 시작은 하되 컴퓨터 속으로 스캔되어 디지털 방식으로 처리될 경우, 이러한 이미지를 사진으로 정의할 것인가 아니면 컴퓨터 그래픽으로 정의할 것인가? (볼터 · 그루신, 2006 : 130) 이처럼 디지털 기술이 사진에 적용됨으로써 나타나기 시작한 문제는 이미지에 대한 새로운 정의와 밀접히 연관되어 있다고 볼 수 있다. 디지털 기술을 통해 생성된 이러한 새로운 형태의 이미지를 오늘날에는 전통 사진과 구분해서 디지털 사진이라 칭한다. 디지털 사진은 일반적으로 디지털화 과정을 통해 제작되는 사진을 의미하는데, 흔히 디지털 카메라로 촬영된 이미지뿐만 아니라 기존의 은염 사진을 컴퓨터에 스캔해 작업하는 방식도 넓은 의미에서 디지털화 과정으로 보고 있다.

여기서 살펴보고자 하는 디지털 사진은 디지털 카메라로 포착된 이미지뿐만 아니라, 넓은 의미에서 기존 사진을 컴퓨터에 스캔해 얻은 이미지도 디지털 사진으로 보고 있다. 현대 우리 사회는 디지털로 대표되는 매체 환경의 변화를 맞고 있으며, 디지털 기술은 이제 우리 사회를 지배하는 중요한 담론이 되어 가고 있다. 여기서 우리는 점점 더 보편화되어 가고 있는 디지털 사진의 미학적인 특성을 파악해 봄으로써 디지털 사진에 대한 새로운 인식과 그것의 가능성에 대해 논의해 보기로 하자. 이를 바탕으로 오늘날 예술 영역에서 디지털 사진이 어떠한 방식으로 활용되고 있는지를 독일의 현대 사진작가 안드레아스 구르스키Andreas Gursky의 작품을 중심으로 좀 더 구체적으로 살펴보기로 하자. 이에 앞서 우선 다음 절에서 디지털 사진을 둘러싸고 현재 매체이론가들 사이에서 일고 있는 논쟁에 대해 간략하게 살펴보자.

2. 디지털 사진을 둘러싼 논쟁

디지털 사진이 우리 사회에 보편화됨으로써 나타나기 시작한 문제는 디지털 사진이 무엇인가라는 개념 정의와 더불어 그것이 전통 사진의 가치 체계와 인식에도 커다란 영향을 미치고 있다는 점이다. 우리는 여기서 전통 사진과 연관해 논의되고 있는 디지털 사진에 대한 서로 다른 입장을 미국의 매체이론가들인 윌리엄 미첼William J. Mitchell, 제이 데이비드 볼터Jay David Bolter와 리처드 그루신Richard Grusin, 레프 마노비치Lev Manovich를 중심으로 살펴보도록 하자.

미첼은 그의 책『디지털 이미지론 *(The) Reconfigured eye*』에서 1990년대부터 본격화되기 시작한 디지털 기술의 등장으로 전통 사진이 종말을 맞게 되었음을 다음과 같이 언급한다.

> 1989년, 사진의 150주년이 기념되던 바로 그때부터 사진은 죽었다. 아니 더 정확하게는 급진적이고 영원하게 대체되었다. 마치 그림이 150년 전에 그랬던 것처럼(미첼, 1997 : 19).

미첼에 따르면, 150년 전 회화의 전통이 사진 기술에 의해 새롭게 대체되고 인식의 변화를 가져왔던 것처럼, 오늘날 사진의 전통은 역으로 디지털 기술에 의해 새롭게 대체되고 이로써 죽음을 맞이하게 되었다는 것이다. 사진은 전통적으로 회화와는 다르게 현실을 정확하게 포착하고 기록하는 과정을 통해 객관적인 사실로서 인식되어 왔으며, 이로 인해 사진은 다른 과학적 과정과 마찬가지로 "주관을 극복하고 현실의 진리를 얻는 방법"을 제공했다. 이러한 논리는 그러나 1990년대부터 본격화되기 시작한 디지털 기술로 인해 더 이상 논의의 대상이 되지 못하고 있다. 미첼에 따르면, 오늘날 디지털 사진은 이미지의 간단한 조작과 수정을 통해 더 이상 전통 사진과 같은 객관적인 사실로서 인식되지 못하며, 이로써 이미지에 대한 진실성을 상실하게 되었다는 것이다. 전통 사진에서도 경우에 따라 이미지의 조작과 수정 작업이 이루어져 왔지만, 전통 사진에서는 이러한 작업이 시간이 많이 들고 기술적으로도 복잡하고 어려웠기 때문에 특정한 경우에 한해서만 이루어져 왔다. 이에 반해 디지털 사진은 누구나 손쉽게 이미지의 조작과 변형을 가할 수 있기 때문에, 이미지의 조작과 수정이 디지털 사진의 일반적인 특징으로서 부각되고 있다. 이처럼 디지털 사진과 전통 사진은 질적인 가치의 측면에서 볼 때, 상이한 특성을 보이기 때문에 완전히 다른 이미지로서 파악해야 한다는 것이 그의 주장이다.

미첼은 더 나아가 전통 사진과 디지털 사진은 물질적인 측면에서도 서로 다른 특성을 지니고 있다고 설명한다. 전통 아날로그 사진은 연속적인 공간과 톤을 지니기 때문에 무한한 양의 정보가 들어 있는 데 반해, 디지털 사진은 공간과 톤이 픽셀로 분화되어 있어서 한정된 양의 정보만을 지니고 있다. 또한 아날로그 사진의 복사는 항상 원본보다 질이 떨어지는데 반해, 개개의 상태를 정확히 복사할 수 있는 디지털 사진은 원본을 복사하더라도 질적인 면에서 원본과 거의 구분이 되지 않는다. 끝으로 전통 사진은 원본의 질을 훼손시키기 때문에 이미지의 조작이 까다롭고 어렵지만, 디지털 사진은 원본의 질을 그대로 보존하고 있어서 이미지의 조작이 얼마든지 가능하다. 이처럼 전통 사진과 디지털 사진은 이미지의 정보

량, 원본과 복사본의 관계, 이미지의 조작 가능성이라는 물리적인 측면에서도 서로 다른 특성을 보인다고 그는 보고 있다.

미첼은 사진의 본질적인 특성인 객관적 사실성이 디지털 기술로 인해 위협받기 시작함으로써 나타나기 시작한 이미지에 대한 불확실성의 시대를 '후기 사진 시대postphotographic era'라 칭한다. 그가 말하는 '후기 사진' 시대란 사진의 본질적인 특성이 디지털 기술로 인해 더 이상 유효한 담론으로 통용되지 못하는 시대를 의미한다. 사진은 실제로 존재하는 대상을 있는 그대로 묘사해 주기 때문에 객관적인 사실로서 인식되어 왔는데 반해, 디지털 시대로 대변되는 '후기 사진' 시대에서는 이미지의 수정과 조작으로 인해 실재와 허구 간의 경계가 허물어지고 허구가 실재처럼 보이는 시대가 되었다는 것이다. 미첼은 따라서 '후기 사진' 시대에는 이전보다 더 강한 윤리적이고 도덕적인 책임 의식과 통제가 필요하다고 주장한다.

미첼이 디지털 사진으로 대변되는 '후기 사진' 시대를 전통과의 완전한 단절로서 파악하고 있는데 반해, 볼터와 그루신은 디지털 사진과 전통 사진과의 관계를 '재매개'의 원리에서 파악하고 있다. 볼터와 그루신은 그들의 저서 『재매개 *Remediation*』에서 "미첼이 탈사진脫寫眞의 시대[후기 사진 시대]라 부르는 것을 우리는 사진과 디지털 테크놀로지가 서로를 재매개하는 시기라고 특징짓고자 한다"라고 언급한다. 볼터와 그루신은 뉴미디어의 계보학적인 발전 과정에서 나타나는 올드 미디어와 뉴 미디어의 관계적 맥락을 '재매개'의 원리로서 파악하고 있다. 여기서 재매개란 "새로운 미디어가 앞선 미디어 형식들을 개조하는 형식 논리"를 의미한다. 이들에 따르면, 디지털 사진은 기존의 사진 이미지를 컴퓨터를 통해 변경하고 개조함으로써 기존 이미지를 끊임없이 재매개하는 것으로 파악한다.

볼터와 그루신은 사진의 특성을 미첼이 파악하고 있는 것처럼 사실적 이미지와 허구적 이미지로 구분하는 대신 재매개의 원칙에 따라 구분한다. 이들에 따르면, 재매개 이론은 두 가지 형식 논리를 갖고 있는데, 하나는 투명성을 특징으로 하는 비매개적 논리와 다른 하나는 매체 상기성을 특징으로 하는 하이퍼 매개적 논리가 그것이다. 투명성을 특징으로 하는 비매개적 논리란 원근법 회화, 사진, 영화에서처럼 관찰자로 하여금 대상과의 동일시나 몰입을 통해 매체의 존재를 잊어버리게 할 목적으로 만들어진 시각적 표현 양식을 의미한다. 반면에 매체 상기성을 특징으로 하는 하이퍼 매개적 논리란 월드와이드웹이나 멀티미디어 프로그램에서처럼 텍스트, 그래픽, 비디오 등 다양한 이질적인 공간을 동시에 보여 줌으로써 관찰자로 하여금 매체의 존재를 끊임없이 각인시킬 목적으로 만들어진 시각적 표현 양식을 의미한다. 비매개적 논리가 통일된 하나의 시각적 공간을 제공한다면, 하이퍼 매개적 논리는 이와 달리 다양한 이질적 공간을 제공한다고 볼 수 있다. 이에 따라 볼터와 그루신은 전통 사진을 비매개적 논리로, 디지털 사진을 하이퍼 매개적 논리로 보고 있다. 이들에 따르면 전통 사진은 "지시체의 발산물" 그 자체로서 인식되며, 관찰자는 여기서 사진 속에 표상되는 사물 그 자체에 주목하기 때문에 비매개적 투명성을 띤다는 것이다. 반면에 디지털 사진은 가공된 사진을 의미하며, 특히 초기 디지털 사진은 픽셀의 분화로 인해 관찰자로 하여금 매체의 존재를 의식적으로 드러내도록 하기 때문에 하이퍼 매개성을 띤다는 것이다. 그러나 볼터와 그루신에 따르면, 전통 사진과 디지털 사진에서 보이는 비매개성과 하이퍼 매개성은 항상 이분법적으로 고정되는 것이 아니라, 언제든지 상호작용이 가능하다. 즉 전통 사진의 비매개적 특성은 몽타주 사진에서처럼 언제든지 다시 하이퍼 매개적 특성을 띨 수 있으며, 역으로 디지털 사진의 하이퍼 매개적 특성은 그래픽 사진사실주의에서처럼 언제든지 다시 비매개적 특성을 띨 수 있다는 것이다.

볼터와 그루신이 재매개의 두 가지 형식 논리에 따라 전통 사진과 디지털 사진을 구분하고 있다면, 마노비치는 이미지 자체의 특성에 주목해 디지털 사진을 논하고 있다. 마노비치는 그의 논문「디지털 사진의 패러독스Die Paradoxien der digitalen Fotografie」에서 "디지털 사진의 논리는 역사적인 연속성과 불연속성으로 특징지어진다"라고 언급한다. 마노비치는 이로써 디지털 사진의 논리를 "사진 후의 사진의 논리"로서 주장한다. 그가 의미하는 "사진 후의 사진의 논리"란 앞에서 미첼이 주장하는 것처럼 사진의 종말을 의미하는 것이 아니라, 사진의 특성을 연속적으로 받아들임과 동시에 그것과는 차별되는 또 다른 특성을 띠는 것으로 이해해야 한다는 것이다.

마노비치가 그의 논문에서 밝히고 있는 핵심적인 사항은 디지털 사진의 패러독스한 성격이라 할 수 있다. 그는 디지털 사진의 패러독스한 성격을 컴퓨터를 기반으로 한 그래픽 이미지를 예로 들어 설명하고 있다. 여기서 마노비치는 그래픽 이미지를 넓은 의미에서 디지털 사진의 한 범주로 본다. 그에 따르면, 컴퓨터 그래픽에서 궁극적으로 추구하고자 하는 바는 '사진사실주의'라는 것이다. '사진사실주의'란 컴퓨터 그래픽을 이용해 실제로 존재하는 대상을 사진 찍은 이미지와 구분이 안 될 정도로 사실적인 이미지를 만들어 내는 것을 의미한다. 컴퓨터 그래픽에서 추구하는 이미지는 따라서 기존의 사진과 영화에서 의미하는 '사실주의'와는 다른 의미를 내포한다. 기존의 사진과 영화에서는 실재 장면을 촬영하는 데 주안점을 두었다면, 컴퓨터 그래픽에서 추구하는 이미지는 실재와는 무관한 장면을 인위적으로 만들어 냄으로써 보는 사람으로 하여금 실제로 그와 같은 장면이 존재한다고 믿도록 하는 것에 주안점을 둔다. 마노비치는 또한 컴퓨터 그래픽으로 제작된 합성 이미지는 기존의 사진과 영화에서 보여 주는 것보다 더욱 사실적인 이미지를 보여 준다고 언급한다. 즉 컴퓨터 그래픽으로 만들어진 합성 이미지는 전통 사진보다 더 사실적이고, 실상은 과도할 정도로 사실적이라는 것이다. 이런 점에서 컴퓨터 그래픽, 더 나아가 디지털 이미지는 패러독스한 성격을 띠고 있다. 디지털 이미지는 한편으론 실재와는 무관한 가상의 이미지를 만들어 내며, 다른 한편으로는 이러한 이미지를 실재보다 더욱 실제적으로 묘사해 주기 때문이다. 따라서 그는 "컴퓨터를 기반으로 한 합성 이미지는 우리의 현실을 열등하게 재현하는 것이 아니라 또 다른 현실을 사실적으로 재현하는 것이다"라고 언급한다. 마노비치는 더 나아가 컴퓨터로 제작된 디지털 합성 이미지는 우리 미래의 시각적인 이미지를 반영해 준다고 말한다. 마노비치에 따르면 "…… 관습적으로 사진이 항상 과거적 사건을 가리켰다면, [디지털] 합성 사진은 미래적 사건을 가리키고 있다"는 것이다. 그러면 다음 절에서 우리는 디지털 사진에 대한 마노비치의 입장을 토대로 하여 전통 사진과 비교해서 나타나는 디지털 사진의 미학적 특성에 대해 좀 더 자세히 고찰해 보기로 하자.

3. 디지털 사진의 미학적 특성

컴퓨터를 기반으로 한 디지털 사진의 미학적인 특성은 전통 사진과 비교해서 크게 다음 세 가지로 요약할 수 있다. 첫째로, 디지털 사진은 디지털 방식에 따라 수로 계산된 이미지라는 것이다(성완경, 1998: 86). 디지털 기술은 이미지, 소리, 텍스트 등과 같은 모든 정보를 전자적으로 처리한다. 이는 모든 정보를 0과 1이라는 수에 기초해 표현한다는 것을 의미한다. 이미지의 정확도는 따라서 정보의 총량에 따라 결정된다. 이로써 디지털 사진은 전통 사진처럼 빛의 흔적을 재현하는 것이 아니라, 컴퓨터 메모리에 저장된 숫자들의 연속을 묘사해 준다고 볼 수 있다.

둘째로, 디지털 사진은 전통 사진과는 다르게 가상 현실을 만들어 낸다는 것이다(성완경, 1998 : 87). 전통 사진이 실제로 존재하는 대상을 통해 이미지를 만들어 낸다면, 디지털 사진은 이와 달리 물질적인 대상을 필요로 하지 않는다. 이는 다시 말해서 물질적으로 존재하지 않는 대상도 컴퓨터 기술을 통해 가시화할 수 있다는 것을 의미한다. 디지털 사진은 이처럼 실제로 존재하지 않는 대상을 컴퓨터를 통해 만들어 냄으로써 실재와는 다른 가상적 이미지를 만들어 낼 수 있다는 것이다. 롤랑 바르트 Roland Barthes는 그의 책 『밝은 방 *Die helle Kammer*』에서 사진의 본질적인 특성은 "그렇게 존재했다"라는 과거적 사실을 제시해 준다고 언급한 바 있다. 바르트에게 사진은 한편으로는 '과거'라는 시간적 개념을 말해 주며, 다른 한편으로는 존재했던 '실재' 그 자체를 묘사해 준다. 바르트가 말하는 것처럼 사진이 과거에 실제로 존재했던 세계를 사실적으로 묘사하는 것이라면, 컴퓨터 기술로 만들어진 디지털 사진은 실재와는 무관한 '있을 수 있는 세계'를 묘사해 준다. 즉 바르트에게 사진이 '과거적 사실'을 의미하는 것이라면, 디지털 사진은 이와 다르게 '미래적 가능성'을 보여 준다고 하겠다. 이처럼 디지털 사진은 전통 사진과는 다르게 '있을 수 있는 가능성의 세계'를 보여 줌으로써 관찰자들로 하여금 새로운 지각과 상상력을 제시해 주고 있다.

셋째로, 디지털 사진은 컴퓨터 기술을 이용해 합성 이미지를 만들어 낸다는 것이다. 컴퓨터 기술을 통한 합성 이미지는 다양한 방식으로 제작되고 있다. 예를 들어 디지털 카메라로 촬영한 이미지를 다른 종류의 이미지와 합성할 수도 있고, 혹은 존재하지 않는 대상을 컴퓨터로 만들어 낸 다음 이를 다시 다른 이미지와 합성할 수도 있다. 이미지에 대한 이러한 합성 작업은 이미 1920년대 아방가르드 예술에서도 관찰되고 있다. 라울 하우스만Raoul Hausmann, 존 하트필드John Heartfield, 하나 회흐Hanah Höch 등으로 대표되는 아방가르드 예술가들은 포토몽타주photomontage라는 새로운 표현 기법을 발전시킨 바 있다. 포토몽타주란 몇 개의 사진을 잘라내고 오려낸 다음 하나의 틀 속에 인위적으로 재구성하는 방식을 말하는데, 서로 다른 요소들의 차이로 인해, 예를 들어 크기, 명암 등으로 인해 형식의 불일치를 가져왔다(이원곤, 1995: 31). 이러한 형식의 불일치를 통해 아방가르드 예술가들은 기존 질서에 반하는 저항 의식을 표출했다. 다시 말해서 아방가르드 예술가들은 기존의 사회 질서나 전통적인 예술 형식에 저항하는 새로운 표현 방식으로서 몽타주 기법을 발전시켰던 것이다.

1920년대의 포토몽타주 기법에 비해 오늘날 컴퓨터로 제작되는 이미지 합성은 더욱 간단하게 이루어지고 있다. 1920년대의 포토몽타주 기법이 여러 요소 간의 형식적인 불일치를 의도적으로 드러내는 것이었다면, 오늘날 컴퓨터 기술을 통해 제작되는 합성 이미지는 이와 다르게 서로 다른 요소 간의 형식적인 불일치를 의도적으로 숨김으로써 하나의 완벽한 이미지를 만들어 내는 것을 목적으로 하고 있다(마노비치, 2007: 199). 디지털 기술을 통해 만들어지는 합성 이미지는 이처럼 서로 다른 이미지들 간의 이어붙인 흔적을 없애 버림으로써 합성된 이미지라는 느낌을 지워 버리게 한다.

그러면 다음 절에서 독일의 현대 사진작가 안드레아스 구르스키의 사진 작품을 중심으로 디지털 사진의 미학적인 특성이 그의 작품에서 구체적으로 어떻게 실현되고 있는지에 대해 살펴보도록 하자.

4. 안드레아스 구르스키의 사진 작품

안드레아스 구르스키는 1955년에 동독에서 태어났으며, 상업 사진가였던 아버지의 영향을 받아 어린 시절부터 사진 기술을 익히기 시작했다. 그러나 성장해서 그의 아버지와는 달리 상업 사진보다는 다큐멘터리 사진에 더 큰 관심을 가지게 되었다. 이런 연유로 인해 그는 에센에 있는 폴크방쉴레와 뒤셀도르프 예술아카데미에서 다큐멘터리 사진 기술에 관한 전문적인 교육 과정을 밟았으며, 1980년대부터는 독일을 대표하는 현대 사진작가로 주목받기 시작했다. 그의 초기 작품은 그가 받은 전문 교육에 영향을 받아 다큐멘터리 사진이 주류를 이루고 있다. 초기 다큐멘터리 사진의 소재로는 풍경, 유원지, 공공 장소 등과 같이 주로 자연을 모티브로 한 것들이 대부분을 차지한다.

그러나 1990년대에 들어서서 그의 작품의 경향은 새로운 변화를 맞게 된다. 그의 작품에서 가장 특징적인 변화는 사진에 디지털 기술을 적용하고 있다는 것이다. 이 시기에 구르스키는 독일이라는 한정된 공간에서 벗어나 세계 각지를 여행하면서 찍은 사진을 다시 컴퓨터를 통해 수정하거나 합성하는 방식을 취하기 시작한다. 작품의 소재도 이전에는 풍경이나 유원지 등과 같이 자연을 모티브로 한 것들이 주류를 이루었다면, 이 시기에는 고층 건물, 산업 현장, 소비 상품, 증권거래소, 대형 슈퍼마켓 등과 같이 도시화와 산업화로 인해 변해 가는 대도시의 삶의 공간이 주류를 이루고 있다.

초기 다큐멘터리 사진에서는 사물의 모습을 카메라를 통해 심층적으로 묘사해 내는 것이 목적이었다면, 이 시기에 들어와서는 컴퓨터 기술을 사용해 사물에 대한 주관적인 해석을 이미지를 통해 시각화하는 작업에 중점을 두기 시작했다. 후기 사진 작품에서 중요한 것은 비가시적인 내면의 세계를 이미지를 통해 가시화함으로써 숨겨진 진실을 드러내는 작업이라 할 수 있다(Sommer, 2001 : 46). 이처럼 변화된 그의 작품 경향은 현실과 사물을 바라보는 그의 태도가 변화되었음을 의미한다. 구르스키는 오늘날 급격하게 변화하는 현실을 기존의 다큐멘터리 사진으로 재현하는 데 한계가 있음을 인식하게 되었다. 구르스키에게 현실이란 이전처럼 사물의 모습을 기계적으로 담아 내는 것이 아니라, 이미지를 통해 의식적으로 재구성해 내는 것을 의미한다. 이는 다시 말해서 작가의 주관적인 시각 논리에 따라 현실을 재구성하는 창조적인 작업을 의미한다. 이를 통해 "그는 우리에게 세계가 어떤 것이라는 것을 보여 주는 것이 아니라, 그가 세계를 어떻게 바라보고 있는지를 제시해 주고 있다"(Thorn-Prikker). 구르스키가 세계를 바라보고 있는 방식을 보여 주기 위해 도입한 새로운 표현 기법이 바로 컴퓨터 기술을 이용한 디지털 합성 이미지라 할 수 있다. 그는 디지털 합성 이미지를 통해 이전의 다큐멘터리 사진과는 다르게 현실에 대한 새로운 묘사 가능성을 보여 주고 있다. 이는 기존의 다큐멘터리 사진으로는 더 이상 급격하게 변화하는 현실을 묘사해 줄 수 없다는 것을 의미하며, 현실을 묘사하는 데 적합한 새로운 표현 도구로서 디지털 기술을 사용하고 있음을 말해 준다.

여기서 우리는 구르스키의 구체적인 사진 작품을 통해 디지털 기술이 어떻게 사용되고 있으며, 이를 통해 그가 의미하는 현실이 어떻게 표현되고 있는지를 좀 더 자세히 살펴보기로 하자. 1993년에 제작된 〈파리, 몽파르나스Paris, Montparnasse〉라는 제목이 붙은 사진 작품은 〈사진 1〉과 같다.

이 작품은 높이 2m 너비가 3m에 육박하는 초대형 사진 작품이다. 구르스키의 사진 작품은 우선 스케일이 크다는 점이 특징인데, 이러한 초대형 작품을 얻기 위해서는 첨단 테크놀로지 기술이 필수적으로 요구된다.

사진 1 _ 안드레아스 구르스키, 〈파리, 몽파르나스〉, 1993.
(Copyright: Andreas Gursky/ VG Bild-Kunst, Bonn 2010).

1993년에 제작된 〈파리, 몽파르나스〉는 산업화와 도시화로 인해 급속도로 변해 가는 대도시 파리의 현대식 주거 공간을 보여 준다. 이 건물은 실제로 프랑스의 건축가 장 드뷔송Jean Dubuisson에 의해 파리 몽파르나스역 근처에 설계된 현대식 아파트로서 실제 길이가 180m에 육박하는 초대형 고층 건물이다. 구르스키는 실제 건물의 양쪽 측면만을 부분적으로 사진으로 찍은 다음 컴퓨터를 사용해 하나의 완성된 이미지로 합성했다(Sommer, 2001 : 48). 즉 이 작품은 실제 건물에 기초해 디지털 기술을 통해 인위적으로 재구성한 합성 이미지라 할 수 있다. 이러한 구르스키의 작업 방식에 대해 미술평론가 루페르트 팝Rupert Pfab은 다음과 같이 언급하고 있다.

> 구르스키의 예술 표현에 근거해 볼 때, …… 그에게 우선시되는 것은 특정한 소재나 혹은 줄거리를 묘사해 내는 것이 아니라 오히려 이미지를 창조해

> 내는 것인데, 이러한 이미지의 창조란 이미 현존하는 현실 세계의 도움을 받아 의식적으로 구성해 내는 것을 말한다(Pfab, 1998 : 3).

이처럼 의식적으로 구성해 낸 합성 이미지 이외에도 구르스키는 작품에서 아파트 건물의 창문을 컴퓨터를 사용해 눈에 띄는 컬러로 색칠하고 수정해 낯선 이미지를 부각시켜 주고 있다. 컴퓨터를 사용한 컬러는 실제 자연색과는 다른 인위적인 느낌을 강하게 전해 준다. 또한 작품에서 아파트의 내부 구조는 관찰자가 육안으로 볼 수 있는 것보다 더 세밀하게 묘사되어 있으며, 건물 안에 있는 사람들의 모습도 실제보다 더 상세하게 묘사되어 있다. 그러나 건물 안에 존재하는 사람들은 개성을 지닌 개인으로서가 아니라, 오히려 거대한 구조 안에 갇힌 익명의 사람들로서 묘사된다. 작품에서 눈에 띄는 점은 원근법이 파괴되어 있다는 것이다. 아파트의 고층 건물은 관찰자가 어느 시점에서 바라보든지 간에 모두 동일한 크기를 형성하고 있으며, 그 안에 존재하는 사람들의 크기도 모두 동일하다. 이로써 구르스키는 실제 리얼리티 대신에 인위적으로 재구성된 새로운 리얼리티를 보여 주고 있다. 작품에서 그는 현실의 모습을 있는 그대로 기계적으로 담아 내는 것이 아니라, 그가 의미하는 대도시의 삶의 공간을 이미지를 통해 의식적으로 재구성하고 있다. 이처럼 의식적으로 재구성된 사진 작품에는 현대 대도시의 삶에 대한 구르스키 자신의 주관적인 견해가 반영되어 있다. 작품에서 '닭장'처럼 빽빽이 늘어서 있는 똑같은 형태의 사각형 건물 구조는 천편일률적이고 획일화된 대도시의 주거 공간을 반영해 준다. 또한 건물의 양측은 끝없이 계속 이어지고 있으며, 이는 미래에도 끝없이 계속될 대도시의 특징 없는 주거 공간을 시각적으로 암시해 준다.

위의 작품과 비교해 볼 때, 2002년에 제작된 〈코판Copan〉이라는 작품

사진 2 _ 안드레아스 구르스키, 〈코판〉, 2002.
(Copyright: Andreas Gursky/ VG Bild-Kunst, Bonn 2010).

은 더욱 발전된 합성 이미지를 보여 준다.

〈코판〉이라는 작품도 위의 작품과 비슷하게 현대 대도시의 주거 공간을 보여 준다. 작품에서 왼쪽에 보이는 곡선 모양의 건물은 독일의 건축가 오스카 니마이어Oscar Niemeyer에 의해 설계된 브라질 상파울루에 있는 유명한 코판 건물이다. 실제로 코판 건물 옆에는 작품에서 보이는 건물들이 존재하지 않는다. 코판 건물 옆에 있는 또 다른 건물은 다른 곳에 위치한 건물의 일부를 사진으로 찍은 다음 컴퓨터를 사용해 하나의 이미지로 합성한 것이다. 구르스키는 이 작품에서도 실재 현실을 있는 그대로 묘사한 것이 아니라 미래에 가능한 현실을 합성 이미지를 통해 재현해 주고 있다. 구르스키의 디지털 사진은 이로써 바르트가 의미하는 "그렇게 존재했던" 세계에 대한 과거적 사실을 보여 주는 것이 아니라, 오히려 "그렇게도 될 수 있는" 미래적 가능성의 세계를 보여 준다. '있을 수 있는' 가상 현실을 보여 주는 이러한 합성 이미지에는 산업화와 도시화에 대한 구르스키 자신의 주관적인 견해가 반영되어 있다. 작품에는 세 가지 유형의 서로 다른 건물이 제시되어 있는데, 왼쪽 건물은 코판 건물의 외관을 보여 주며, 중간에 있는 건물은 〈파리, 몽파르나스〉 작품처럼 창문을 통해 내부 구조를 환히 들여다볼 수 있으며, 오른쪽에 위치한 건물은 철근 콘크리트로 만들어진 건물의 외관을 보여 준다. 고층 건물 주변에는 자연이란 존재하지 않으며, 빈틈없이 빽빽이 들어선 건물 구조는 비인간적인 삭막한 분위기를 자아낸다. 최첨단 테크놀로지를 사용한 기하학적인 건물 구조는 이로써 관찰자들로 하여금 섬뜩한 감정을 불러일으키게 하며, 도시화와 산업화의 발전에 의구심을 갖게 만든다.

위에서 살펴보았듯이 안드레아스 구르스키의 작품은 실재를 근거로 한 허구의 세계를 보여 주고 있다. 다시 말해서 그의 작품은 실제로 존재하는 사물을 근거로 하기 때문에 실재 세계를 보여 주는 듯하지만, 사실은 실재와는 다른 가상 세계를 보여 주고 있음을 알 수 있다. 이로써 구르스키의 작품은 실재와 허구의 경계가 무너진 탈경계적 현상을 보여 주며, 또한 이미지의 구성 측면에서 볼 때, 구르스키의 작품은 사진적 이미지와 디지털 이미지의 혼합을 보여 준다. 작품에서 구르스키는 한편으로는 실제로 존재하는 사물의 사진적 이미지를 컴퓨터로 수정하거나 합성함으로써 인위적으로 조작된 디지털 이미지를 보여 주며, 다른 한편으로는 실제로 존재하는 사물의 사진적 이미지를 동시에 보여 준다.

구르스키의 디지털 합성 이미지는 더 나아가 현실 재현의 문제와 밀접히 연관되어 있다. 그에 따르면, 급속도로 빠르게 변화하는 현대 사회를 담아 내기 위해서는 전통적인 사진의 방식으로는 한계가 있다는 것이다.

오늘날 현실을 재현하는 데 문제가 되는 것은 따라서 전통 사진에서처럼 현실을 있는 그대로 보여 주는 방식이 아니라, 현실을 의식적으로 재구성해 내는 방식에 있다는 것이다. 작품에서 구르스키는 이러한 방식을 디지털 합성 이미지를 통해 보여 준다. 즉 이미지의 수정과 합성 작업을 통해 구르스키는 자신이 의미하는 현실의 모습을 시각적으로 구체화시켜 주고 있다. 이러한 디지털 합성작업에는 필연적으로 작가의 주관적인 시각 논리가 반영되기 마련이다. 구르스키의 디지털 합성 이미지는 결국 작가의 주관에 따라 이미지를 재구성해 내는 창조적인 작업을 의미하며, 이러한 창조적인 작업으로 인해 그의 작품은 예술적인 가치를 부여받고 있다.

구르스키의 작품에 나타난 또 다른 특징 중 하나는 그가 여러 가지 요소를 통해 디지털 사진의 인위적인 측면을 의도적으로 드러내고 있다는 점이다. 오늘날 디지털 기술을 통해 제작되는 이미지 합성은 일반적으로 이어붙인 흔적이 없는 하나의 통일된 이미지를 만들어냄으로써 합성된 이미지라는 느낌을 없애 버리는 것을 목적으로 한다. 이러한 이미지 합성과는 다르게 구르스키는 그의 작품에서 원근법을 파괴하거나 혹은 서로 다른 이미지들 간의 부자연스러운 연결을 통해 이미지의 인위적인 측면을 강조한다. 다시 말해서 구르스키는 작품에 제시된 이미지가 디지털 기술을 통해 인위적으로 재현된 합성 이미지라는 것을 의도적으로 드러낸다. 이러한 '낯설게 하기 방식'을 통해 구르스키는 관찰자들로 하여금 합성된 이미지를 실재 대상과 동일시하는 것을 억제시키고 있다. 이를 통해 그는 더 나아가 관찰자들로 하여금 합성된 이미지를 거리를 두고 바라보게 함으로써 이미지에 내포되어 있는 의미를 스스로 유추해서 사고해 보도록 유도하고 있는데, 이는 구르스키의 작품이 지닌 독특한 특징이라 할 수 있다.

5. 나오는 말

지금까지 우리는 디지털 사진의 미학적인 특성이 안드레아스 구르스키의 작품에서 어떻게 구현되고 있으며, 또한 디지털 기술을 통해 어떠한 방식으로 현실이 재현되고 있는지에 대해 살펴보았다. 일반적으로 재현이란 "실재의 상을 가져다 주는 행위"로서 의미되고 있는데 반해, 구르스키에게 재현이란 작가의 주관적이고 의식적인 현실 재구성이라는 의미를 지니고 있음을 알 수 있다. 오늘날 예술 영역에서는 디지털 기술을 적극적으로 받아들여 예술 창작의 새로운 표현 기법으로서 활용하고 있다. 이는 컴퓨터 기술로 제작되는 디지털 사진이 전통 사진에 비해 표현의 범위가 훨씬 복잡하고 다양하며 인간의 개입 가능성을 더 많이 제공해 주기 때문이다. 현대 사진작가들은 따라서 디지털 기술을 예술 창작의 새로운 형식과 가능성을 만들어 내는 도구로서 적극적으로 활용하고 있다.

그러나 컴퓨터를 기반으로 한 디지털 기술이 우리 사회의 모든 영역에서 항상 긍정적으로 받아들여지는 것은 물론 아니다. 예술 영역에서와는 달리 오늘날 디지털 기술의 등장으로 인해 커다란 타격을 받고 있는 부분은 무엇보다도 보도 사진을 다루고 있는 저널리즘 영역이라 할 수 있다. 미국의 유명한 시사 저널지인 『내셔널 지오그래픽*National Geographic*』의 편집자들이 이집트 기자Giza에 있는 피라미드를 디지털 기술을 이용해 실재와는 다른 이미지로 수정해 인쇄했을 때, 이에 대한 저널리스트들의 거센 비판은 이를 반영해 주고 있다(미첼, 1997 : 13). 저널리즘 영역에서 디지털 사진을 이처럼 비판적인 시각으로 바라보고 있는 가장 큰 이유 중에 하나는 사실 왜곡의 문제와 밀접히 연관되어 있다. 디지털 기술은 누구나 손쉽게 이미지의 조작과 수정이 가능하기 때문에 사진의 본질적인 사실성이 이로 인해 침해를 받고 있다는 것이 비판의 주된 이유라고 할 수 있다. 오늘날에는 저널리즘 영역에서도 디지털 사진을 보도 사진으로 사용하는 경우가 점점 늘어가고 있는 추세다. 그러나 디지털 기술에 대한 부정적인 시각으로 인해 이미지를 제시하는 데 어려움을 겪고 있다. 따라서 저널리즘 영역에서는 디지털 기술을 이용해 새로운 리얼리티의 어법을 창출하는 것이 중요한 사항으로 부각되고 있다.

오늘날 우리 사회에서 일고 있는 디지털 사진에 대한 찬반론은 위에서 살펴본 것처럼 크게 두 가지 영역에서 첨예하게 대립되고 있음을 관찰할 수 있다. 하나는 구르스키의 예술 작품을 통해 살펴본 것처럼 디지털 기술을 예술 창작의 새로운 형식과 가능성을 만들어 내는 도구로서 적극적으로 활용하는 예술 영역이고, 다른 하나는 앞에서 언급한 것처럼 사실 왜곡으로 인해 디지털 사진을 부정적인 시각으로 바라보는 저널리즘 영역이라 할 수 있다. 디지털 사진에 대한 이러한 상반된 입장은 디지털 기술이 지니고 있는 특성과도 밀접히 연관되어 있다. 따라서 무엇을 위해 어떠한 방식으로 디지털 기술이 지니고 있는 새로운 가능성을 활용해 볼 수 있을지는 오늘날 우리 시대가 안고 있는 커다란 과제라고 생각된다.

참고 문헌

마노비치, 레프, 『뉴미디어의 언어』, 서정신 옮김, 생각의나무, 2007.

미첼, 윌리엄 J., 『디지털 이미지론: 포스트포토그래픽 시대에서 시각적 진실』, 김은조 옮김, 아이비스, 1997.

볼터, 제이 데이비드 · 그루신, 리처드, 『재매개: 뉴미디어의 계보학』, 이재현 옮김, 커뮤니케이션북스, 2006.

성완경, 「디지털 테크놀로지와 시각예술」, 『디지털 시대의 사진』, 박주석 엮음,

눈빛 1998.

이원곤, 『디지털화 영상과 가상 공간: '새로운 예술'의 전개를 위한 지평』, 연세 대학교출판부, 1995.

Barthes, Roland, *Die helle Kammer, Bemerkung zur Photographie*, Übers. v. Dietrich Leube, Frankfurt/M., Suhrkamp, 1989.

Manovich, Lev, "Die Paradoxien der digitalen Fotografie," *Fotografie nach der Fotografie*, Hg. v. Hubertus von Amelunxen, Stefan Iglhaut, Florian Rötzer in Zusammenarbeit mit Alexis Cassel, Dresden, Verlag der Kunst, 1996.

Pfab, Rupert, " Wahrnehmung und Kommunikation. Überlegungen zu neuen Motiven von Andreas Gursky," *Andreas Gursky. Photographs from 1984 to the present*, Edited by Marie Luise Syring, Munich, Schirmer/Mosel, 1998.

Sommer, Tim, " Visionen von der Wirklichkeit," *Art: das Kunstmagazin mit wolkenkratzer Art Journal-Hamburg*, Gruner+Jahr 4, 2001.

Thorn-Prikker, Jan: "Andreas Gusky: Fiktionen auf der Basis von Fakten," http://www.goethe.de/kue/bku/thm/kab/de2181672.html

영화 공간의 매체적 재구성:
나치 시대 극영화 장르에 대한 사례 분석을 중심으로*

이준서

1. 들어가는 말

나치의 역사는 독일 영화에 큰 손실을 입혔다. 발성 영화 기술이 급속히 정착되고 컬러 영화가 도래함으로써 영화의 기본 형태가 결정되고 이에 상응해 영화 언어의 근간이 확립된 시기였기에 타격은 더욱 컸다. 미국에서 이른바 할리우드 고전이 꽃필 때, 독일 영화는 정치의 시녀가 되고만 것이다. 그러나 독일에서도 영화는 기술의 발전과 함께 더욱 완벽한 현실의 재현 매체가 되었고, 영화관은 매체들 사이의 경쟁을 뚫고 "옛 행복의 독점"(Witte, 1995: 49)이 이루어진 체험 공간이 되었다. 이러한 체험 효과는 관객이 눈앞에 펼쳐지는 영상의 중심 시점을 자신의 시점으로 받아들이고 이를 통해 "동질적인 공간의 환영"을 만들어 내며 "디제시

* 이 글은 『독일문학』 제111집(2009년 9월)에 게재된 논문을 수정 · 보완한 것이다.

스diegesis 세계의, 모든 것을 인지하는 주체"(Kappelhoff, 2005: 139)로서 자신을 경험하는 데 기반한다. 그리고 이 과정에서 관객은 영상의 중심에, 그리고 전면에 놓여 있는, "스스로 움직이고 있어야만 하는 신체"(Koch, 2005: 9)로서의 인간을 감싸고 있는 공간을 자신의 거주 공간으로 받아들인다(마니, 2007: 88).

그런데 영화 매체에서는 기실 두 개의 공간이 문제된다. 그 하나는 카메라 앞에 놓인 3차원의 현실 공간이며, 다른 하나는 카메라 속 필름에 담긴, 그래서 스크린에 뿌려지는 2차원의 가상 공간이다. 이때 현실은 현실 공간을 영화적으로 연출하는 과정인 '미장센Mise-en-Scène', 그리고 그렇게 연출된 것을 2차원의 영상으로 옮겨놓는 '미장이마주mise en image'(Prümm, 2006: 16 이하), 그리고 마지막으로 몽타주(편집)를 비롯한 후반 작업을 통해 '조작'된다(Risholm, 2001: 265 이하). 더구나 나치 시대의 영화는 매우 제한적으로만 야외 촬영이 이루어졌으며, 따라서 스튜디오에서의 인위적인 공간 연출이 더욱 중요하게 작용한다(Rentschler, 1996: 216).

이 글에서는 공간이 이렇듯 매체 구성에서 핵심적 위치를 차지함에도 불구하고 흔히 간과되거나 가치 중립적 내지는 객관적이라 이해되는 데에 착안해, 나치 시대 대중 영화들을 예로 삼아, 영화 매체에서 공간이 재구성되는 과정에서 나치적이든 미학적 저항의 목적에서든, 넓은 의미에서의 이데올로기적 조작이 이루어지는 양상들을 살펴보고자 한다. 이미 표현주의와 신즉물주의 영화가 상반된 입장에서 공간과 사물 세계를 적극 활용했던 까닭에(Weihsmann, 1994: 22 이하), 이러한 전통이 어떤 변화를 겪는지 더욱 관심이 간다.

2. 나치와 영화

나치 시대의 독일 영화는 우리에게 별로 알려져 있지 않다. 하지만 독재 체제 아래에서 극심한 검열을 거치면서 나온 영화가 어떤 모습일지 대략 짐작이 간다. 우리에게도 비슷한 경험이 있기 때문이다. 그런데 이 역사의 지대에는 여전히 너무나도 많은 지뢰가 널려 있어서, 일반화와 유추 능력에 기댄 자신감만 덜렁 들고 나섰다가는 발목을 잡힐 가능성이 크다. 민족사회주의 독일은 여느 전체주의 국가 이상의 그 무엇이다. 여기에서는 인류의 일부가 자신들의 이해 관계를 관철하기 위해 한 종족을 '박멸'하겠다는 '최종 해결'이라는 결론에 도달했으며, 그 비전을 보았고, 실행했다. 그것은 어느 광기 어린 독재자 한 사람만의 독단도, 그를 추종했던 소수 엘리트들만의 소행도 아니었다. 그것은 히스테리에 가까운 대중적 지지를 먹고 자라난 괴물이었다.

나치 시대의 영화계

그렇다면 영화는 이 끔찍한 역사의 현장에서 무엇을 하고 있었던가? 물론 이 시기에도 영화는 꾸준히 만들어졌다. 그러나 1933년 4월 1일의 유대인 보이콧과 함께 사실상 망명으로 인한 출혈이 시작되었다. 히틀러가 제국 수상에 임명된 것이 1월 30일이니 불과 2개월 후의 일이다. 그들은 대부분 직업 금지를 당한 유대인들이었으며, 정치적 망명도 뒤따랐다. 그들은 대개 자신들이 그렇게 오랫동안 망명 생활을 하게 될지 몰랐으며, 그래서 첫 망명지로 인근 유럽 국가들을 택했다. 약 2천 명의 영화인에게 독일에서 영화를 만드는 것이 허용되지 않았고, 할리우드에만 5백 명 이상의 독일어권 망명 영화인이 몰려들었다고 하니, 독일 영화가 이때의 손실에서 결코 완전히 회복하지 못했다는 주장은 절대로 단순한 수사가 아니다(Horak, 2004 : 99, 106). 또한 그들은 단지 몸만 독일의 영화계에서 추방된 것이 아니라 이름마저도 크레디트에서 파내어졌다.

그렇다면 독일에 남은 영화인들은 대체 뭘 하고 있었을까? 그들은 어떤 영화를 만들었을까? 프로파간다propaganda 영화? 물론이다. 그러나 그것이 다는 아니다. 오히려,

> '제3제국'의 1,094편의 극영화 전체 공급량 중에서 코미디의 제작이 48%로 선두에 서 있다. 멜로드라마가 전체 제작의 27%, 프로파간다 영화가 14%, 그리고 마지막으로 액션 영화가 11%로 그 뒤를 따른다. 연간 공급에서 이 네 장르가 차지하는 몫을 조사해 보면, 코미디는 약 50% 정도, 프로파간다 영화는 10% 정도로 비교적 지속성이 나타난다. 1939년의 전쟁 개시는 코미디 영화 제작에서 연간 제작의 36%로 단절적인 후퇴를 보이게 만든다. 유럽에서 독일 국방군이 가장 많이 군사적 확장을 했던 해인 1942년에는 코미디가 35%로 하락하고, 프로파간다 영화가 가장 괄목할 만하게 25%로 상승한다. …… 그러나 스탈린그라드에서 전황의 전환이 있은 뒤인 1943년에는 프로파간다 영화의 제작이 자신의 평균치 아래인 8%로 하락한다. 코미디의 지분은 55%로 평균 이상으로 치솟는다. 1945년의 패전에 직면해서는 코미디 제작이 25%로 추락하고, 멜로드라마가 58%로 의미심장하게 상승하는 것이 언급할 만한 가치가 있다(Witte, 2004 : 155).

이 참혹한 시절에 대세는 코미디였다. 그러니 우리는 코미디와 멜로드라마가 나치 이데올로기 내지는 나치 현실과 어떠한 연관 관계를 맺고 있는지를 진지하게 고민해 보지 않을 수 없다. 그러나 우선은 당시의 상황을 좀 더 정확히 파악하기 위해 프로파간다 영화에 집중해 볼까 한다.

프로파간다 영화

나치 프로파간다 영화의 역사는 바이마르 공화국 시대로 거슬러 올라간다. '주간 뉴스영화'는 아직 나치당의 선언이나 행사에 큰 관심을 보이지 않았지만, 나치는 이미 1920년대 초엽부터 영화계와 그 제작물에 관심을 갖기 시작했다. 하지만 그들이 제작한 영화는 아직 당의 행사를 기록하는 수준에 머물렀다. 그러나 요제프 괴벨스Joseph Paul Göbbels는 다른 인물들과 달리 영화의 선전 효과에 주목했고, 그가 히틀러의 40세 생일인 1929년 4월 20일에 맞춰 〈베를린을 둘러싼 싸움〉을 상영한 뒤로 히틀러 역시 영화의 영향력을 인식했다고 한다(Becker, 1973: 21). 1931년에 "프로파간다 영화를 제작하고 권력 장악 뒤에 영화 산업을 어용화할 준비를 하는 것을 자신들의 주요 과제"(Kaes, 2004: 75)로 하는 '당영화소'를 설립한 이후로야 비로소 나치당은 〈피 흘리는 독일〉 등 수십 편의 영화를 주문 제작한다. 그러나 이는 소련의 혁명 영화들이 이미 독일에서 대성공을 거두며 강한 정치적 영향력을 행사했었음을 환기해 볼 때 분명히 뒤늦은 감이 있다. 당시에 나치당은 직접 제작보다는 〈서부전선 이상 없다〉 상영 방해 사건(고유경, 2008)에서처럼 자신들의 이데올로기에 반하는 영화 상영에 문제를 일으켜 이목을 끎으로써 선전 효과를 보는 것을 주요 전략으로 삼았다(Kaes, 2004: 75).

나치가 권력을 장악하자, 1933년 3월 13일 신설된 제국국민계몽선전부 장관 자리에 오른 괴벨스는 즉각 3월 28일에 카이저호프 호텔에서 독일영화창작자 총괄 조직(약칭 다코Dacho) 앞에서 연설을 했고, 6월에는 영화신용은행을 설립해 사전 재정 지원을 시작했으며, 7월에 제국영화회의소를 임시 설립했다가 11월 1일에 제국문화회의소를 세워 기존 조직들을 해체, 흡수해 버린다(Witte, 2004: 118 이하; 최용찬, 2006: 166 이하;

로이트, 2004: 466 이하). 다음 해에는 제국영화조합이 발족되고, 제국영화법의 강화로 제국영화 드라마투르크들에 의한 본격적인 검열 및 상영 금지 등이 시작된다. 이때 "프로파간다가 의식되는 순간, 그것은 효과를 상실한다. 그러나 그것이 프로파간다, 경향, 성격, 태도로서 배후에 머물고, 오로지 줄거리, 진행, 경과, 인간들의 대비를 통해서만 나타나는 순간, 그것은 모든 면에서 효과적이 된다"(Albrecht, 1969: 456)라는 괴벨스의 견해와 이에 기반한 정치와 오락의 분리라는 이중 전략이 큰 흐름을 규정한다. 1942년이면, 비록 늦기는 했으나, 은폐된 채 치밀하게 진행되어 온 영화 산업의 전체적인 국유화가 완결되고, 이와 더불어 제국영화감독관 제도가 도입되어, 프리츠 히플러Fritz Hitler가 초대 감독관으로 임명된다.

히플러와 더불어 우리는 드디어 악명 높은 나치 감독들과 대면하게 된다. 일찌감치 나치에 동조하며 괴벨스의 신임을 얻은 그를 영원한 나치 영화인으로 만들어 준 영화는 〈영원한 유대인〉(1940)이다. 유대인에 대한 당시의 선입견을 '집대성'했다고 해도 과언이 아닐 이 컴필레이션 compilation 영화는 유대인을 인류에 해악을 끼치는 쥐에 비유하고 영화 속 배역이 그 연기자의 이른바 '유대적 경향'인 것마냥 말도 안 되는 유비 관계를 설정하는 등, 거리낌 없이 저급함과 비열함의 차원으로 추락한다.

반유대주의 프로파간다 영화의 또 다른 대표작인 〈유대인 쥐스〉(1940)는 파이트 하를란Veit Harlan 감독의 작품이다. 〈영원한 유대인〉이 당시 관객들에게조차 몰취미하고 파렴치하게 느껴졌던 통에 그 악명에 비해 그다지 큰 선전 효과를 거두지 못했다면, 하를란의 경우에는 '파시즘의 영화 미학'이라 일컬어질 만한 면모들이 관찰된다. 대본 작업에까지 참여한 하를란은 뷔르템베르크 공 카를 알렉산더의 재정 자문이었던 역사적 실존 인물 요제프 쥐스 오펜하이머Joseph Süss Oppenheimer를 혐오의 대상으로 만들어 내는 데 주력한다. 그는 사심을 채우기 위해 탐욕스러운 왕자를 꼬드겨 파멸에 이르게 만드는 악마적 인물일 뿐 아니라, 순수한 독일 처녀 도로테아를 유린해 죽음으로 몰고 가는 용서할 수 없는 치한이다. 유대의 딸과 기독교도 남성의 애정 관계가 다루어지던 유대인 서사의 관례에서 벗어나 여기서는 유대인이 독일인의 피를 더럽히려고 하는 것이다(최윤영, 2001: 47 이하).

줄거리를 통한 반유대주의적 형상화 이외에도 1인 5역의 유대인 역할을 맡은 베르너 크라우스Werner Krauss의 '변신술'이 유대인의 부정적 표상을 강화한다(Schulte-Sasse, 1996: 79). 〈칼리가리 박사의 밀실〉을 비롯해 바이마르 공화국 최고의 배우 중 한 사람이었던 그가 1934년에 국가 배우가 되었을 때, 나치와의 밀월은 예고된 것이나 다름없었다. 또한 〈지배자〉(1937)의 연출을 통해 괴벨스의 눈에 들었던 하를란은 이후 〈희생〉(1944), 〈콜베르크〉(1945) 같은 고가의 아그파컬러 영화를 2편이나 제작하는 등 정권의 호의를 입고 작업을 할 수 있었다. 하를란은 특히 〈위대한 왕〉(1942)과 〈콜베르크〉로 나치 시대에 오직 5편의 영화에만 부여된 '국가 영화'의 반열에 무려 2편을 올려 놓음으로써 역량을 과시한다. 나머지 3편은 한스 슈타인호프Hans Steinhoff의 〈크뤼거 아저씨〉(1941), 구스타프 우치키Gustav Ucicky의 〈귀향〉(1941), 볼프강 리베나이너Wolfgang Liebeneiner의 〈퇴진〉(1942)이다.

프로파간다 영화의 대표적인 감독으로 레니 리펜슈탈Leni Riefenstahl을 빼놓을 수 없지만, 최근에 묵직한 평전이 번역되고 DVD 선집도 출시되는 등 이미 국내에도 비교적 알려져 있으므로 여기서는 자세히 다루지 않겠다. 다만 필자는 나치 정당대회의 다큐멘터리인 〈의지의 승리〉뿐 아니라 베를린 올림픽 다큐멘터리인 〈올림피아〉 2부작 역시 프로파간다 기능을 수행하고 있다고 평가하는 입장에 속한다는 점만 언급하고 넘어갈까 한다.

프로파간다 영화들이 이렇듯 미학의 수준에 오르기까지는 1933년의 첫 번째 프로파간다 영화의 물결을 비롯한 시행착오가 있었다. 슈타인호프의 〈히틀러 청소년단원 크벡스〉(1933), 프란츠 자이츠Franz Seitz의 〈돌격대원 브란트〉 (1933), 프란츠 벤츨러Franz Wenzler의 〈한스 베스트마〉(1933) 등은 지나치게 상투적이고 평면적이어서 별다른 성과를 거두지 못했다. 따라서 "1933년 이후로는 영웅과 희생 정신에 관한 그런 이야기들을 다른 시 · 공간으로 옮기는 것이 훨씬 효과적임이 입증되었으며, 장차 민족사회주의 이데올로기의 영화적 형상화를 규정했다"(Hake, 2004: 142).

3. 체험 공간으로서의 영화관과 '비정치적' 극영화 장르

나치 시대의 영화는 다양한 장르의 혼재를 특징으로 한다. 그리고 특히 장르 영화 차원에서는 할리우드와 차별성보다 유사점이 훨씬 더 많다. 그러나 이른바 여성적 장르라 일컬어지는 코미디나 멜로드라마, 레뷰 영화 등이 할리우드와 근친성이 높았다면, 남성적 장르인 모험 영화나 이른바 천재 영화들은 더 '독일적'이었다. 또한 주로 프리드리히 대왕을 다룬 역사 영화들도 이와 사정이 비슷했다.[1] 이 장르들에서는 에밀 야닝스Emil Jannings와 베르너 크라우스 등이 지도자/아버지 역할로 주도적인 모습을 보였으며, 남성 이데올로기와 맞물려 좀 더 직접적인 정치성이 관찰된다. '피와 땅'을 중심 개념으로 하는 향토 영화 역시 보수적 이데올로기를 근간으로 함으로써 쉽게 나치 이데올로기와 결합될 수 있었다. 공군 장교 출신이자 나치 당원이던 카를 리터Karl Ritter 감독이 주로 (과도하게) 역

1 나치 이전의 프리드리히 영화에 관해서는 고유경, 「바이마르 시기의 민족주의 영화에 재현된 프리드리히 신화」, 『역사교육』, 107호, 2008 참조.

량을 과시했던 전투기 영화들은 관객에게 노골적인 정치성을 무차별 투하했다.

그럼에도 불구하고 "확실히 모든 나치 영화들은 얼마간 프로파간다 영화였으며, 심지어 정치와 전혀 아무런 관계도 없어 보이는 순수한 오락 영화들조차 그러했다"(Kracauer, 1984: 322)는 지그프리트 크라카우어 Siegfried Kracauer의 고발에 완전히 동조하기에는 사태가 그리 단순하지만은 않다. 현재 연구 단계에서는 오히려 "과대 평가된 대중 영화의 기능"(Hake, 2001: 14)을 정치적인 혐의 없이 세계 영화사적인 맥락에서 객관적으로 바라볼 필요성 역시 대두된다. 또한 제3제국에서 어떻게 영화의 정치화가 이루어졌는가를 정확히 관찰하기 위해서는 개별 영화나 정책 외에도 수용 상황을 살펴볼 필요가 있다. 이미 나치 시대 이전부터 영화 관람은 극영화 1편의 감상만으로 끝나지 않았기 때문이다. 당시에는 주간 뉴스영화와 이른바 문화 영화가 함께 상영되었으며, 심지어 늦게 영화관에 입장해 극영화만 관람하는 것은 허용되지 않았다. 1시간으로 늘어난 주간 뉴스영화가 시사적인 내용을, 특히 전쟁이 시작된 1939년 이후로는 전황 보고를 주로 다룸으로써 직접적으로 정부의 메시지를 전달했다면, "나치 치하에서 문화 영화는 '독일인에게 모든 생활 영역에 대한 정치적 태도'를 교육하는 데 기여해야 했다"(Koebner, 2007: 388). 청소년을 위한 영화 교육 프로그램이 개발되어 높은 참여율을 보였으며, 1938년 이후로는 독일 전역에서 유대인의 영화관 출입이 법으로 금지되었고 유색인종에게도 제한이 뒤따랐다. 그리고 이러한 영화 관람의 조건이 '무해한' 극영화 관람에 내용적으로뿐만 아니라 구조적으로 결정적인 영향력을 행사했던 것이 나치 시대 영화가 이데올로기적으로 작동하는 기본 원리였다(Segeberg, 2004: 29 이하).

직접적인 정치 프로파간다 영화들이 관객을 큰 전체의 일부로 간주하고 국민을 하나의 국체로 통합시키려고 했던 반면에, 앞으로 이야기할 코미디나 멜로드라마 같은 장르 영화들은 관객 개인의 개별성을 인정하고 그들 사이의 차이를 확인해 주는 듯했다(Hake, 2004: 133). 관객은 자신이 집단의 일원이 아니라 개인으로서 느끼고 생각하고 상상한다고 믿었으며, 그렇게 영화 속에서 자신을 발견했다. 문제는 이때 이 '자신'이 정확히 무엇을 지칭하는가 하는 점이다. 그들이 영화 속에서 발견하는 주체는 그 입장이나 지향점에서 다분히 소시민적이었으며, 따라서 당시 빈곤화한 소시민들이 지니고 있었던 사회적 추락에 대한 공포심과 노동자 계급과 하급 중산층의 신분 상승에 대한 판타지를 밑바닥에 깔고 있다는 점에서만 현실과 연관 관계를 맺을 따름이다(Hake, 2004: 134). 이 주체는 당대 현실 속의 구체적인 개인이기보다는 특정한 소망과 욕망을 지닌 구상되고 이상화된 개인이었다. 그러므로 감정이입과 동일시가 이 영화들을 작동하게 만드는 가장 중요한 기제였으며, 장르의 논리는 창조성의 기반으로 작용하기보다는 구체성의 결여를 보완해 주는 보형물에 가까웠다. 당시에 유달리 발달한 스타 시스템 역시 이 영화들이 제대로 작동할 수 있게 만드는 데 비슷한 원리로 큰 몫을 한다.

현실 없는 현실 공간

제3제국에서 가장 흥성한 장르였던 코미디는 하위 장르도 많았고 다양한 감독과 스타를 보유하고 있었다. 여기에서는 1940년에 나치로부터 국가 배우의 칭호를 수여한 하인츠 뤼만Heinz Rhmann이 주연을 맡은 〈야단법석〉(1936)에 초점을 맞춰 나치 시대 초기의 코미디가 현실과 어떠한 연관 관계를 맺는가를 살펴볼까 한다. 이 영화를 선택한 이유는 이른바 빈 영화 계열의 대표적인 감독인 빌리 포르스트Willy Forst가 기존 연구에서 나치에게 인정을 받았으면서도 의식적으로 영화에서 정치성을 배제할 줄 알았다는 평가를 받고 있으며, 영화 자체도 이데올로기에 대한 혐의에서 벗어나 있기 때문이다.

이 영화는 전형적인 오인誤認 코미디답게 줄거리가 무척 복잡하다. 자동차 레이서 다비트(뤼만)와 대농장주 필립(아돌프 볼브뤼크)은 바람둥이 친구다. 결혼을 두려워하는 필립이 유람선에서 청혼할 뻔한 비올라(레나테 뮐러)는 다비트의 약혼녀 가비(에니 유고)의 친구다. 의상실 주인 에이메(힐데 힐데브란트)는 다비트의 숨겨둔 애인인 동시에 필립과도 연인 관계다. 갓 결혼한 다비트를 방문한 필립은 비올라를 그의 아내로 오인한다. 장난기가 발동한 가비의 제안으로 비올라는 계속 다비트의 아내인 척한다. 우연히 가비에게 옷을 팔러 왔다가 질투심에 휩싸인 에이메는 필립이 자신과 놀아난 다비트에게 복수하기 위해 그의 아내를 뺏으려 할 거라고 다비트에게 겁을 주고, 다비트는 이를 막기 위해 여자들의 장난에 동조한다. 이리하여 인간 관계가 뒤죽박죽 뒤얽히며 희극적인 장면이 연출되고, 상황을 눈치챈 필립은 비올라의 마음을 되찾기 위해 가비를 유혹하는 척한다. 결국 영화는 다비트-가비, 다비트의 장인-에이메, 필립-비올라가 모두 연인이 되며 해피엔드로 끝난다.

이 영화에서 무엇보다 눈길을 끄는 것은 명실공히 독일 영화의 원형적인 '평범남'인 뤼만의 연기다. 그의 무해한 상류층 악동 이미지는 소시민적 소망상이기에 더욱 매력적이다(Lowry, 2002 : 84 이하). 세태에 때묻지 않고 아이 같은 구석을 지니고 있을 수 있는 특권에, 현대적이고, 성공가도를 달리며, 그러면서도 행여 친구에게 아내를 뺏길까봐 조바심을 내는 그의 모습은 시대를 초월해 호감을 유도한다. 이 말을 조금 달리 표현하자면, 포르스트는 당시의 정치 상황을 담아놓지 않기만 한 것이 아니라 당대 현실의 흔적도 역시 최소화하고 있다. 카르스텐 비테Karsten Witte의 테제를 기반으로 크누트 히케티어Knut Hickethier는 나치 시대 코미디 영화가 플롯을 현실과 동떨어진 상황에 자리잡게 만든다고 지적하면서 (1) 19세기 초반, 즉 제1차 산업혁명 이전 시대, (2) 흔히 현실과 동떨어져 있다고 간주되는 (빈의) 예술가 환경, (3) 아메리카주의에 바탕을 둔 환경을 꼽고 있는데, 이 중에서 특히 마지막 유형은 현대적인 생활 양식에 대한 동경과 결합해, 비현실적으로 느껴질 정도로 현실의 강요에서 벗어나 있는 호사스러움과 세계 어느 곳이든 언제나 가닿을 수 있는 국제적 유동성을 특징으로 하는 상류층 환경에 뿌리를 내린다[2](Hickethier, 2004: 235 이하; 238 이하).

〈야단법석〉의 주요 무대인 다비트의 호화 주택 역시 그러한 의미에서 일종의 노아의 방주다. 그곳에서 다비트는 애정 전선 이외에는 그 어떤 외부의 위협도 없이, 그리고 일상의 버거움도 없이 지낼 수 있으며, 그의 아내 가비는 부담 없이 남편에게 옷값 영수증을 날릴 수 있다. 쿠르트 헤를트Kurt Herlth[3]가 베르너 쉴리히팅Werner Schlichting과 함께 세트 디자인을 맡은 이 영화의 모든 공간은 바로 이렇듯 호화로운 상류층 환경이라는 점에서 일관성을 지닌다.

상류 사회의 권역에 구축된 〈야단법석〉의 공간 구성에서 가장 눈에 띄는 것은, 나치와 관련된 시청각적 오브제들의 부재다.[4] 나치 시대 코미디 영화가 목표로 하는 것은 흥미롭게도 "나치 일상으로부터 등을 돌린 주변 환경"이며, "그러므로 코미디 영화에서 히틀러 식 경례와 거리에 늘어서 있는 히틀러 깃발로 이루어진 깃발 장식, 나치 돌격대와 나치 친위대의

2 다만 히케티어나 비테가 아메리카주의를 풍요로운 현대 문명에 대한 동경보다 상위 범주로 설정하는 데에는 완전히 동의하기 어렵다.

3 무르나우, 촬영기사 카를 프로인트와 당대 최고의 팀을 이루며 〈마지막 남자〉 등을 만들었던 세트 디자이너 로베르트 헤를트의 동생이다.

4 나치 시대 코미디 영화들이 전후에도 즐겨 상영되는 데는 이러한 특성이 큰 몫을 한다.

갈색과 흑색 유니폼이 전혀 나타나지 않다시피 하는 것은 우연이 아니다. 코미디 영화의 세계에는, 현재라고 주장되는 곳에서조차도, 기묘할 정도로 나치 휘장들이 없다. 상징과 제의, 연출에 그토록 많은 의미를 두었던 국가가 언제나 국가 자신을 묘사하는 시청각적 이야기들을 특이하게도 그것들 없이 만든다. 한편으로 이것은 이 영화 세계의 인공적이고 환영 촉발적인 성격을 강화하며, 다른 한편으로는 이미 이러한 환경 자체가 다른, 더 나은 세상에 대한 약속을 의미한다"(Hickethier, 2004: 236).

〈야단법석〉의 공간 구성에서 또 하나 눈에 띄는 것은 공동 공간과 개인 공간의 양극화와 공간의 개인적 구획화다. 영화의 첫 시퀀스인 유람선의 공간 배치가 이미 분명히 드러내 주듯이, 영화는 극명한 공적 내지 공동체의 공간(식당, 살롱, 응접실)을 통해 자유롭고 우아한 인간 교류라는 소시민의 유토피아를 그려내는 동시에, 현대적 개인의 소망상을 대변하는 개인 공간(1인용 선실, 1인실)을 적극 투입하고 있다. 다비트의 집에서 테라스와 복도를 통해 서로 이어지면서도 독립된, 한 방향으로 병렬된 네 개의 1인실은 영화에서 흔히 만나는 세트 구성이 아니다.

이 시퀀스에서 카메라는 이 건물의 구조를 밝혀 주는 설정 쇼트 다음에 각 방을 발코니로부터 하나씩 트래킹하며 보여 준다. 이는 오인 코미디를 구성하기 위한 극작술적 고려이기도 하지만, 영화의 주제와도 직결되어 있다. 가정 꾸리기를 회피하고 자유로운 영혼으로 연애를 즐기는 현대적 삶의 구상이 행복한 결혼의 이데올로기를 통해 지양되는 것이다. 이러한 의미에서, 다비트가 아내와 '합방'하기 위해 1인실의 경계를 극복하려고 '야단법석'을 벌이는 장면은 이 영화의 집약점이다.

마지막으로 언급할 만한 공간 구성의 특징은 협소함의 부재다. 〈야단법석〉의 실내 공간은 폐소성을 지양하는 것이 제일의 목적이기라도 한 듯 규모가 크다. 야외 장면에서는 오히려 풍경을 살리기보다 인물 중심의 미디임(롱) 쇼트들이 많이 사용되는 것까지 감안한다면, 실내 공간을 확장시키려는 노력은 더욱 도드라진다. 이는 이중의 의미에서 비현실적이다. 첫째로는 현실 공간의 맥락에서 그러하며, 둘째, 실제 세트의 규모보다 넓어 보이게 촬영되었다는 점에서 그러하다. 특히 사교계의 중심 인물로 등장하는 에이메의 집은 이러한 특성을 가장 확연하게 드러낸다. 다비트가 친구 필립에게 "자, 이 호화로움이 어때?"라고 물으며 들어서는 그녀의 주거 공간은 한편으로는 한 공간에서 다른 공간으로 막힘없이 이어지며 수평적으로 확장되고, 다른 한편으로는 파노라마 극장의 내부처럼 주공간이 원형으로 이루어져 있어 관객은 카메라가 회전하면서 쉽게 방향감각을—따라서 공간 감각을—상실하고 말며, 같은 공간이 인테리어의 변경이나 카메라의 위치 변경을 통해 다른 공간으로 탈바꿈하기도 한다. 게다가 주공간의 벽면을 분할해 다양한 모티브로 장식한 뒤 프레이밍을 달리하여 촬영함으로써 상이한 공간으로 재구성하기도 한다. 이렇듯 관객에게 공간의 한계/경계를 경험하지 못하게 하는 데 과도하게 몰두한 나머지, 연속성 원칙에 입각한 '줄거리 공간'(Kappelhoff, 2005: 139)의 구성이 완벽하게 이뤄지지 못하는 경우가 발생할 정도다.[5]

인테리어 오브제들 역시 호화로운 상류층이라는 의미 이외에는 그 어떤 사회적 · 역사적 코노테이션도 지니고 있지 않으며 필요로 하지도 않는다. 비테는 "포르스트가 무의식적인 것을 함께 모사하기 위한 공간을 마련하며, 이는 독일 영화에서 이제까지 악몽으로서나 용인되었으나 …… 파시즘에서는 통제하기 쉽지 않은 모호성을 제거하기 위해 잘려나갔다"(Witte, 1995: 108)며 할리우드 영화와의 근친성에서 비롯되는 장

5 예컨대 다비트가 에이메와 있던 첫 공간이 후반부에는 칵테일 바 공간으로 재구성되는데, 벽지를 제외하고는 이를 인식할 오브제나 방향성이 결여되어 있다. 공간을 달라 보이게 만드는 데 치중하느라 동일한 세트에 너무 다양한 수평 앵글과 회전 패닝이 적용되어 방향성이 상실된다.

점을 높이 평가하지만, 이를 뒤집어 말하자면, 〈야단법석〉의 공간은 주인공들의 리비도가 외면화되는 공간으로 구상됨으로써 당대 현실과 더욱 무관할 수 있었다고 비판할 수도 있을 것이다. 이러한 공간 속에서 자신의 개인적 행복을 추구하는 데 집중하는 뤼만은 어찌나 초시간적인지, "나치 시절에 그는 비록 영웅의 반대 이미지이기는 했지만, 그 대신 더욱 더 동조자의 모습을 체현했으며, 대중의 충성을 가능케 했던, 민족사회주의의 현대적 · 문명적 · 외견상 비정치적인 면을 체현했다"(Lowry/Korte, 2000 : 61)는, 그에 대한 일반적인 평가를 적용하는 것조차 무리로 느껴진다.

알레고리화한 현실 공간의 압박

멜로드라마의 예로는 약 2,700만 명의 관객을 동원한 당대 최고의 흥행작인 롤프 한젠Rolf Hansen의 〈위대한 사랑〉(1942)을 살펴볼까 한다. 〈야단법석〉과 달리, 이 영화는 전쟁 발발 이후, 다시 말해 영화의 정치화가 다시 강화되던 시기에 만들어졌으며, 국가 정책적 · 예술적으로 우수하다는 평점을 받았던 경우다. 스웨덴 출신으로 빈을 중심으로 활약하며 히틀러의 연인 중의 하나라는 추문을 얻었던, 그리고 국가 배우의 칭호를 거부하고 1942년에 스웨덴으로 되돌아가 버린 차라 레안더Zarah Leander가 여가수 한나 홀베르크 역을 맡아 전투기 조종사와 사랑에 빠진다.

영화의 줄거리는 비교적 단순하다. 무대에 선 한나를 보고 첫눈에 반한 전투기 조종사 파울 벤트란트 중위(빅토어 슈탈)는 자신이 다음날 아침이면 다시 귀환해야 하는 군인임을 숨긴 채 끈질긴 구애 끝에 그녀의 마음을 사로잡지만, 그러고는 연락도 없이 사라져 버린다. 그는 늘 다시 돌아오지만, 심지어 결혼식 날에조차, 늘 그렇듯, 예기치 않았던 귀대 명령으로 아쉬운 작별을 거듭한다. 결국 그들은 크게 다툰 뒤 헤어지고, 얼마 후에 그녀는 파울이 격추당해 군병원에 입원해 있다는 소식을 듣게 된다. 부상당한 그를 찾아온 그녀에게 그는 드디어 부상으로 3주간의 시간이 생겼노라고 말하고, 그녀는 그 다음에는 어떻게 되느냐고 묻는다. 대답 대신 그들은 창공을 향해 고개를 들고, 그곳에서는 전투기들이 편대를 지어 날아간다.

이 영화의 공간은 비현실과 현실의 특이한 혼합으로 이루어져 있다. 한편으로는 냉혹한 현실인 전쟁의 포성이 이 영화에 근본적인 무대 배경으로 작동한다. 이미 두 주인공이 처음 만난 날부터 베를린은 공습 경보 아래 놓이며, 커피가 희귀품임이 '선전'된다. 물론 이렇게 전쟁의 현실을 영화의 서사 공간에 끌어들인다 하더라도 전쟁의 참상은 오히려 배제되어 있다. 그들 둘을 결정적으로 맺어 주는 장소인 공습 대피소는 널찍하고 안락하며, 사람들은 그 시간을 훌륭한 사교 기회로 활용한다(박광자, 2009: 264 이하; Heins, 2005: 290 이하). 하지만 〈위대한 사랑〉의 공간들은 〈야단법석〉에서는 볼 수 없었던 군인과 그들의 상징물로 채워져 있으며, 그리고 이와 더불어 개인(여성)의 공간은 집단화/남성화할 위험 앞에 놓이게 된다.[6] 영화가 종반을 향해 달려갈 무렵이면, 소련의 배신으로 제국과 민족의 운명과 미래를 다시 독일군의 손에 맡기기로 결정했다는 선전포고가 거리에 울려 퍼진다.[7] 이렇듯 영화에 침투해 들어오는 현실은 남자의 떠남을 정당화하고, 여성의 기다림을 당연한 논리적 귀결로 만든다. 남자가 전장과 연인 사이를 오가며 대위로 진급하는 동안, 여자

6 〈야단법석〉에서 경주용차가 남성성을 대변했다면, 〈위대한 사랑〉에서는 전투기가 이를 대체한다.
7 이 영화가 파병 군인과 스타의 사랑 이야기를 다룸으로써 '위문 공연'의 기능을 하며, 독일군이 1942년 6월 12일 개봉 당시 스탈린그라드 전투를 앞두고 있었음은 영화 외적 프로파간다 기능의 확연한 사례이기도 하다.

는 자신에게 구애하는 남성들에 흔들리지 않고 그를 기다리며 현실의 논리, 즉 체념의 논리를 체득해야만 한다.

그러나 좀 더 정확히 관찰해 보자면, 영화는 객관적인 현실의 논리만으로 여성을 강요하는 것이 아니다. "대부분의 프로파간다 영화는 그것이 다큐멘터리 영화든 아니든, 내면의 기질을 특정한 궤도로 유도하려고 한다"(Kracauer, 1964: 219)는 크라카우어의 통찰은 〈위대한 사랑〉에서도 유효하다. 그리고 이 멜로드라마 영화에서는 감상성이 그러한 궤도의 기능을 한다. 공간 구성 역시 이러한 방향성을 만들어 내는 데 큰 몫을 한다. 예컨대 연인들이 떨어져 있는 동안이면 그들이 홀로 있는 방에 창문이 마련된다. 그리고 그 창문에는 지상의 풍경이 아니라 하늘이 담겨진다. 하늘은 남자 주인공의 무대인 동시에 동경의 장소이며, 그 정조는 센티멘털리즘이다. 또한 비록 "바우하우스 가구로 된 영화의 실내 인테리어가 센티멘털리즘에 대항해 한 조각의 객관성을 구해 냈다"(Witte, 1995: 259)고는 하지만, "악보 출판인의 사무실이든, 한나 홀베르크의 집의 그림 벽지든, 아니면 아피아 가도든 간에, 공간들은 언제나 이상적인 풍경으로, 냉정한 호화로움과 더불어 오로지 자존심 강한 슬픔만이 지배하는 공간들로 양식화되어 나타난다"(Witte, 1995: 228). 두 주인공의 직업상 영화는 베를린, 파리, 로마를 누비며 사랑의 배경으로 삼고, 로마에서는 현지 촬영까지 이뤄지지만, 이 공간들은 재현의 양태면에서 어딘가 현실성을 결여하고 있다. 비테는 이 전쟁의 무대들이 '알레고리화'하면서 "진정한 레뷰 배경 그림"(Witte, 1995: 202)이 된다고 진단한다. 여주인공이 역사적 인물들의 묘지로 가득한 아피아 가도를 걸으며 마침내 죽음에 대한 동경을 내비칠 때, 그것은 여성 주체의 포기를 결심하는 고백에 다름아니다.

〈위대한 사랑〉에서 관찰되는 공간 구성의 또 하나의 특징은 세 번에 걸쳐 제시되는 여주인공의 노래 장면에 잘 나타난다. 스타와 관객의 관계가 영화 안에서 재현되고 있어 실제 관객의 임장감이 큰 장면인데다 차라 레안더의 영화에서 음악이 차지하는 비중까지 고려해 보면, 이 장면들의 중요성은 쉽게 납득이 될 듯하다.[8] 카메라 워크와 편집만을 두고 보자면 이 세 장면은 임장감 형성을 위한 관객석 끝부분에서의 설정 쇼트, 무대 접근 쇼트, 공연자 쇼트, 반응 쇼트로 이루어진 일반적인 공연 장면 구성 방식에서 크게 벗어나지 않는 듯하다(Witte, 1995: 190). 주인공의 의상을 중심으로 외견상의 관찰을 하자면, 영화의 첫 부분에서 〈사랑을 위한 나의 인생〉을 부르는 그녀가 매혹적인 디바의 모습이었다면, 중반의 〈그걸로 세상이 무너지진 않아〉는 군인들의—그리고 자신의—사기를 북돋고, 마지막 노래인 〈난 알아요, 언젠가는 기적이 일어날 것임을!〉을 부르는 그녀는 승리의 여신에 가깝다(Witte, 2004: 147).

그러나 화면의 공간 구성을 좀 더 정확히 살펴보면, 위 세 장면은 전혀 다른 의미를 띤다. 우선, 첫 번째 공연에서는 정열을 상징하는 불꽃 모양의 화려한 무대 배경이 확실히 여주인공을 중심에 놓으며, 그녀는 60명의 남성 코러스 위에 그야말로 군림한다. 또한 금발 가발을 쓰고 요부로 분장한 그녀에 대한 적절한 근접 촬영이 있기는 하지만, 카메라는 롱 쇼트를 통해 그녀가 디바로서 무대를 지배하고 있음을 확실히 해 준다.

반면에 연인 파울이 있을 줄 알고 간 파리 위문 공연 장면은 이미 무대 공간 자체가 디바에 어울리는 화려함과는 거리가 멀다. 관객보다 조금 높은 단상에, 화분과 피아노만이 그녀와 함께한다. 또한 화면 공간은 더 이상 그녀만을 중심으로 구성되지 않는다. 물론 여기서도 그녀는 디바의 역

8 서정적인 노래는 심리 통제의 중요한 기제로 작용했으며, 특히 레안더의 경우에는 음악의 비중이 더욱 컸다(Vgl. Erica Carter, *Dietrich's Ghost*, London 2008, S. 191ff).

할을 하지만, 카메라는 그녀의 노래에 맞춰 팔짱을 끼고 좌우로 반동하는 500명의 군인이 형성하는 집단 주체에 더 관심을 보인다. 이 장면 이후에 여주인공이 가수로서의 경력을 희생하더라도 언제나 남자 주인공의 착륙지가 될 각오를 하는 것은 예상된 일이다.

영화의 끝 무렵 로마의 무대는 일견 초반부의 무대 장면과 마찬가지로 화려한 레뷰 스타일이지만, 여기에서 백색으로 통일된 무대 공간과 의상은 '천상의 차원'(Ascheid, 1999: 267)을 구현한다. 카메라는 점점 더 그녀에게 다가가서, 화면의 공간은 결국 그녀의 머리만으로 가득 채워진다. 물론 그녀의 눈은 저 위, 아마도 창공을 향한다. 중반부 위문 공연과는 반대로 여주인공의 단독 클로즈 및 클로즈업 쇼트가 중요한 역할을 하는 것이다. 그리고 이러한 화면 구성은 이별의 고통과 선택의 책임을 그녀 개인에게 오롯이 전가시킨다. 이때 그녀는 자신이 부르는 노래와는 정반대로 기적은 일어나지 않을 것임을 잘 알고 있으며, 이는 여성 주체의 패배를 정확히 기록한다(Witte, 1995: 202). 천국을 상징하는 백색의 무대 공간은 흰옷을 입고 기적을 기원하는 성모 마리아 같은 모습의 그녀에게, 그리고 관객에게, 개인보다 더 높은 차원에 자신을 내맡기는 희생과 순종의 논리를 제시하고 있는 것이다. 〈위대한 사랑〉은 불과 7개월 뒤면 총력전을 치르게 될 나치 독일이 여성들에게 어떤 희생을 요구하는가를 이렇듯 가감 없이 보여 주면서도 연인을 전장에 내보낸 여성들을 위한 "가장 성공적인 '전쟁 교육영화'"(Kreimeier, 2002: 371)로 기능했다.

제3의 현실 공간, 혹은 공간의 발견

헬무트 코이트너Helmut Käutner 감독이 자신이 만든 최고의 작품이라 믿는 〈다리 아래에서〉(1945)는 1944년 5월 8일부터 10월까지 약 5개월 동안 촬영되어 1945년 3월에 검열에 제출되었으나 1945년 5월 7일에 독일이 항복하면서 상영에까지 이르지는 못했다(Käutner, 1992: 135). 전후인 1946년에 로카르노 영화제에서 처음 상영되었고, 독일에서는 1950년 5월에야 비로소 개봉되었다.

베를린 외곽을 오가며 '리제-로테'라는 이름의 바지선을 모는 노총각 헨드릭(카를 라다츠)과 빌리(구스타프 크누트)는 다리 밑에서 처자들 구경이나 하며 인생을 흘려보낸다. 어느 날 밤, 한 여자가 다리 위에서 서성거리자 자살을 막으려던 그들은 그녀를 배에서 재우는데, 알고 보니 안나(한네로레 슈로트)는 자살을 하려던 것이 아니었다. 남자 친구도 없이 타향인 베를린에 사는 것이 외로워, 자신에게 접근한 화가에게 갔다가 누드 모델만 서고는 허탈하게 방황하던 차였다. 애인 유형인 헨드릭이 그녀와 사랑다툼을 한다면 친구 유형인 빌리는 그녀와 처음부터 마음이 잘 맞는다. 빌리는 바지선을 버리고 뭍에서 안나와 생활하지만, 안나의 마음은 사실 헨드릭에게 가 있고, 빌리도 그걸 알고 있다. 결국 안나와 헨드릭이 결합하고, 이제는 '안나'라 명명된 바지선에서 빌리와 함께 셋이 살아간다.

독일이 패전하던 마지막 순간에, 그것도 포성이 끊이지 않던 베를린의 외곽에서 찍은 영화라고 믿어지지 않을 정도로 현실과 멀리 떨어져 있어 보이는 이 영화는 그럼에도 불구하고 나치 시대의 다른 영화들과 차이를 지닌다. 그것은 나치 영화에서 철저하게 금지된 리얼리즘에서 비롯된다. 영화는 패전 직전의 전쟁터, 즉 폐허라는 현실 공간으로부터는 괴리되어 있지만, 전쟁으로 강요된 변두리 촬영 장소의 삶을 그것 자체로서, 그리고 최대한 세밀하게 바라보고, 그것으로 시적 리얼리즘을 만들어 낸다(Stecher, 1992: 196). 코이트너는 촬영 당시를 이렇게 회상한다.

> 우리는 베를린의 포위망이 점점 더 좁아지는 동안 여러 주를 외곽의 하벨

지역에서, 라테노, 하벨베르크, 포츠담에서 촬영을 했습니다. 종종 우리는 새로운 모티브들을 찾아야만 했죠. 전의 것들이 그새 폭격으로 파괴되어서요. 이따금 우리는 몇 시간씩 배에 앉아 특별한 분위기를 포착하기 위해 구름의 특정한 조합을 기다리거나 어느 나무의 우듬지가 배의 회전을 통해 강물에 비춰 영상에 들어올 때까지 기다렸어요. 밤은 주로 우리들의 조심스럽게 보호된 장비들과 함께 다리 밑에서 보냈죠. 다리들에 이미 오래 전에 폭약이 장착된 것도 모르고 말이에요(Völker, 1992: 25).

안톤 베버Anton Weber[9]와 한스 엔더Hans Ender 등이 세트 디자인을 맡은 이 영화의 주된 무대는 주인공들의 바지선이다. 영화는 이 비좁은 공간이 얼마나 많은 현실로 가득 차 있는가를 위트까지 곁들이며 섬세하게 발견해 나간다. 예컨대 배 안의 공간에는 두 주인공의 생활용품과 삶의 흔적들이 곳곳에 배치되어 있을 뿐만 아니라 빛과 그림자가 적극적으로 투입되고, 카메라는 클로즈 및 클로즈업 쇼트를 위주로 하면서도 과감한 앵글과 이동성을 활용해 끊임없이 변화하는 모습을 담아 낸다. 배의 유일한 외부 공간인 선상 역시 인물들의 다각적인 배치를 통해 거의 모든 곳에 장소성이 부여되고, 다양한 카메라 시점과 거리로 변화를 꾀하는 데다, 흘러가는 배의 특성상 자연스럽게 강변의 다채로운 풍경들이 함께 채집된다. 또한 움직임이 강조되는 역동적인 장면과 정적이고 시적인 장면이 적절히 배분되며 삶의 느낌을 표현해 낸다.

그러나 이러한 큰 틀의 묘사만으로는 여전히 〈다리 아래에서〉의 절묘한 공간 구성 방식을 완전히 파악하지 못한다. 안나가 헨드릭에게 마음을

9 로베르트 헤를트에게 사사받았으며, 1936년 이후로 데틀레프 지르크의 〈라 하바네라〉를 비롯해 수많은 우파사 영화의 세트 디자인을 맡았으며, 1960년대 이후로는 실험적인 사진가로 인정받았다.

여는 장면을 예로 들어 좀 더 구체적으로 분석해 보자. 안나가 낯선 남자 둘이 사는 배에서 나는 여러 가지 소리 때문에 겁이 나 잠을 못 이루고 선상으로 나와 앉아 있자 헨드릭이 따라 나와 소리들의 정체를 밝히며 그녀를 안심시킨다. 음향의 주도 아래 카메라가 시선을 옮기며 소리의 근원을 하나씩 소개한다. 그리고 예민해진 안나를 따라 작은 소리들에 귀 기울이게 된 관객에게도, 일상의 시선으로는 눈에 띄지도 않았을 사소한 사물들이 생명력을 얻으며—헨드릭이 말하듯—"잠들기 좋은 부드러운 음악"을 연주해 준다.[10]

〈다리 아래에서〉의 창조적인 공간 활용은 배에 머무르지 않는다. 두 주인공의 단골 술집, 안나의 좁은 집 역시 구석구석이 죽은 공간이기를 멈춘다. 또한 이미 폐허가 되었거나 폭격이 계속되어 촬영이 불가능했던, 화려한 베를린 도심을 지나는 시퀀스는 그나마 가능한 영상들을 역동적인 카메라 워크와 빠른 속도의 오버랩 편집을 통해 신즉물주의적 영상으로 만들어졌고, 이로써 신즉물주의적 삶과 효과적인 대비를 이루었다. 또한 안나가 누드 모델을 섰다고 하자 호기심이 발동한 두 주인공이 미술관에 간 장면은 다양한 기법을 동원한 과장된 원근법의 공간 구성과 과장된 빛과 백색의 이미지 및 희극적인 연기를 통해 고상한 미술관과는 거리가 먼 이들의 심적 · 사회적 상황을 절묘하게 표현해 내고 있다(Ruppert, 2008 : 31 이하).

〈다리 아래에서〉는 이렇듯 제한된 공간의 가능성들을 오히려 공간과 사물 세계의 잠재성을 발견하는 계기로 삼으며 "체험된 순간들에 대한 부드러운 영화 시, 공허한 파토스에 대한 나직한 항의"(Kreimeier,

10 따라서 이 영화의 물리적 공간들이 "초시간적인 우주"에 존재하며 음악이 관객을 그 속으로 이끈다는 라이머의 주장에는 동의하기 어렵다(Vgl. Robert C. Reimer, *Turning Inward*, Rochester: NY 2000, S. 232).

2002: 414)를 창조한다. 〈야단법석〉에서는 현실이 증발해 버렸고 〈위대한 사랑〉에서는 현실이 감상성을 매개로 강요되었다면, 〈다리 아래에서〉에서는 '다른' 현실이 발견되는 것이다. "그 어떤 움직임, 그 어떤 음향으로도 영화는 제3의 장소에 대한 자신의 선택을 이상화하지 않는다. 영화는 발견된 곳에 정착해서 영화 작업을 통해 그것을 새로 만들어 낸다. 여기에는 몽타주의 재료들이 풍부하다. 여태껏 눈에 띄지도 않은 채 말이다. 그것이 이중의 의미에서 그것들의 등가성을 만들어 낸다. 실로 코이트너는 환유적으로 작업하지 않고, 그리고 통상 그렇듯이 현실의 것을 상징적인 것을 통해 재현해서 해석학적 결산 과정에서 모사물이 구성과잉으로 질식당하지 않고서도, 예술 작품을 만드는 데 성공했다"(Witte, 1992: 84).

〈다리 아래에서〉의 등장 인물은 당대 영화에서 흔히 관찰되는 과대망상적 쾌활함도, 죽음을 동경하는 감상성도 없이, 그저 주변자의 현실을 충실히, 밀도 있게 살아갈 뿐이다. 짙어가는 패전의 분위기는 오히려 이렇게 영화에 흘러 들어온다. 더구나 그들은 개인성을 내세우는 전형적 인물이 아니라 오히려 그 반대이며, 그런 그들의 모습은 명백하게 나치의 인간상과 어긋난다. 그것은 나치 치하에서 무려 10편의 영화를 찍을 수 있었으면서도 큰 과오 없이 나치 이데올로기를 사보타주할 수 있었던 이 특이한 감독 자신의 모습과도 비슷하다. 그는 나치에 크게 저항을 하지도 않았지만, 함께하지도 않았다.

4. 나오는 말

나치 시대의 대중 영화를 다룰 때, 괴벨스의 이른바 '오케스트라 원리'

에서도 당의 정책과 불협화음을 내는 영화들은 검열을 비롯한 각종 강압적 수단을 통해 제거되었다는 점을 망각해서는 안 된다. 나치 시대의 영화들은 이러한 의미에서 그 수용 과정에서도 온전치 못한 선택 가능성에서 출발하고 있으며, 따라서 개별 영화들의 수용 조건 및 양태 또한 처음부터 편향적인 맥락 안에 놓여 있을 수밖에 없다. 그리고 이는 개별 영화들의 의미화 과정에 영향을 미친다. 그러므로 이러한 맥락에 대한 의식 없이 개별 영화에서 나치 이데올로기의 유무를 따지는 것은 아둔한 짓일지도 모른다. 그럼에도 불구하고 우리가 수많은 가능성을 내포하고 있는 수용 과정에 매몰되어 아무런 실질적인 판단을 내리지 못하는 또 다른 우를 범하지 않기 위해 개별 영화들을 검토할 수밖에 없을 때, 코이트너는 매우 중요한 위치를 차지한다. 그의 영화들이 중요한 이유는 그것이 하나의 기준점을 마련해 주기 때문이다. 나치 시대에 이런 영화를 찍은 사람도 있었다는 알리바이의 기준점이 아니라, 나치 시대에 이런 영화를 찍을 수도 있었다는, 어떤 이유에서든지 대부분의 영화인에게는 닫혀 있는 것으로 판단되었던 가능성의 기준점으로서 말이다. 비록 코이트너의 영화 역시 나치 시대의 정치적 용인의 틀에 벗어나지 않는 한에서 '내적 망명'을 할 수 있었으며 〈안녕, 프란치스카!〉(1941)의 경우에는 괴벨스의 명령에 따르지 않을 수 없었지만, "나치 시대의 영화에서 코이트너는 어떻게든 정치 냄새가 날 수 있는 것은 그냥 피해 버렸다. 그리고 바로 그것이 결국에는 다시 정치적인 태도였다"(Pflaum, 2008: 13).

수많은 나치 영화인이 자신은 정치에 문외한이고 정치에 이용당한 희생자일 뿐이라고 주장하며 자신보다 위 심급에 있었던 사람들을 가리켰고, 그렇게 법정을 빠져나갔다. 그리고 많은 낯익은 얼굴이 곧 다시 카메라 앞에, 뒤에, 옆에 자리를 잡았다. 이것이 나치 시대 독일 영화의 마지막 타블로tableu이자 전후 독일 영화의 첫 장면이다.

참고 문헌

1차 자료

Forst, Willi, <Allotria(1936)>, Kinowelt Home Entertainment GmbH, 2007.

Hansen, Rolf, <Die große Liebe(1942)>, Black Hill Pictures, 2007.

Käutner, Helmut, < Unter den Brücken(1945)>, Goethe-Institut, 2005.

2차 문헌

고유경, 「서부전선 이상 없다, 독일은 이상 있다」, 『서양문화사 깊이 읽기』, 푸른역사, 2008.

_____, 「바이마르 시기의 민족주의 영화에 재현된 프리드리히 신화」, 『 역사교육』 107호, 2008.

마니, 조엘, 『시점』, 김호영 옮김, 이화여자대학교출판부, 2007.

로이트, 랄프 게오르크, 「괴벨스」, 『대중 선동의 심리학』, 김태희 옮김, 교양인, 2004.

박광자, 「나치 시대의 후방영화」, 『인문학연구』, 76호, 2009.

최용찬, 「나치독재의 영화정책과 반유대주의적 영화문화」, 『서양사론』 90호, 2006.

최윤영, 「문학연구와 이방인」, 『비교문학』 27권, 2001.

Albrecht, Gerd, *Nationalsozialistische Filmpolitik*, Stuttgart, 1969.

Ascheid, Antje Ingrid, *Hitlers Heroines: Stardom, Womanhood and the Popular in Nazi Cinema*, Diss., New York University Press, 1999.

Becker, Wolfgang, *Film und Herrschaft*, Berlin, 1973.

Carter, Erica, *Dietrich's Ghost*, London, 2008.

Hake, Sabine, *Popular Cinema of the Third Reich*, Austin, 2001.

_____, *Film in Deutschland*, Reinbek bei Hamburg, 2004.

Heins, Laura Julia, *The Domestic War: Film Melodrama and German Fascism*, Diss, Yale University Press, 2005.

Hickethier, Knut, "Der Ernst der Filmkomödie," Harro Segeberg(Hg.), *Mediale Mobilmachung I*, München, 2004.

Horak, Jan-Christopher, "Exilfilm, 1933-1945," Wolfgang Jacobsen / Anton Kaes / Hans Helmut Prinzler(Hg.), *Geschichte des deutschen Films*, Stuttgart, 2004.

Kaes, Anton, "Film in der Weimarer Republik," Jacobsen / Kaes / Prinzler, Stuttgart, 2004.

Kappelhoff, Hermann, "Der Bildraum des Kinos," Gertrud Koch(Hg.), *Umwidmungen*, Berlin, 2005.

Käutner, Helmut, "Kunst im Film ist Schmuggelware," W. Jacobsen / H. H. Prinzler(Hg.), *Käutner*, Berlin, 1992.

Koch, Gertrud, *Einleitung*, Koch, 2005.

Koebner, Thomas(Hg.), *Reclams Sachlexikon des Films*, Stuttgart, 2007.

Kracauer, Siegfried, *Theorie des Films*, Ffm. 1964.

_____, "Propaganda und der Nazikriegsfil," *Von Caligari zu Hitler*, Ffm, 1984.

Kreimeier, Klaus, *Die UFA-Story*, Ffm, 2002.

Lowry, Stephen, "Heinz Rühmann: The Archetypal German," Tim Bergfelder / E. Carter / Deniz Göktürk (ed.), *The German Cinema Book*, London, 2002.

Lowry, Stephen / Korte, Helmut, *Der Filmstar*, Stuttgart, 2000.

Pflaum, Hans Günther, "Große und kleine Freiheiten," Th. Koebner / Fabienne Liptay(Hg.), *Film-Konzepte, H. 11, Helmut Käutner*,

München, 2008.

Prümm, Karl, "Von der Mise en scène zur Mise en images," Th. Koebner / Thomas Meder (Hg.), *Bildtheorie und Film*, München, 2006.

Reimer, Robert C., "Turning Inward: An Analysis of Helmut Käutner's Auf Wiedersehen, Franziska; Romanze in Moll; and Unter den Brücken," ders. (ed.), *Cultural History through a National Socialist Lens*, Rochester, NY, 2000.

Rentschler, Eric, *The Ministry of Illusion*, Cambridge, London, 1996.

Risholm, Ellen, "Film, Raum, Figur: Raumpraktiken," Sigrid Lange (Hg.), *Raumkonstruktionen in der Moderne*, Bielefeld, 2001.

Ruppert, René, " Von "Helden," die nicht in die Zeit und nicht in die Gesellschaft passen," *Koebner / Liptay*, 2008.

Schulte-Sasse, Linda, *Entertaining the Third Reich*, Durham, London, 1996.

Segeberg, Harro, "Erlebnisraum Kino," *Segeberg*, 2004.

Stecher, Wilhelm, "Liebe zum Detail," Jacobsen / Prinzler(Hg.), 1992.

Völker, Klaus, " Wir spielen… , Helmut Käutners Leben," Jacobsen / Prinzler(Hg.), 1992.

Weihsmann, Helmut, "Virtuelle Räume," K. Kreimeier (Hg.), *Die Metaphysik des Dekors*, Berlin, 1994.

Witte, Karsten, "Im Prinzip Hoffnung. Helmut Käutners Filme," Jacobsen / Prinzler(Hg.), 1992.

_____, *Lachende Erben*, Toller Tag, Berlin, 1995.

_____, " Film im Nationalsozialismus," Jacobsen / Kaes / Prinzler(Hg.), 2004.

| 찾아보기 |

| 저자 소개 |

김은령 : 이화여대 영문학과를 졸업했으며, 동 대학원에서 「영국 낭만주의와 노예폐지운동 : 블레이크, 싸우디, 코울리지, 워즈워스」로 영문학 박사학위를 받았다. 탈식민주의와 문화 번역에 꾸준한 관심을 가져왔으며, 최근에는 문화 번역의 문제를 매체의 영역으로 확대해 매체와 기술, 매체 미학 등을 연구하고 있다. 「노예무역 폐지 운동가인 코울리지의 낭만적 상상력」, 「드포의 불완전한 식민 주체 그리기」, 「여행기에 나타난 '문화 번역'」 등 문화 번역에 관한 논문과 「이미지를 통한 텍스트 읽기」, 「매체 변화에 따른 미학적 경험과 감수성의 변화 고찰」, 「디지털 미디어 모델링을 통한 영시의 텍스트 확장 가능성 고찰」 등 매체 관련 논문이 다수 있다. 이화여대 영문학과 박사후과정과 남서울대학교 강의전담 교수를 거쳐, 현재 이화여자대학교 이화인문과학원 HK연구교수로 재직하고 있다.

김재영 : 서울대학교 물리학과를 졸업하고, 물리학기초론 전공으로 이학 박사학위를 받았다. 가톨릭대학교, 한국과학기술원, 서울대학교 등에서 강의했고, 과학문화연구센터 연구원, 독일 막스 플랑크 과학사연구소 연구원, 서울대 기초교육원 강의교수를 거쳐, 현재 이화여대 한국문화원 HK연구교수로 재직하고 있다. 연구 관심은 과학기술학과 문화 연구를 접목시키는 것과 포스트휴먼 연구다. 저서로는 『뉴턴과 아인슈타인』(공저), 『영화로 과학읽기』(공저)가 있으며, 역서로는 『또 다른 교양』(공역), 『에너지, 힘, 물질』(공역), 『물리학 강의 : 비전공자를 위한 일반상대성이론』, 『우주가 지금과 다르게 생성될 수

있었을까?』, 『현대 생물학의 사회적 의미』(공역) 등이 있다.

신상규 : 서강대 경영학과와 철학과를 졸업했으며, 미국 텍사스대학교(Austin)에서 「의미와 규범성」으로 철학 박사학위를 받았다. 심리철학과 언어철학에 주된 관심이 있으며, 『비트겐슈타인 : 철학적 탐구』, 『인간 본성에 관한 철학 이야기』(공저), 『김재권과 물리주의』(공저), 『푸른 요정을 찾아서: 인공지능과 미래인간의 조건』 등의 저작이 있고, 『새로운 종의 진화 로보 사피엔스』, 『라마찬드란 박사의 두뇌 실험실』, 『의식(하룻밤의 지식여행 37)』을 우리말로 옮겼다. 「표시와 기능」, 「상상가능성, 우연성, 그리고 동일성」, 「의미에 대한 진화론적 설명과 연언문제」 등 심리철학과 언어철학에 관한 다수의 논문이 있다. 숙명여자대학교 의사소통센터 교수를 거쳐서 현재 이화여자대학교 이화인문과학원 HK교수로 다매체 관련 연구를 하고 있다.

윤보석 : 미국 인디애나대학교에서 「The Problem of Naturalizing Intentionality」로 박사학위를 받았다. 주된 연구 분야는 심리철학, 인지과학의 기초, 인식론이다. 「지향성과 의식의 분리에 관하여」, 「심적 인과는 과잉 결정인가?」, 「선언주의는 환각을 설명할 수 있는가?」, 「계산주의는 구현주의와 양립 가능한가?」 등의 논문이 있으며, 저서로 2009년 아카넷에서 출판된 『컴퓨터와 마음』이 있다. 미국 볼(Ball) 주립대학교 조교수, 서울대학교 철학사상연구소 연구원을 거쳐 현재 이화여자대학교 인문대학 철학과 교수로 재직 중이다.

이수진 : 서강대 대학원 불문과에서 연극기호학을 전공하고, 프랑스 파리 8대학 불문과에서 「한국적 담화 상황에 적용된 기호학: 임권택 영화 춘향뎐 읽기」로 박사학위를 받았다. 저서로 『만화기호학』, 『*Une lecture du film d'Im Kwon-Taek: Le chant de la fidèle Chunhyang*』(프랑스), 역서로 『이미지, 모험을 떠나다』, 『상상적 기표』 등이 있고, 그 밖에 서울국제만화애니메이션페스티벌(SICAF) 객원 큐레이터를 역임했으며, 문화 교류, 매체 전이, 응용기호학 분야의 논문들이 있다. 현재 이화여대 이화인문과학원 HK연구교수로

다매체 관련 연구를 하고 있다.

이준서 : 서울대학교 독어독문학과를 졸업하고, 연극영화학/현대독문학 분야 독일 학술교류처(DAAD) 장학생으로 베를린 자유대학교에서 「하이너 뮐러의 텍스트에 나타난 웃음」으로 박사학위를 받았다. 독일어권 연극 및 영화 이론, 매체미학을 분야에 관심을 두고 연구하고 있으며, 저서로는 『'통일 이후 통일 과정'으로서의 독일 통일영화』 등이 있고, 『매체로서의 영화』(공역), 『독일 영화사 1』 등을 우리말로 옮겼다. 「매체 전이 : 꿈-그림-텍스트-연극」, 「텍스트와 이미지의 상호매체적 분석을 위한 이론구성 시도」, 「포스트 드라마 연극과 몸의 담론들 (1)」 등 매체미학, 연극 및 영화이론에 관한 다수의 논문이 있다. 이화여자대학교 독어독문학 전공 부교수로 재직하고 있으며, 현재 알렉산더 폰 훔볼트 재단 초청교수로 베를린 자유대학에서 관심 분야에 대한 연구를 심화하고 있다.

전혜숙 : 이화여대 영문과를 졸업했으며, 동 대학원 미술사학과에서 현대미술사를 전공하고 「과정 개념을 통해 본 로버트 모리스의 작품연구」로 박사학위를 받았다. 저서로 『한국현대미술 1970~80』, 『한국현대미술 1980~90』, 『제국미술학교와 조선인 유학생들, 1929~1945』, 『현대미술의 동향 I, II』(공저) 등이 있으며, 역서로는 『몬드리안의 방 : 신조형주의, 새로운 삶을 위한 예술』, 『19세기의 미술』, 『20세기 추상미술의 역사』, 『위대한 실험, 러시아미술 1863~1922』, 『개념미술』, 『옥스퍼드 20세기 미술』(공역) 등이 있고, 그 밖에 개념 미술과 포스트모더니즘 미술, 미디어아트에 관한 다수의 논문을 발표해 왔다. 현재 이화여대 이화인문과학원 HK교수로 다매체 관련 연구를 하고 있다.

정현규 : 서울대 독문과를 졸업했으며 독일 베를린 공대(TU Berlin)에서 「괴테의 문학작품에 나타난 베일 모티프 연구」로 박사학위를 받았다. 독일 문학과 은유에 관심이 있으며, 『생각하며 읽는 과학 교양』 (공역), 『생각하며 읽는 문화 교양』 (공역), 『웃는 암소들의 여름』 등을 우리말로 옮겼다. 「그네의 유

형학」, 「번역가와 돌아온 탕자」, 「손님, 경계넘기의 현상 형식」, 「팰림프세스트, 매체 전이와 기억의 방법론」 등 독문학과 은유에 관한 다수의 논문이 있다. 원광대학교 인문학연구소와 성신여대 인문과학연구소의 전임연구원을 거쳐, 현재 이화여대 이화인문과학원 HK연구교수로 다매체 관련 연구를 하고 있다.

조윤경 : 이화여자대학교 불문과 및 대학원을 졸업하고, 프랑스 파리 3대학에서 「초현실주의 시에 나타난 몸의 글쓰기」로 박사학위를 받았으며, 파리 고등통번역대학교 ESIT에서 번역사 자격증을 획득했다. 현재 이화여자대학교 이화인문과학원 HK교수로 재직하면서 이미지와 텍스트 이론, 매체 및 몸 담론, 상상력 이론에 관한 연구를 진행하고 있으며, 경기디지로그 창조학교 '창조이론과 교육' 멘토로 활동하고 있다. 저서로 『미래를 만드는 새로운 문화 새로운 상상력』, 『초현실주의와 몸의 상상력』, 『몸의 위기』(공저) 등이 있고, 역서로 『Made in USA : 미국 문명에 대한 새로운 시선』, 『스물한 편의 연애 편지』가 있으며, 논문으로는 「언어와 형상의 전이와 확장」, 「매체로서의 몸과 에로스의 글쓰기」, 「포스트휴먼과 기술적 상상력」 등이 있다.

천현순 : 이화여자대학교 독어독문학과 및 동 대학원을 졸업하고, 독일 쾰른대학교에서 「상호매체성 이론」으로 문학 박사학위를 받았다. 저서로 『알렉산더 클루게의 작품에 나타난 이미지와 텍스트 사이의 상호매체성』(독문), 『물의 요정의 매혹』(공역) 등이 있고, 논문으로 「탈활자 문화의 전개 양상에 대한 연구」, 「사진과 텍스트의 혼종화 현상」, 「영상매체에서 문자매체로의 전이 현상」 등이 있다. 현재 이화여대 이화인문과학원 HK연구교수로 다매체 관련 연구를 하고 있다.